本文印刷　株式会社 精興社
貼函印刷　錦プロデューサーズ株式会社
製　　本　牧製本印刷株式会社
製　　函　株式会社 加藤製函所
本文用紙　三菱製紙株式会社
表　　紙　ダイニック株式会社

岩波茂雄への手紙

二〇〇三年十一月七日　第一刷発行

監　修　飯田泰三

編　集　岩波書店編集部

発行者　山口昭男

発行所　株式会社　岩波書店
〒101-8002　東京都千代田区一ツ橋二-五-五
電　話　案内　〇三-五二一〇-四〇〇〇
http://www.iwanami.co.jp/

ISBN 4-00-022133-7　Printed in Japan

岩波茂雄宛書簡差出人一覧(個人)

▶ 岩波書店に残されている岩波茂雄宛書簡を差出人別に分け五十音順に配列した．但し，家族や親族，店員やその関係者からのもの，また業務上事務上の連絡や問合わせ等は除いてある．団体や企業等からのものは別に掲げた．

▶「封」は封書，「葉」は葉書．それぞれの通数を示した．印刷された年賀状など時候の挨拶状は原則として通数からはずした．

▶ 3通以上の場合は，最も古い日付と最も新しい日付のみを記載した．書簡に日付の記載がない場合は消印，消印で不明の場合は受付印の日付，時期の確定ができないものは不明と記した．

▶ 太字は，その人物の書簡が翻刻紹介されていることを示す．矢印は掲載ページ．

▶ 朝鮮・中国の人名は，日本語漢字音で読み五十音順に配列した．

あ

相生政次　封 2．1939.10.16，1940.7.13
会津八一　封 2・葉 1．1941.9.6—1945.5.6
相原一郎介　封 8・葉 4．1933.3.29—1945.7.23
相原(網野)菊　封 1．1936.9.8
相原熊太郎　封 1・葉 3．1936.10.23—1946.2.21
相原信作　封 5．1936.9.1—1940.3.4
青木嗣夫　封 2・葉 4．1942.8.1—1943.3.12
青木正児　封 3．1932.7.21—1943.12.25
青柳　洋　封 3．1943.7.16—8.30
青山　清　封 3・葉 5．1937.9.18—1944.1.6
青山道夫　封 1．1940.10.1
赤池　濃　封 3．不明(3 通とも)
赤石国太郎　封 2．1934.4.23(2 通とも)
赤川菊村　封 2．1934.3.16，7.9
赤川源一郎　封 4・葉 1．1924.6.16—1927.6.25
明石照男　封 12・葉 7．1931.6.1—1946.3

岩波茂雄宛書簡差出人一覧(個人)

赤塚五郎　封 2. 1930. 2. 18, 2. 19
赤羽斎喜　封 5. 1924. 2. 20—11. 18
赤星文子　封 1. 1941. 4. 6
赤松元通　封 1. 1930. 7. 19
赤松義麿　封 2. 1925. 6. 2, 6. 18
秋田雨雀　封 2・葉 1. 1934. 3. 1—1941. 4. 21
秋月胤継　封 2. 1942. 3. 13, 8. 22
秋守常太郎　封 1・葉 1. 1945. 1. 15, 1946. 2. 13
秋山謙蔵　封 6・葉 4. 1929. 1. 21—1943. 12. 30
芥川　文　封 1・葉 1. 1936. 7. 25, 1933. 7. 27
麻尾荘一郎　封 1. 1944. 11. 8
安積徳也　封 14・葉 3. 1929. 5. 7—1946. 3. 8
浅賀正美　封 11・葉 11. 1923. 3. 7—1945. 11. 20
朝倉奥治　封 2・葉 2. 1934. 4. 2—1940. 11. 13
朝倉重吉　葉 2. 1940. 9. 12, 9. 22
浅田綾佐　封 2. 1934. 10. 2, 1935. 2. 16
浅田暢一　封 2・葉 2. 1934. 3. 25—1946. 2. 11
浅田平蔵　封 1. 1934. 2. 27
浅野長武　葉 2. 1945. 3. 24, 他不明
朝比奈宗源　葉 1. 1945. 12, 18
芦田　司　封 1. 1937. 3. 26
芦田　均　封 2・葉 1. 1945. 2. 1—9. 19
芦塚正弥　葉 1. 1944. 12. 26
蘆野敬三郎　封 2. 1927. 6. 14, 1928. 1. 21
足助素一　封 4・葉 6. 1924. 8. 12—1928. 1. 10
東　弘安　封 1・葉 1. 1932. 5. 6, 5. 5
畔上賢造　封 1. 1931. 1. 7
麻生啓次郎　葉 1. 1935. 12. 15
麻生正蔵　葉 1. 1941. 12. 6
安宅安五郎　封 1. 1936. 4. 30
足立為吉　封 7. 1944. 4. 16—1945. 11. 21
厚木勝基　封 1. 1933. 12. 23
安部磯雄　封 8. 葉 1. 1933. 9. 30—1943. 12. 6　→I-150
安倍　栄　封 9・葉 4. 1925. 10. 15—1945. 9. 13
安倍　恕　封 20・葉 17. 1924. 7. 25—1946. 4. 25
安倍叔吾　封 3. 1938. 12. 8—1940. 11. 28

安倍能成　封 46・葉 67．1920. 8. 11—1943. 8. 6　→I-37
阿部重孝　封 1．不明
阿部次郎　封 11・葉 23．1925. 4. 2—1945. 2. 2　→I-62
阿部　恒　封 1．不明
阿部知二　葉 1．1938. 3. 19
阿部文夫　封 2・葉 4．1932. 6. 26—1938. 2. 1
阿部正直　封 2．1934. 8. 15，8. 23
阿部余四男　封 12・葉 11．1923. 7. 19—1937. 12. 16
阿部良夫　封 17・葉 10．1922. 10. 27—1943. 7. 5
阿部六郎　封 6・葉 1．1933. 11. 26—1940. 6. 27
天城俊彦　封 17．1936. 10. 14—1938. 6. 23
天達文子　封 4．1943. 10. 7—1944. 2. 28
天野貞祐　封 53・葉 17．1923. 6—1946. 4. 1　→I-105
網野菊→相原菊
綾井(種坂)章江　封 9・葉 3．1932. 11. 22—1946. 4. 19
鮎沢　巌　封 12．1935. 9. 1—1944. 2. 8
荒川秀俊　封 1．1939. 12. 12
荒木　郁　封 7・葉 1．1924. 8. 16—1945. 3. 4
荒木一作　封 2．1934. 12. 14，1935. 1. 24
荒木一策　封 2．1937. 1. 21，2. 4
荒木啓之　封 1．1938. 12. 16
有賀午之丞　封 3・葉 5．1926. 2. 2—1946. 2. 14
有賀　精　封 10・葉 5．1933. 10. 15—1946. 3
有馬忠三郎　封 1．1945. 2. 12
有吉道哉　封 2・葉 1．1937. 7. 1—12. 13
アルウェン，S. A.　封 3・葉 7．1930. 7. 24—1938. 1. 1
粟野頼之祐　封 1．1933. 10. 27
安斎嘉章　封 1・葉 4．1935. 8. 1—1942. 1. 8
安東源次郎　封 1．1936. 7. 14
安東重徳　封 1・葉 5．1937. 8. 7—1940. 2. 2
安東哲子　封 1・葉 3．1937. 8. 7—1940. 2. 2
安藤広太郎　葉 2．1942. 1. 7，1946. 2. 11
安藤俊雄　封 3・葉 1．1922. 11. 28—1924. 7. 27
安藤正純　葉 1．1945. 4. 6
安念育英　封 1．1946. 2. 11
安野　茂　封 2．1925. 9. 24，9. 29

岩波茂雄宛書簡差出人一覧(個人)

い

飯島　茂　封 1. 1930. 11. 28
飯塚傳太郎　封 1. 1932. 6. 1
飯田実治　封 6. 1930. 1. 18—2. 18
飯田太金次　封 7・葉 1. 1937. 11. 5—1938. 2. 12
猪谷妙子　封 4. 1938. 8. 1—1940. 10. 16
五十嵐信　封 1. 1927. 4. 15
猪狩又蔵　封 10. 1931. 4. 22—1946. 2. 11
伊串英治　封 1. 1939. 12. 22
生田長生　封 1. 1934. 8. 7
池内　宏　封 3. 1925. 12. 5—1935. 12. 9
池上鎌三　封 2. 1928. 12. 14, 1943. 12. 12
池島重信　封 2・葉 1. 1932. 3. 23—1941. 9. 10
池田一郎　封 10・葉 1. 1937. 10. 12—1945. 10. 22
池田金男　封 2. 1930. 9. 26, 11. 29
池田亀鑑　封 10・葉 1. 1931. 4. 3—1943. 12. 28　→I-82
池田清宗　封 2. 1925. 7. 30, 1930. 10. 25
池田成彬　封 2. 1943. 7. 26, 1944. 5. 1　→I-179
池田生二　封 1・葉 1. 1937. 10. 13, 1938. 5. 10
池田寅二郎　封 1. 1934. 9. 16
池田宣政　封 1. 1941. 9. 15
池田正彦　封 4・葉 6. 1933. 12. 23—1945. 3. 13
池田萬作　封 16・葉 24. 1925. 7. 9—1945. 9. 28
池田芳郎　封 5. 1925. 5. 30—1928. 12. 12
池田利喜三　封 4. 1942. 5. 21—1945. 9. 15
伊沢孝平　封 2. 1933. 12. 15, 12. 18
伊沢多喜男　封 37・葉 8. 1934. 4. 17—1945. 11. 9
石井鶴三　封 1. 1930. 5. 5
石井菊次郎　封 1. 1930. 3. 17
石井庄司　封 1. 1932. 10. 23
石井信二　封 5. 1924. 1. 18—1932. 10. 26
石井照久　封 1. 1938. 5. 18
石井光雄　封 2. 1941. 2. 4, 1943. 12. 23
石居安平　封 6・葉 5. 1924. 8. 5—1945. 6. 1
石川愛子　封 2・葉 1. 1938. 2. 28—1946. 2. 12

石川　忍　封2・葉2. 1941.11.14—1943.12.8
石川　順　封2. 1943.8.27, 1945.4.2
石川　進　封4・葉7. 1924.12.3—1934.1.30
石川武美　封26・葉1. 1940.4.20—1946.2.13
石川千代松　封1. 1932.11.5
石川錬次　封10・葉1. 1925.6.15—1936.12.29
石倉小三郎　封1. 1926.9.26
石黒忠篤　封12・葉3. 1927.11.22—1942.11.10　→I-54
石黒忠悳　封1. 1931.5.18
石黒英彦　封2. 1941.7.20, 8.28
石毛さと江　封2. 1939.5.17, 1945.3.27
石坂泰三　封1. 1933.9.2
石田憲次　封2. 1937.10.31, 1938.2.11
石田秀人　封7・葉10. 1941.2.3—1946.3.10
石田文治郎　封3. 1927.3.25—1932.1.18
石田松太郎　封4. 1923.11.3—1932.5.14
石田幹之助　封4. 1934.7.4—1945.10.22
石田元季　封2. 1938.6.15, 1940.6.28
石橋五郎　封1. 1930.11.27
石橋湛山　封1. 1945.3.6
石橋智信　封1・葉1. 1933.11.24, 1924.9.5
石原　逸　封7. 1931.7.3—1939.9.5
石原莞爾　封2. 1936.12.28, 1939.2.27　→I-117
石原　謙　封32・葉4. 1923.7.12—1945.2.6
石原　紘　封1. 1933.5.4
石原　純　封28・葉4. 1923.9.19—1941.3.30　→I-24
石原兵永　封3. 1937.9.12—1939.3.15
泉　すず　封2. 1939.10.25, 1940.9.2
伊勢専一郎　封1・葉1. 1928.5.16, 1931.12.11
伊勢米子　封41・葉5. 1939.11.6—1946.1.6
五十沢二郎　封1. 1929.2.8
磯田竹治郎　封1. 1945.4.2
磯部敏子　封1. 1937.5.7
板垣鷹穂　封3. 1927.12.19—1943.12.27
板垣直子　封1. 1933.2.26
板倉勝志　封4・葉4. 1923.10.13—1930.7.21

岩波茂雄宛書簡差出人一覧(個人)

市岡朝祐　葉1.　1938.12.6
市川円応　封1.　1942.5.22
市川まき尾　封2.　1928.10.1，11.26
市川義雄　封1.　1929.3.22
市河三喜　葉1.　1928.7.18
市河晴子　封1・葉2.　1930.4.1—1933.5.3
市谷信義　封2・葉1.　1925.10.6—1945.1.29
市原　統　封3.　1933.5.30—1940.9.25
市村羽左衛門　葉1.　1940.6.29
一志茂樹　封3.　1933.5.10—1943.5.1
井手　薫　封2.　1926.1.3，1927.2.21
出　隆　封1・葉2.　1925.1.31，1930.6.23
井出　洋　封1.　1943.8.14
伊東月焦　封1.　1942.1.7
伊東三郎　封2.　1934.3.13，1938.2.19
伊東忠太　封2.　1929.3.24，1931.9.19
伊東　一　封23・葉1.　1936.8.7—1945.6.17
伊東治正　封1.　1940.11.13
伊藤綾子　封1.　1931.12.6
伊藤吉之助　封6・葉2.　1921.6.4—1934.6.10
伊藤司馬　封12・葉7.　1930.7.9—1945.3.30
伊藤秀一　封1.　1930.7.17
伊藤俊一　封2.　1941.3.29，5.26
伊藤證信　封5.　1928.8.20—1938.1.28
伊藤武雄　封2・葉3.　1924.11.22—1944.2.28
伊藤長七　封20.　1927.11.15—1930.3.21
伊藤徳之助　封4・葉1.　1929.4.11—1932.11.7
伊藤俊男　封1.　1938.7.29
伊藤松雄　封3.　1930.1.11—1.24
稲垣足穂　封1.　1940.12.1
稲垣芳雄　封1.　1946.1.26
稲沼　史　封2.　1941.1.20，他不明
稲葉逸好　封1.　不明
稲葉三郎平　封2.　1932.12.21，1933.1.17
稲村隆一　封6.　1944.12.29—1945.10.24
犬飼哲夫　封3・葉1.　1936.7.9—1944.2.12

稲野　弘　封 1. 1945. 3. 4
井野英一　封 2. 1932. 3. 22, 1934. 9. 18
井上匡四郎　封 1. 1945. 4. 2
井上慶覚　封 3. 1942. 1. 26—1945. 1. 17
井上源之丞　封 9・葉 2. 1936. 6. 11—1945. 1. 17
井上四一　封 2. 1935. 11. 18, 他不明
井上準之助　封 2. 1924. 4. 23, 1925. 6. 21
井上恒一　葉 1. 1941. 7. 26
井上哲次郎　封 3・葉 2. 1927. 12. 29—1944. 11. 1
伊庭六郎　封 1. 不明
伊原弥生　封 6・葉 4. 1925. 5. 9—1938. 5. 12
伊吹知勢　封 6. 1930. 10. 21—1932. 3. 20
今井忍郎　封 1. 1932. 7. 15
今井邦子　封 11・葉 11. 1929. 9. 28—1944. 1. 10
今井邦治　封 2. 1930. 1. 30, 1931. 9. 1
今井新太郎　葉 1. 1942. 12. 16
今井登志喜　封 2・葉 6. 1928. 1. 9—1943. 3. 7
今井黙夫　封 1. 不明
今沢慈海　封 14・葉 3. 1924. 2. 7—1944. 2. 22
今田新太郎　封 1. 1938. 12. 1
今田哲夫　封 2. 1940. 9. 30, 1941. 3. 16
今田　恵　封 3・葉 5. 1925. 7. 22—1938. 6. 3
今村学郎　封 2. 1931. 1. 19, 1. 22
井本健作　封 1. 1933. 11. 11
弥永昌吉　封 1. 1943. 12. 27
入江秀太郎　封 1. 1932. 12. 3
入江直祐　封 1. 1934. 7. 28
入来重彦　封 6. 1924. 2. 28—1946. 2. 11
入谷鉾之助　封 3・葉 5. 1933. 3. 6—1944. 2. 11
岩浅武雄　封 1. 1929. 8. 9
岩井大慧　封 2・葉 1. 1935. 4. 24—1943. 12. 23
岩佐大治郎　封 1. 1936. 8. 20
岩崎　博　封 1. 1929. 11. 26
岩下一徳　封 3. 1934. 5. 19—9. 25
岩下壮一　封 3・葉 2. 1929. 1. 18—1937. 1. 1　→I-74
岩瀬慶三　封 2・葉 4. 1924. 6. 23—1925. 11. 26

岩田　新　封 13・葉 6．1929.3.12—1945.4.10
岩田宙造　封 3．1942.1.8—1945.4.10
岩田義道　封 2．1930.10.17，他不明
岩永裕吉　封 2．1935.3.23，1938.12.13
岩本　清　封 1・葉 3．1939.6.19—1943.7.20
巌本善治　封 9・葉 2．1913.12.22—1941.2.2
殷汝耕　封 2・葉 1．1940.4.5—1942.1.20

う

宇井伯寿　封 4．1928.9.2—1932.12.22
植木直一郎　封 2・葉 4．1925.4.6—1945.12.2
上田　薫　封 1．1946.3.21
上田恭輔　封 2・葉 2．1937.3.5—1946.2.11
上田駿一郎　封 1・葉 1．1944.9.4，9.6
上田大助　封 8．1924.5.31—1943.3.19
上田　操　封 1・葉 2．1940.2.22—1945.4.3
植田寿蔵　封 6・葉 1．1925.9.30—1938.5.16
殖田三郎　封 1．1934.11.24
上野精一　封 12・葉 1．1931.2.2—1942.3.29
上野唯勝　封 4．1928.1.18—2.3
上野直昭　封 59・葉 32．1923.7.17—1943.12.1　→I-173
上野　道　封 3・葉 1．1935.10.20—1937.9.28
上野百合　封 1．1944.7.24
植野　勲　封 4・葉 1．1923.8.29—1924.7.21
上原才一郎　封 6・葉 6．1928.7.20—1940.1.1
上原茂次　封 48・葉 6．1921.1.14—1946.3.30
植松　威　封 1．1942.1.8
上村益郎　封 3．1924.3.17，3.23，他不明
植村　琢　葉 3．1925.9.12—1944.6.26
植村　環　封 1・葉 1．1940.12.21，1936.5.4
魚住正継　封 2・葉 6．1928.7.12—1936.7.30
鵜飼貞方　封 2・葉 1．1929.2.20—1930.8.9
宇垣一成　封 1・葉 4．1941.11.29—1945.3.29
潮恵之輔　封 6．1936.4.6—1945.3.3
牛山伝造　封 11．1930.2.9—1942.1.10
牛山婦美子　封 5・葉 6．1932.7.30—1938.10.9

牛山　充　　封1・葉3．1932.1.3—1938.1.6
臼井亨一　　封1．1945.1.1
宇田　尚　　封2．1925.12.24，1935.4.4
内田　旭　　封4・葉5．1932.8.10—1937.3.30
内田　巖　　封1・葉2．1929.11.11—1937.3.19
内田栄造(百閒)　　葉2．1926.8.16，1932.8.1
内田嘉吉　　封1．不明
内田寛一　　封2・葉1．1930.6.3—9.17
内田孝蔵　　封3・葉5．1938.4.7—1945.4.9
内田庄作　　封9・葉10．1937.6.9—1943.3.5
内田昇三　　封2・葉2．1930.7.14—1943.1.13
内田　亨　　封4・葉4．1923.9.27—1945.5.18
内田　貢　　封1．不明
内田　実　　封5．1929.10.7—1937.6.7
内田宗義　　封10・葉1．1932.3.31—1946.2.12
内田良平　　封1．1936.11.18
内村　静　　封1．1934.2.17
内村祐之　　封2・葉2．1930.4.8—1945.3.14
内山完造　　封15・葉13．1930.3.1—1945.9.21　　→I-160
内山賢治　　封3．1925.6.18—1931.6.30
内山孝一　　封3．1942.6.13—1943.12.30
内山せつ　　封1．1930.11.25
内山英保　　封3．1937.11.24，他不明
内海景普　　封4．1932.12.8—1933.5.16
宇野光三　　封1．1927.3.15
宇野哲人　　封2・葉1．1931.4.15—1936.11
宇野みね子　　封1．1930.4.30
生方敏郎　　封8・葉1．1937.3.8—1945.4.9
梅谷光貞　　封1．1935.12.14
梅原末治　　封8．1925.11.29—1946.2.11
梅原秀雄　　封1．1934.6.4
梅室純三　　葉2．1933.7.27，1938.1.1
浦崎永錫　　封3．1930.6.11—1933.3.18
浦谷清・敏子　　封8・葉2．1936.6.2—1941.3.10
占部百太郎　　封5．1924.7.2—1939.3.20
浦松佐美太郎　　封4・葉2．1926.8.18—1943.12.27

漆原又四郎　封 5・葉 3.　1925. 10. 16—1946. 2. 22
漆原義之　封 1・葉 3.　1931. 5. 7—1943. 12. 31

え

江上　敏　封 5.　1926. 4. 4—1938. 11. 24
江木武彦　封 10・葉 7.　1933. 8. 30—1945. 5. 9　→I-140
江木文彦　封 3・葉 2.　1934. 10. 1—1944. 4. 23
江木ませ子　封 8.　1935. 3. 7—1941. 3. 31
江草四郎　封 1・葉 2.　1945. 3. 30，5. 1，他不明
江口重国　封 2.　1934. 9. 28，1944. 4. 16
江崎弘造　封 2・葉 1.　1946. 2. 23—3. 5
江崎悌三　封 1.　1933. 11. 9
江崎まき　封 1.　1943. 7. 6
江刺幸彦　封 7・葉 9.　1924. 1. 21—1946. 1. 3
越前貞二　封 1.　1932. 12. 5
江戸千太郎　封 1.　1934. 9. 5
榎田昭彦　封 1.　1926. 11. 12
榎本文雄　封 1.　1929. 4. 4
江原萬里　封 2・葉 1.　1930. 9. 17—1932. 12. 30
頴原退蔵　封 5・葉 2.　1929. 6. 27—1945. 4. 6
江馬　隆　封 2.　1927. 10. 24，11. 1
円地与四松　封 6・葉 1.　1934. 9. 3—1946. 2. 12
遠藤憲三　封 1.　1946. 3. 1
遠藤　卓　葉 2.　1935. 12. 25，1941. 7
遠藤寛貞　封 1.　1925. 5. 22
遠藤　宏　封 3・葉 1.　1924. 8. 4—1925. 8. 30
遠藤政直　封 1.　1934. 10. 17
遠藤美寿　封 3.　1923. 10. 12—1926. 1. 15

お

尾　嘉一　封 1.　1946. 2. 11
小穴隆一　封 1・葉 1.　1932. 2. 5，6. 18
種田孝一　封 4・葉 4.　1935. 1. 10—1944. 12. 26
老沼以祢　葉 1.　1924. 3. 3
王鳳鳴　封 1.　1946. 4. 5
大池蠶雄　封 1.　1937. 4. 23—1940. 5. 20

大内秀麿　封 1. 1926. 2. 18
大内兵衛　封 5. 1935. 6. 30—1945. 11. 27　→I-226
大江武男　葉 1. 1929. 7. 22
大江保直　封 1・葉 4. 1928. 2. 25—1943. 8. 9
大賀悳二　封 8・葉 4. 1928. 12. 20—1944. 2. 15
大川理作　封 5. 1928. 8. 8—1944. 28
大久保偵次　封 3・葉 1. 1935. 12. 18—1938. 6. 30
大久保利賢　封 1. 不明
大倉喜七郎　封 1. 1945. 3. 30
大倉邦彦　封 7・葉 1. 1928. 1. 1—1944. 1. 17
大河内輝耕　封 1. 1945. 10. 27
大河内正敏　封 6. 1923. 12. 13—1943. 12. 17
大越国治　封 4. 1934. 5. 13—1941. 1. 21
大幸勇吉　封 2・葉 1. 1931. 8. 2—1935. 12. 27
大沢　章　封 11. 1928. 7. 2—1945. 4. 29
大沢　衛　封 1. 1937. 12. 8
大沢　理　封 1. 1932. 12. 31
大下正男　封 1. 1938. 7. 1
大島花束　封 11・葉 3. 1927. 1. 28—1939. 10. 7
大島正徳　封 1・葉 4. 1925. 5. 4—1944. 1. 2
大嶋　功　封 2. 1942. 1. 1，1944. 9. 7
大嶋作造　封 19・葉 4. 1940. 12. 25—1945. 1. 4
大嶋修蔵　封 7・葉 1. 1940. 12. 29—1941. 8. 28
大須賀巌　封 3. 1933. 4. 4—1934. 9. 9
大住秀夫　封 1. 1940. 11. 7
大関将一　封 2. 1926. 4. 27，1931. 5. 13
大関増次郎　封 5. 1926. 1. 17—1928. 5. 2
太田　篤　封 4. 1930. 2. 20—3. 16
太田亥十二　封 2・葉 3. 1930. 3. 10—1944. 7. 9
太田宇之助　封 1・葉 3. 1942. 6. 14—1945. 4. 22
太田永福　封 3・葉 1. 1940. 3. 2—1943. 10. 1
太田げん　封 3・葉 2. 1931. 7. 13—1938. 1. 3
太田為三郎　封 4. 1923. 8. 28—1926. 1. 23
太田太郎　封 8・葉 1. 1936. 3—1945. 3. 27
太田坦之祐　封 1. 1930. 3. 15
太田とや　封 6・葉 1. 1937. 4. 10—1945. 12. 2

太田兵三郎　葉1. 1945.12.15
太田正雄(木下杢太郎)　封9・葉5. 1926.9.23—1942.11.5
太田水穂　封29・葉21. 1923.12.10—1946.4.2　→I-209
大館　博　封2・葉3. 1932.2.4—1946.2.11
大谷省三　封2. 1938.12.9, 12.17
大谷正男　封1. 1946.2.16
大津勝恵　封3. 1929.5.3—1932.7.26
大塚栄三　封1. 1935.12.16
大塚覚二　封1. 1929.3.20
大塚金之助　封5・葉4. 1931.7.27—1945.4.10　→I-193
大塚たき　封4・葉2. 1934.6.25—1946.2.21
大塚英雄　封19・葉9. 1932.7.14—1946.2.22
大塚　弘　封2・葉4. 1931.8.19—1943.1.10
大束三千代　封1. 1943.9.20
大塚　稔　封3. 1930.10.15—1943.3.31
大槻菊男　封2. 1938.3.19, 1942.1.7
大槻　俊　封23・葉2. 1936.9.24—1945.4.10
大槻正男　葉2. 1945.2.23, 4.7
大坪保雄　封2・葉2. 1945.2.14—10.27
大西克礼　封4・葉6. 1925.6.25—1943.2.25
大貫大八　封3・葉1. 1924.8.19—1938.5.10
大野信三　封1. 1926.9.9
大野木克豊　封2. 1931.6.6, 1935.12.15
大庭米治郎　封7・葉3. 1924.4.20—1944.2.7
大畑末吉　封3・葉2. 1936.7.24—1945.4.6
大原晴雄　封5・葉2. 1929.7.6—1935.12.15
大原満恭　封2. 1935.4.4, 4.9
大部孫太夫　封4・葉2. 1925.10.3—1936.3.12
大淵武夫　封3・葉4. 1936.3.29—1941.2.15
大間知篤三　封3. 1933.6.21—10.10
大町文衛　封4. 1926.2.10—1931.3.5
大村一蔵　封1. 1935.12.15
大村郡次郎　封4. 1928.7.22—1930.4.26
大村清一　封2・葉1. 1935.9.6—1946.2.13
大室貞一郎　葉3. 1924.8.10—1946.1.15
大森丑男　封5. 1941.11.2—1944.11.11

大矢新次　　封 6・葉 2.　1936. 12. 14—1945. 3. 29
大山千代雄　　封 4・葉 1.　1924. 7. 4—1939. 11. 23
大類　伸　　封 2.　1927. 7. 5,　1928. 1. 10
大脇　幸　　封 1.　1927. 3. 25
岡　茂雄　　葉 6.　1928. 8. 1—1941. 1. 1
岡　繁也　　封 1.　1945. 7. 17
岡　専吉　　封 1.　1934. 1. 17
岡　麓　　封 4・葉 1.　1929. 10. 30—1944. 1. 16
丘みつ子　　封 1.　1938. 10. 30
岡倉由三郎　　封 2.　1932. 7. 20,　8. 20
小笠原四郎　　封 1.　1925. 6. 18
小笠原長生　　封 2.　1941. 3. 6,　1942. 6. 23
岡田武松　　封 16・葉 1.　1928. 9. 6—1946. 2. 15
岡田恒輔　　封 1.　1932. 5. 4
岡田　真　　封 1.　1941. 10. 29
岡田弥一郎　　封 7・葉 3.　1927. 10. 10—1942. 6. 3
岡田良和　　封 1・葉 1.　1935. 2. 3,　1932. 7. 15
小方庸正　　封 2・葉 1.　1927. 8. 29—1928. 9. 4
緒方竹虎　　封 3・葉 3.　1939. 12. 2—1945. 3. 28
緒方富雄　　封 1.　1945. 3. 27
岡部菅司　　封 1.　1924. 7. 10
岡村千馬太　　封 13・葉 7.　1923. 10. 1—1934. 12. 2
岡本郁男　　封 1.　1942. 6. 4
岡本信二郎　　封 1.　1930. 8. 26
小川襄二　　封 4.　1927. 12. 2—1928. 3. 3
小川琢治　　封 1.　1931. 3. 2
小川　昇　　封 4.　1937. 7. 19—1945. 3. 29
小川晴暘　　封 1・葉 1.　1926. 1. 11,　1944. 6. 12
小川まり子　　葉 2.　1925. 1. 13,　1936. 11. 5
沖　巌　　封 1・葉 3.　1927. 11. 4—1943. 12. 22
沖　荘蔵　　封 3・葉 1.　1928. 6. 15—1934. 8. 27
沖野岩三郎　　封 2.　1935. 12. 5,　1936. 6. 14
荻野仲三郎　　封 4.　1944. 11. 10—1946. 2. 12
荻野　博　　封 3・葉 1.　1944. 1. 26—6. 6
荻原井泉水　　封 23・葉 27.　1924. 1. 9—1946. 4. 17
奥　正男　　封 8.　1925. 5. 23—1934. 8. 6

岩波茂雄宛書簡差出人一覧(個人)

奥田誠一　封 8・葉 5. 1927. 2. 21—1944. 2. 24
奥平武彦　封 2・葉 6. 1926. 5. 19—1940. 12. 8
奥平昌洪　封 1. 1944. 4. 7
小口偉一　封 3. 1936. 11. 7—1938. 11. 23
小口勝太郎　封 1・葉 1. 1944. 3. 25, 1946. 2. 11
小口きみ子　封 3. 1928. 8. 24—1934. 11. 2
小口米吉・亮　封 8. 1929. 6. 2—1945. 4. 4
奥津彦重　封 3・葉 1. 1927. 11. 26—1931. 7. 28
奥原とめ　封 2・葉 15. 1929. 8. 2—1942. 8. 19
小熊虎之助　封 2. 1925. 6. 21, 1927. 10. 21
奥村貞子　葉 4. 1927. 8. 14—1941. 2. 26
小倉金之助　封 15・葉 8. 1922. 5. 17—1942. 10. 29
小倉　保　封 1. 1940. 12. 20
尾崎喜八　封 1・葉 1. 1924. 3. 28, 4. 2
尾崎行雄(咢堂)　封 22・葉 1. 1940. 1. 15—1945. 11. 22　→I-222
尾崎行輝　封 4・葉 5. 1940. 10. 2—1945. 12. 19
長田　新　封 47・葉 20. 1928. 10. 1—1946. 3. 29　→I-242
長田はる　封 2. 1937. 7. 29, 9. 25
尾佐竹猛　封 4・葉 2. 1930. 12. 14—1946. 3. 11
大仏次郎　封 2. 1933. 3. 8, 3. 13
小沢侃二　封 8. 1940. 9. 16—1945. 10. 22
小沢正元　封 4. 1930. 4. 11—1940. 6. 1
小沢陸蔵　封 7・葉 1. 1934. 11. 17—1940. 11. 5
忍足せき・八十治　封 14・葉 11. 1924. 7. 24—1943. 5. 1
小田一隆　封 1. 1941. 10. 24
小田完吾　封 1. 1928. 3. 30
小田　進　封 13・葉 2. 1940. 11. 23—1945. 4. 21
小田正暁　封 2・葉 5. 1923. 12. 15—1938. 2. 12
小田内通敏　葉 2. 1943. 4. 20, 4. 28
落合太郎　封 1・葉 2. 1934. 12. 27—1937. 1. 4
小野俊一　封 7・葉 2. 1923. 10. 21—1937. 3. 22
小野　斌　封 2. 1936. 8. 2, 1937. 5. 18
小野健人　封 1・葉 1. 1925. 6. 11, 3. 9
小野　正　封 1・葉 1. 1932. 7. 2, 1931. 7. 27
小野哲郎　封 1. 1924. 4. 4
小野みち子　封 2. 1940. 12. 4, 12. 9

小野塚喜平次　　封1・葉4.　1926.12.19—1933.11.20
小野寺直助　　封3・葉1.　1931.8.23—1937.6.11
小畑謹吾　　封1.　1924.6.28
小原栄次郎　　封3.　1939.8.26—10.20
小原一彦　　封3.　1944.12.15—1946.1.1
小原福治　　封3.　1930.11.14—1945.4.13
小原ミヨノ　　封5・葉1.　1923.11.18—1945.2.29
小尾範治　　封4・葉2.　1923.9.3—1929.6.17
帯屋梅雄　　封3.　1936.12.23—1946.1.16
澤瀉久敬　　封1.　1941.1.27
小山二郎　　封1.　1931.3.16
小山てつ　　封3.　1924.9.17—1926.1.4
小山鞆絵　　封12・葉2.　1928.7.31—1942.2.5
小山田宗吾　　封2・葉1.　1937.4.9—1939.1.1
折原吉次　　封1.　1937.8.20

か

戒能通孝　　封2.　1932.7.28,　8.1
各務虎雄　　封2.　1932.3.23,　3.26
香川修一　　封1.　1945.3.29
柿沼宇作　　封3・葉1.　1929.5.9—1933.7.28
柿原政一郎　　封1.　1930.11.5
郭　和夫　　葉1.　1945.2.9
郭　博　　封4・葉1.　1941.4.15—1942.2.6
梯　明秀　　封1.　1941.11.19
掛橋菊代　　封4.　1936.1.18—1938.1.23
掛谷宗一　　封1.　1922.7.14
鹿児島寿蔵　　封2・葉2.　1932.8.4—1939.12.15
風早八十二　　封7・葉2.　1924.2.5—1935.12.21
笠原嘉次郎　　封1.　1945.3
風見謙次郎　　封1.　1940.4.22
嘉治隆一　　封3.　1936.6.27—1945.3.31
柏木純一　　封2・葉2.　1938.11.10—1944.4.5
春日五郎　　封1.　1934.8.15
春日庄次郎　　封2.　1941.8.9,　8.28
春日政治　　封3.　1940.11.25—1944.2.11

岩波茂雄宛書簡差出人一覧(個人)

加須屋和麿　封 3・葉 1. 1944. 6. 1—1945. 11. 8
糟谷武城　封 4. 1942. 3. 26—1943. 3. 20
加田哲二　封 8・葉 2. 1923. 8. 18—1937. 7. 1
片岡良一　封 1・葉 2. 1931. 7. 14—1941. 11. 30
片山国幸　封 2・葉 3. 1934. 12. 21—1945. 2. 9
片山　哲　封 1. 1936. 4. 22
片山敏彦　封 1. 1944. 1. 5
片山　昇　封 4・葉 4. 1934. 10. 3—1946. 2. 11
片山正雄　封 1. 1924. 7. 18
勝峰晋三　封 3・葉 1. 1924. 5. 16—1926. 2. 2
勝本忠兵衛　封 12・葉 1. 1930. 7. 24—12. 20
勝本鼎一　封 14・葉 4. 1924. 3. 21—1945. 4. 16
勝山勝司　封 3. 1935. 2. 6—1945. 6. 22
桂　弥一　封 1. 1934. 9. 9
葛　良修　封 3. 1945. 4. 1—5. 6
桂井健誠　封 1. 1928. 5. 25
加藤完治　封 5・葉 1. 1928. 7. 6—1944. 9. 11
加藤恭平　封 8. 1945. 12. 7—1946. 4. 15
加藤玄智　封 4・葉 1. 1938. 9. 24—1946. 3. 29
加藤成之　封 1. 1945. 3
加藤静枝　封 1. 1946. 3. 2
加藤　正　封 3. 1927. 6. 22—1932. 11. 22
加藤万寿男　封 1. 1936. 1. 20
廉野治助　封 1. 1932. 12. 4
香取秀真　封 12. 1924. 6. 30, 1925. 7. 6
金井　清　封 34・葉 12. 1924. 4. 9—1946. 2. 21
金井富三郎　封 3. 1940. 8. 2—1944. 2. 13
金沢　信　封 1. 1939. 9. 21
金倉円照　封 3・葉 1. 1926. 7. 10—1945. 3. 30
金子真一　封 1・葉 1. 1933. 3. 6, 1938. 10. 23
金子真三郎　封 1. 1930. 8. 20
金子大栄　封 12. 1923. 11. 21—1946. 2. 16
金子武蔵　封 8. 1932. 7. 13—1946. 2. 11
金子　弘　封 1・葉 1. 1930. 5. 28, 1938. 12. 8
金田鬼一　封 13・葉 4. 1928. 6. 17—1945. 2. 5
兼常清佐　封 3・葉 12. 1923. 5. 5—1938. 1. 2

兼松英一　封 1. 1943. 6. 6
狩野亨吉　封 22・葉 4. 1925. 6. 2—1942. 11. 9　→I-48
狩野直喜　封 1. 1945. 4. 5
鹿子木員信　封 8・葉 1. 1923. 10. 2—1945. 3. 10
樺島千春　封 2. 1941. 2. 13, 2. 19
上条憲太郎　封 4. 1944. 12. 26—1945. 12. 29
上条秀介　封 3. 1937. 7. 30—1939. 8. 15
上条寛雄　封 11. 1933. 12. 1—1939. 12. 19
神近市子　封 1. 1941. 12. 23　→I-163
亀井貫一郎　封 2. 1938. 11. 25, 不明 1
亀井茲常　封 2. 1940. 11. 3, 11. 5
亀井高孝　封 21・葉 26. 1923. 12. 18—1942. 11. 4
亀井隆義　封 1. 1939. 2. 9
亀井秀夫　封 27・葉 1. 1928. 5. 30—1945. 1. 1
亀尾英四郎　封 1. 1924. 6. 8
亀山悌吉　封 1. 1945. 4. 3
加茂儀一　封 1. 1929. 6. 28
鴨志田要蔵　封 2・葉 1. 1926. 1. 14—1940. 1. 6
川合信水　封 15・葉 6. 1932. 1. 11—1945. 3. 30
川合幸信　封 2・葉 1. 1933. 10. 10—1935. 9. 7
河井酔茗　封 1・葉 1. 1930. 10. 17, 1937. 1. 1
河井弥八　葉 4. 1946. 1. 21—4. 5
河合栄治郎　封 1. 1926. 3. 3
川上貞子　封 1. 1939. 7. 26
川上多助　封 8・葉 5. 1924. 12. 17—1945. 3. 29
川上天山　封 1. 1931. 3. 10
川上道晴　封 1. 1940. 6. 19
河上哲太　封 2. 1945. 3. 19, 4. 8
河上　肇　封 40. 1925. 9. 5—1930. 4. 7　→I-59
川越憲雄　封 1. 1940. 2. 7
川崎万蔵　封 3・葉 2. 1929. 4. 1—1935. 5. 26
川島武宜　封 1. 1941. 7. 25
川島芳之助　封 1. 1928. 9. 7
河島　亘　封 3. 1937. 1. 24—1940. 11. 24
川瀬光吉　封 1. 1924. 4. 19
川瀬条吉　封 7・葉 1. 1926. 2. 13—1930. 3. 1

河瀬憲次　封5・葉1. 1926.12.31—1946.2.13
河瀬龍雄　封2. 1934.3.5, 1937.3.17
川添正道　封2. 1943.12.31, 1944.9.20
川田　順　封5・葉4. 1935.3.2—1940.1.29
河田嗣郎　封2. 1936.12.3, 1942.2.25
川西実三　葉3. 1943.7.8—1946.2.11
河東　涓　封1. 1925.2.7
川村清一　葉1. 1933.4.29
河村又介　封3. 1930.2.26—1932.4.21
川面とよ　封1. 1940.11.21
川本宇之介　封3・葉2. 1935.1.6—1939.9.25
河本脩三　封19・葉4. 1925.9.3—1944.3.28
河盛好蔵　封1・葉1. 1933.10.15, 1943.9.25
神田喜代太郎　封1・葉1. 1939.8.30, 1940.1.1
神田重隆　封5. 1923.10.3—1946.3.31
菅野和太郎　封2. 1934.6.22, 7.9
蒲原隼雄　封1. 1924.7.12
甘露寺受長　葉3. 1940.12.19—1946.2.11

き

気賀勘重　葉1. 1926.1.13
菊地其一　封1. 1930.7.31
菊地まつ　封10・葉6. 1936.4.16—1945.4.9
菊池慧一郎　封1. 1924.4.4
菊池正士　封7. 1933.3.22—1941.3.15
菊池ワカ　封5・葉3. 1932.8.5—1945.4.6
菊村治一　封2. 1943.7.18, 9.26
岸田静泉　封1・葉1. 1939.4.22, 12.11
岸田日出刀　封1. 1930.11.20
岸田劉生　封3・葉10. 1924.3.24—1926.1.4
岸辺福雄　封1. 1937.3.22
岸本栄七　封1. 1924.9.19
喜田貞吉　封1・葉2. 1925.1.24—1935.1.24
北川　時　封2. 1945.5.7, 6.23
北沢あきの　封3・葉3. 1925.3.29—1945.4.10
北島葭江　封6・葉2. 1929.12.11—1940.1.28

北野喜久雄　封 2. 1942. 3. 24, 7. 14
北原隆太郎　葉 3. 1943. 1. 14—5. 10
北御門二郎　封 2・葉 1. 1940. 3. 2—1941. 1. 24
北村喜八　封 1. 1925. 8. 12
北村直躬　葉 1. 1934. 12. 25
城戸俊三　封 3. 1934. 9. 21—1945. 3. 21
城戸幡太郎　封 11・葉 2. 1927. 11. 24—1944. 7. 25
木下順二　封 1. 1942. 1. 3
木下忠夫　封 4・葉 7. 1933. 8. 3—1946. 2. 11
木下照子　封 1・葉 1. 1926. 6. 2, 1935. 3. 18
木下半治　封 1・葉 2. 1934. 11. 17—1942. 6. 2
木下　信　封 6・葉 9. 1928. 7. 23—1945. 2. 25
木下杢太郎→太田正雄
木場了本　封 4. 1931. 3. 23—1935. 12. 17
木原　均　封 4. 1931. 9. 4—1944. 2. 7
紀平正美　封 6・葉 18. 1925. 8. 21—1946. 2. 21
公森太郎　葉 1. 1937. 5. 9
木村亀二　封 7・葉 5. 1923. 6. 14—1941. 12. 27
木村　盛　封 3. 1933. 10. 7—1934. 2. 6
木村俊一　封 1. 1940. 3. 12
木村荘八　葉 1. 1930. 10. 11
木村道子　封 13・葉 1. 1931. 11. 22—1934. 12. 18
木村素衛　封 30・葉 17. 1923. 7. 26—1944. 9. 29
木山熊次郎　葉 17. 1901. 7. 1—1905. 10. 7　→Ⅲ-281—296
木山光子　封 12・葉 2. 1929. 11. 28—1945. 4. 9
清沢　洌　封 4・葉 4. 1938. 1. 8—1945. 2. 4
清野謙次　封 1. 1944. 2. 11
清原徳次郎　封 4・葉 2. 1923. 10. 6—1945. 3. 31
切山篤太郎　封 9・葉 14. 1923. 12. 11—1946. 1. 5
桐生政次　封 3・葉 2. 1937. 2. 22—1941. 9. 8
金亨燦　封 4・葉 4. 1933. 8. 2—1940. 1. 1
金志政　封 1. 1934. 11. 29
金素雲　封 5・葉 2. 1932. 8. 4—1940. 3. 17　→I-142
金田一京助　封 1. 1933. 9. 19
金原(河西)省吾　封 10・葉 4. 1924. 4. 15—1933. 10. 5

岩波茂雄宛書簡差出人一覧(個人)

く

九鬼周造　封 7・葉 9. 1929. 3. 12—1940. 4. 5
日下部四郎太　封 1・葉 2. 1923. 10. 11—1924. 5. 12
草川寅雄　封 1. 1943. 10. 27
草薙　晉　葉 4. 1929. 1. 6—8. 30
草場林太郎　封 2・葉 1. 1940. 7. 12—1941. 7. 14
櫛田民蔵　封 1. 1927. 10. 17
葛生能久　封 1. 1945. 2. 16
楠林安三郎　封 1・葉 1. 1942. 1. 8, 1935. 2. 14
葛原　齒　封 1. 1937. 5. 1
楠間亀楠　封 1・葉 1. 1934. 1. 18, 1. 19
沓掛谷次郎　封 1. 1945. 10. 6
工藤重雄　封 4. 1924. 6. 11—1937. 12. 18
工藤壮平　封 5. 1930. 4. 14—1943. 12. 30
工藤好美　封 7・葉 9. 1927. 7. 7—1946. 3. 1
功力市四郎　封 2. 1930. 3. 23, 4. 5
功力宗一　封 3. 1936. 3. 18—1937. 9. 25
久野　収　封 10. 1934. 10. 5—1944. 12. 12　→I-132
久保　栄　封 1. 1930. 11. 25　→I-71
久保　勉　封 57・葉 52. 1923. 4. 13—1946. 2. 14
久保虎賀寿→土井虎賀寿
久保正幡　葉 1. 1946. 2. 13
窪川(佐多)稲子　封 3. 1942. 1. 18—1. 31　→I-165
久保田俊彦(島木赤彦)　封 9・葉 29. 1923. 9. 28—1926. 1. 5　→I-26
久保田不二子　封 28・葉 23. 1926. 6. 13—1943. 12. 15
久保田万太郎　封 1. 1929. 3. 22
久保田力蔵　封 32・葉 5. 1932. 2. 20—1945. 7. 2
窪田忠彦　封 4・葉 5. 1932. 8. 8—1945. 3. 28
隈部一雄　封 2. 1933. 12. 26, 1945. 3. 30
玖村敏雄　封 5. 1930. 1. 6—1944. 2. 11
久米正雄　封 1. 不明
倉石武四郎　葉 1. 1944. 2. 29
倉重武子　封 1. 1944. 4. 6
倉田百三　封 25・葉 15. 1916. 12. 20—1942 頃　→I-7
倉橋惣三　封 8・葉 2. 1934. 2. 25—1945. 3. 27

倉橋文雄　封 1.　1941.4.10　→I-152
蔵原惟人　封 1.　1932.9.8
栗生武夫　封 1.　1932.6.1
栗田確也　封 5・葉 2.　1929.5.4—1946.1.4
栗田直躬　封 1.　1932.1.7
栗林貞一　封 1.　1927.8.28
栗原一郎　封 6・葉 1.　1932.12.22—1942.4.14
栗原嘉名芽　封 3・葉 1.　1932.7.16—1937.7.26
栗栖蔦子　封 6.　1931.10.2—1932.1.28
呉　三連　封 4・葉 3.　1939.12.25—1945.4.17
呉　茂一　封 5・葉 1.　1925.6.5—1944.2.12
黒板勝美　封 4.　1930.2.17—1943.4.26
黒川民之助　葉 1.　1944.3.27
黒崎幸吉・光子　封 21・葉 5.　1925.7.11—1945.3.17
黒沢長吉　封 1.　1933.9.30
黒沢礼吉　封 2・葉 1.　1938.9.29—10.29
黒田三郎・啓資　封 9.　1934.1.16—1939.11.1
黒田鵬心　封 12・葉 2.　1931.3.12—1945.4.7
黒田正利　封 3.　1935.2.8—1942.2.15
黒田　亮　封 2.　1940.10.1，12.4
桑木彧雄　封 14・葉 11.　1923.7.20—1945.3.28
桑木厳翼　封 4・葉 14.　1922.7.23—1945.3.27
桑原武夫　封 1.　1935.12.15

け

慶松勝左衛門　封 3.　1945.2.6—1946.1.2

こ

胡朝生・胡基生　封 6.　1940.11.14—1944.10.14　→I-198
小池元武　封 2・葉 2.　1913.7.13—1937.7.14
小泉信三　封 56・葉 4.　1923.10.27—1946.2.11　→I-94
小泉　丹　封 15・葉 12.　1923.10.14—1941.2
向後白圃　封 2.　1935.3.20，3.27
郷古　潔　封 10・葉 9.　1924.8.11—1945.2.21
高坂正顕　封 15・葉 10.　1923.12.30—1942.1.9
香坂昌康　封 5.　1937.7.29—1943.12.31

岩波茂雄宛書簡差出人一覧(個人)

神代種亮　封 2・葉 4.　1925. 9. 4—1930. 10. 22

高津春繁　封 1.　1938. 12. 16

神津俶祐　封 6・葉 1.　1930. 1. 26—1942. 11. 25

幸田　文　封 2.　1945. 3. 29, 7. 17　→I-206

幸田成友　封 3・葉 1.　1930. 3. 26—1942. 1. 8

幸田露伴　封 1・葉 3.　1924. 1. 28, 1925. 5. 29, 他不明

香田国次郎　封 1.　1925. 5. 19

河野伊三郎　封 4・葉 1.　1931. 10. 26—1942. 1. 10

河野五郎　封 2.　1934. 3. 18, 12. 22

河野多麻　封 29・葉 8.　1934. 11. 17—1945. 3. 30

河野与一　封 42・葉 27.　1924. 12. 20—1945. 6. 15　→I-34

河野齢蔵　封 6・葉 5.　1923. 8. 16—1937. 4. 17

河野六郎　封 1.　1941. 8. 24

高山岩男　封 3・葉 1.　1935. 2. 5—1937. 4. 17

肥塚麒一　葉 6.　1927. 11. 3—1944. 1. 31

郡山義夫　封 2.　1943. 11. 30, 12. 17

郡山義久　封 6.　1943. 11. 26—1946. 4. 10

黒正　巌　封 9.　1923. 9. 20—1944. 2. 8

国府種武　封 1.　1936. 10. 12

小坂順造　封 7・葉 3.　1938. 9. 23—1945. 4. 8

小坂武雄　封 2.　1938. 6. 25, 7. 4

小柴伊都子　封 1.　1934. 6. 20

小島政二郎　封 4・葉 2.　1927. 12. 27—1936. 7. 18

小島祐馬　封 1・葉 1.　1944. 2. 27, 1935. 12. 18

小嶋重太郎　封 1.　1940. 11. 25

古島一雄　封 14・葉 15.　1922. 4. 20—1946. 1. 4　→I-200

児島喜久雄　封 3・葉 8.　1927. 2. 6—1938. 12. 21　→I-76

小平いち　封 3.　1928. 11. 11—1946. 2. 18

小平権一　封 13・葉 3.　1925. 7. 20—1943. 5. 14

小平実人　封 1.　1936. 8. 15

小平省三　封 3・葉 2.　1939. 10. 9—1944. 1. 9

小平真平　封 2.　1935. 2. 23, 1944. 1. 9

小平雪人　封 1.　不明

児玉晋匡　封 1.　1925. 9. 28

五藤　茂　封 1・葉 2.　1925. 11. 25—1929. 5. 23

後藤格次　封 1・葉 1.　1928. 5. 25, 1945. 3. 28

後藤末雄　封 3・葉 1.　1926. 7. 4—1930. 10. 26
後藤武雄　封 1.　1940. 12. 25
後藤寿一　葉 1.　1946. 2. 15
後藤文夫　封 7・葉 1.　1930. 2. 14—1942. 7. 9
後藤芳香　封 1.　1925. 10. 9
後藤隆之助　封 9・葉 1.　1934. 10. 5—1946. 1
晤島狂二　封 1.　1939. 8. 2
小中村清名　封 4・葉 3.　1934. 9. 2—1942. 1. 1
小西重直　封 5・葉 2.　1931. 12. 29—1938. 9. 22
小西得郎　封 1.　1939. 12. 24
小西増太郎　封 2・葉 3.　1936. 6. 28—1938. 6. 12
小沼十寸穂　封 1・葉 1.　1933. 9. 14, 1946. 2. 13
小橋一太　封 3.　1937. 9. 24—1938. 2. 13
小林一太郎　封 4.　1938. 3. 17—1945. 3. 28
小林音八　封 3.　1935. 3. 15—12. 16
小林三郎　封 1.　1946. 3. 12
小林次郎　封 3.　1940. 12. 10—1943. 12. 27
小林清治　封 3・葉 2.　1930. 1. 15—1936. 8. 24
小林英夫　封 6・葉 3.　1933. 1. 25—1945. 10. 29　→I-134
小林良正　封 1.　1933. 11. 25
小堀杏奴　封 1・葉 2.　1939. 5. 11—1944. 1. 7
駒井重次　封 1・葉 2.　1933. 9. 16—1942. 8. 30
駒井和愛　封 1.　1940. 2. 28
小牧実繁　封 7・葉 3.　1931. 2. 23—1937. 7. 19
小牧健夫　封 3・葉 2.　1925. 4. 11—1942. 11. 7
小町谷操三　封 1・葉 2.　1933. 9. 18—1937. 11. 21
小松いさの　封 44・葉 1.　1931. 2. 2—1942. 11. 6
小松一三夢　封 25・葉 2.　1941. 3. 29—1946. 3. 31
小松謙助　封 6・葉 3.　1923. 4. 23—1944. 6. 20
小松堅太郎　封 5.　1928. 6. 16—1937. 12. 1
小松　茂　封 1.　不明
小松醇郎　封 19・葉 3.　1930. 11. 10—1945. 6. 8
小松摂郎　封 6・葉 7.　1930. 4. 8—1942. 1. 8
小松武人　封 5・葉 1.　1945. 5. 27—1946. 2. 28
小松武平　封 1.　1929. 4. 22
小松寛美　封 2.　1945. 9. 15, 10. 6

小松平十郎　封 1. 1941. 7. 6
小松幸雄　封 1. 1931. 2. 5
五味繁作　封 23・葉 1. 1928. 3. 27—1940. 12. 9
小宮豊隆　封 60・葉 36. 1923. 5. 11—1945. 12. 23　→I-66
小室英夫　封 8・葉 1. 1941. 1. 1—1946. 2. 15
小森いま　封 7・葉 3. 1936. 7. 7—1945. 9. 25
小山　磐　封 1. 1934. 8. 20
小山完吾　封 4. 1933. 5. 28—1945. 2. 19
小山準二　封 1. 1930. 9. 16
小山なみ　封 5・葉 1. 1942. 4. 3—1946. 2. 14
古山愛胤　封 1. 1945. 3. 28
是枝恭二　封 1. 1932. 3. 26
今　裕　封 7. 1930. 6. 25—1931. 5. 13
近藤音次郎　封 2. 1940. 11. 12, 12. 2
近藤乾郎　封 4. 1930. 2. 18—1945. 4. 13
近藤次繁　封 6・葉 19. 1930. 2. 16—1940. 3. 19
近藤銕次　封 2. 1945. 2. 14, 5. 4
近藤英也　封 4. 1935. 2. 15—1937. 10. 7
近藤有曾　封 2・葉 3. 1938. 6. 8—1944. 1. 3
近藤用一　封 1. 1927. 6. 29

さ

蔡培火　封 30・葉 6. 1928. 7. 13—1941. 2. 6
西郷春子　封 2. 1943. 5. 14, 1944. 5. 22
西條億重　封 40・葉 1. 1938. 2. 26—1945. 1. 25
斎藤　勇　封 5・葉 4. 1927. 10. 30—1945. 3. 29
斎藤亀三郎　封 1・葉 2. 1942. 11. 4—1945. 3. 29
斎藤　謙　封 5. 1925. 2. 16—1929. 4. 18
斎藤謙三　封 58・葉 17. 1933. 4. 9—1946. 4. 18
斎藤茂三郎　封 15. 1925. 3. 12—1934. 3. 8
斎藤　晌　封 2. 1934. 9. 28, 1940. 10. 18
斎藤昌三　葉 1. 1930. 1. 18
斎藤信也　封 1. 1945 頃
斎藤　節　封 2・葉 1. 1928. 7. 19—1944. 5. 12
斎藤　力　封 5・葉 3. 1925. 8. 2—1945. 3. 29
斎藤彦一　封 9. 1933. 10. 6—1940. 6. 4

斎藤　博　封 2・葉 1. 1931. 4. 17—1937. 9. 7
斎藤　信　封 1. 1927. 9. 7
斎藤茂吉　封 21・葉 46. 1923. 5. 28—1946. 2. 13　→I-46
斎藤和三郎　封 3・葉 1. 1925. 7. 2—1943. 3. 27
佐伯清十郎　封 2. 1937. 4. 13, 5. 10
佐伯定胤　封 2. 1940. 4. 10, 5. 3
佐伯正芳　封 1. 1942. 8. 13
三枝代三郎　封 1・葉 1. 1943. 12. 30, 1940. 1. 13
三枝博音　葉 4. 1924. 8. 6—1937. 1. 1
阪井政次郎　封 2. 1943. 6. 18, 12. 19
酒井由郎　封 40・葉 39. 1921. 12. 14—1944. 5. 8
坂口　昂　封 7・葉 1. 1923. 11. 15—1927. 11. 24
坂崎　坦　封 12・葉 5. 1932. 4. 26—1946. 1. 7
逆瀬川貞幹　封 1. 1932. 9. 4
坂田太郎　封 1. 1939. 6. 29
坂田徳男　封 2. 1928. 3. 3, 3. 27
阪谷希一　封 3・葉 2. 1928. 1. 10—1943. 3. 7
阪谷芳郎　封 9. 1933. 1. 25—1939. 8. 24
坂西志保　封 17・葉 6. 1937. 2. 18—1946. 2. 18　→I-212
坂本嘉治馬　封 1. 1935. 12. 14
坂本幸男　封 2. 1943. 12. 29, 1945. 3. 29
昌谷　忠　封 7・葉 4. 1936. 4. 5—1946. 2. 11
相良徳三　封 1・葉 1. 1929. 12. 3, 1. 20
相良守峯　封 2・葉 3. 1926. 7. 24—1945. 4. 6
向坂逸郎　封 4・葉 1. 1931. 10. 23—1944. 1. 8
桜井袈裟男　封 1・葉 2. 1945. 12. 20—1946. 4. 14
桜井忠武　封 1・葉 2. 1943. 1. 30—4. 26
桜井政隆　封 11. 1927. 4. 27—11. 16
桜井芳二郎　葉 1. 1944. 2. 28　→I-195
桜内幸雄　封 1. 1945 頃
桜田　佐　葉 1. 1932. 8. 3
桜間金太郎　封 9. 1933. 3. 23—1938. 4. 4
佐々弘雄　葉 1. 1940. 11. 22
笹岡末吉　封 7・葉 7. 1934. 3. 22—1946. 2. 13
佐々木梅治　封 1・葉 3. 1927. 9. 16—1928. 4. 27
佐々木久二　封 3. 1944. 1. 2—1946. 2. 12

岩波茂雄宛書簡差出人一覧(個人)

佐々木月樵　封 1. 1925. 11. 26
佐々木秀一　封 1・葉 6. 1931. 12. 24—1940. 9. 6
佐々木十九　封 8. 1930. 4. 22—1940. 11. 24
佐々木すみ　封 2・葉 4. 1932. 8. 1—1941. 8. 6
佐々木惣一　封 12・葉 10. 1927. 11. 27—1946. 2. 15
佐々木孝丸　封 6. 1928 頃—1937. 6. 22
佐々木直次郎　封 1・葉 1. 1929. 6. 7, 1942. 1. 26
佐佐木信綱　封 9・葉 2. 1932. 1. 2—1944. 4. 6
佐々木蓮麿　封 3. 1940. 3. 28—4. 19
佐々木秀光　封 1・葉 1. 封不明, 1924. 11. 7
佐佐木茂索　封 2. 1928. 3. 3, 1936. 7. 27
佐々木義宣　封 1・葉 1. 1937. 3. 15, 7. 22
笹月清美　封 4・葉 1. 1941. 1. 11—1945. 6. 23
佐多稲子→窪川稲子
佐藤恭輔　封 2・葉 2. 1929. 2. 1—1935. 12. 17
佐藤　清　封 1・葉 1. 1934. 6. 1, 1930. 8. 6
佐藤堅司　封 2・葉 3. 1934. 12. 21—1945. 4. 5
佐藤功一　封 2. 1924. 6. 14, 他不明
佐藤繁子　封 32・葉 8. 1927. 2. 10—1945. 5. 3
佐藤繁次郎　封 21・葉 1. 1941. 12. 22—1946. 3. 9
佐藤修一　封 1. 1935. 3. 13
佐藤秀三　封 1. 1933. 9. 20
佐藤醇造　封 1・葉 6. 1937. 4. 15—1941. 6. 5
佐藤政太郎　封 2・葉 3. 1941. 9. 16—1945. 2. 21
佐藤通次　封 34・葉 7. 1926. 10. 9—1940. 10. 3
佐藤　得　封 7・葉 8. 1925. 8. 13—1946. 2. 28
佐藤得二　封 3・葉 2. 1927. 8. 2—1944. 1. 10
佐藤とみ・淑子　封 9・葉 11. 1943. 5. 9—1946. 2. 12
佐藤尚武　封 7. 1938. 6. 22—1945. 5. 14　→I-175
佐藤春夫　葉 1. 1936. 7. 17
佐藤正能　封 2. 1945. 8. 23, 9. 4
佐藤瑞穂　封 1. 1925. 10. 4
佐藤義亮　封 1・葉 1. 1945. 4. 21, 3. 27
実吉捷郎　封 1. 1928. 5. 27
佐野開三　封 2. 1942. 5. 30, 1945. 3. 28
佐野てる　封 7. 1931. 3. 20—1938. 3. 13

佐野直吉　封2. 1944.6.30, 1946.2.11
佐野　学　封6・葉3. 1927.8.27—1932.7.6
寒川陽光　封3・葉1. 1924.12.16—1937.1.16
沢　逸與　封4. 1924.5.13—1943.1.26
沢木四方吉　封2・葉3. 1924.1.20—1929.6.16
沢田信太郎　封3. 1943.12.10—1944.3.21
沢田竹治郎　封4・葉4. 1934.2.11—1944.1.7
沢田由己　封2・葉2. 1945.3.29—1946.2.1
沢開　進　封1. 1938.9.23
沢柳政太郎　封1. 1927.2.18
三条西公正　封2・葉2. 1932.7.30—1935.12.17

し

椎貝日郎　封2. 1938.8.16, 1944.12.11
椎名純一郎　封5・葉1. 1924.4.12—1930.12.13
椎原兵市　封4. 1924.3.9—1942.2.19
塩沢良造　封2. 1941.11.1, 1944.12.23
塩田力蔵　封7. 1924.5.11—1941.3.13
塩谷不二雄　封10・葉15. 1927.12.12—1946.2.13
志賀直哉　葉6. 1936.7.25—1941.9.9
志賀正光　封1. 1939.10.2
信貴英蔵　封1. 1942.10.21
宍倉　東　葉2. 1937.10.5, 11.12
宍倉　保　封1. 1925.6.1
宍戸志賀　封9・葉4. 1927.5.12—1945.4.8
鎮目いさを　封1. 1933.12.17
実崎　一　封1. 1915.2.17
幣原喜重郎　封1. 1945.4.7
品田太吉　封1. 1931.5.15
篠崎のぶ　封12・葉7. 1934.8.3—1942.6.20
篠田梯二郎　封8. 1940.4.19—1943.12.18
篠遠喜人　封2. 1932.4.10, 1945.4.4
篠原　玄　封1. 1943.4.9
篠原助市　封1. 1931.9.16
四宮恭二　封1. 1930.6.9
芝　葛盛　封3・葉1. 1940.7.11—1945.4.7

岩波茂雄宛書簡差出人一覧(個人)

柴　碩文　封3・葉2. 1934.9.1—1945.3.14
芝染太郎　封1・葉3. 1938.2.10—1942.2.9
芝　隆一　封3. 1925.6.20—1930.5.9
芝木乙吉　封1. 1935.12.12
柴田桂太　封1・葉1. 1937.12.4, 1946.3.7
柴田雄次　封3・葉2. 1925.10.30—1946.3.8
芝辻一郎　封3・葉1. 1942.1.7—1945.4.1
芝野十郎　封2・葉2. 1924.11.19—1933.4.1
渋沢敬三　封12・葉3. 1923.2.25—1942.12.30　→I-12
渋沢信雄　封3. 1935.12.26—1940.10.10
渋沢秀雄　封2. 1942.11.7, 1944.6.8
島連太郎　封8. 1923.10.11—1938.11
島木赤彦→久保田俊彦
島崎鶏二　封2. 1936.1.24, 1938.5.10
島津久基　葉1. 1943.12.22
島田忠夫　封12・葉1. 1927.9—1942.6.1
島田俊雄　封1. 1943.2.24
島田柏樹　封1. 1934.5.21
嶋中雄三　封4. 1932.2.12—1937.3.31
島村盛助　封20・葉5. 1924.1.16—1946.2.14
島村民蔵　封1. 1927.6.26
島村虎猪　封3・葉1. 1929.11.9—1944.1.2
清水郁子・安三　封1・葉1. 1938.1.20, 1940.11.10
清水栄吉　封1. 1934.5.16
清水暁昇　封5・葉2. 1934.7.3—1946.2.15
清水　清　封1. 1937.6.1
清水謹治　封2. 1930.5.22, 1936.5.2
清水慶子　封1. 1937.5.14
清水幸二　封2. 1930.5.20, 9.9
清水三郎　封1. 1934.1.7
清水重道　封1・葉1. 1934.9.16, 1110
清水　伸　封1・葉1. 1940.11.23, 1941.9.23
清水　澄　封10. 1936.2.20—1946.2.13
清水武雄　封3・葉1. 1925.5.30—1944.1.9
清水利一　封13. 1936.7.6—1946.3.31
下條丁吉　封13・葉1. 1932.11.4—1945.3.30

下條康麿　封1・葉1. 1935.4.23, 1943.12.25
下田錦四郎　封6. 1932.10.19—1942.7.17
下田次郎　封1・葉1. 1928.8.22, 1935.12.15
下程勇吉　封5. 1941.4.20—1944.1.10
下中弥三郎　封1. 不明
下村寿一　封3. 1931.7.24—1941.3.7
下村千里　封2. 1938.7.21, 1941.12.4
下村　宏　封3・葉5. 1934.12.6—1945.4.11
寿岳文章　封5・葉2. 1925.10.11—1944.3.16
守随憲治　葉1. 1941.5.30
生源寺順　封3. 1939.12.29—1941.2.6
庄司彦六　封2・葉1. 1925.4.16—1935.12.16
荘司雅子　封6. 1939.11.18—1943.4.20
庄野宗之助　封20・葉12. 1926.1.12—1945.10.4
白井赫太郎　葉1. 1940.10.9
白井成允　封3・葉7. 1925.6.4—1944.2.8
白井雄次　封9・葉1. 1930.4.14—1940.12.22
白鳥庫吉　封1. 1925.12.14
白鳥敏夫　封2・葉1. 1937.10.4—1942.2.11
白根竹介　封16・葉22. 1924.4.13—1946.2.7
白柳秀湖　封4・葉1. 1939.12.23—1943.12.28
神西　清　封1. 1936.6.17
新城新蔵　封1. 1923.11.20
神保　格　封1・葉4. 1923.5.22—1943.1.1
新村　出　封9・葉8. 1925.1.18—1946.2.11
新明正道　封7・葉3. 1928.5.26—1937.5.28
榛葉賛雄　封1. 1940.10.26

す

吹田順助　封15・葉12. 1923.12.27—1944.9.29
末川　博　封11. 1927.11.23—1945.3.30　→I-56
末田松三　封1. 1942.1.2
末綱恕一　封3・葉2. 1932.3.10—1944.2.2
末広恭二　封2. 1926.7.15, 1929.10.31
末弘厳太郎　封4. 1926.4.26—1943.2.10
菅　忠雄　封1. 1938.5.23

菅　虎雄　封1・葉6. 1931.8.25—1942.12.25
菅井準一　封2. 1934.9.25, 1937.8.7
菅沼清次郎　封5・葉2. 1928.1.5—1940.2.9
須川弥作　封9・葉1. 1925.2.6—1935.2.28
杉　勇　封1. 1932.12.22
杉　敏介　葉2. 1932.11.25, 1942.11.5
杉浦郁乎　封2・葉4. 1930.12.2—1942.1.7
杉浦はつ　封6・葉1. 1930.6.8—1945.3.28
杉田善太郎　封1. 1940.8.1
杉原荒太　封4・葉1. 1931.5.31—1933.11.25
杉原圭三　封4. 1924.12.25—1932.6.19
杉村広蔵　封2. 1929.8.6, 1934.4.16
杉村広太郎(楚人冠)　封6・葉5. 1932.12.21—1945.3.10
杉村陽太郎　封7・葉3. 1933.12.1—1937.12.20
杉森孝次郎　葉3. 1932.7.31—1935.12.24
杉森正二　封1. 1927.8.17
杉山直治郎　封5. 1942.1.7—1946.2.12
杉山平助　封1. 1940.9.21
鱸正太郎　封2. 1930.11.23, 1935.12.23
鈴木　厚　封1・葉1. 1934.7.19, 4.25
鈴木　勇　封4. 1943.8.11—1946.2.11
鈴木卯三郎　封3・葉1. 1931.6.28—1946.2.11
鈴木うた子　封14・葉2. 1929.1.3—1946.1.6
鈴木梅吉　封5. 1940.3.21—6.11
鈴木憲一　葉1. 1943.9.16
鈴木券太郎　封1. 1930.9.16
鈴木行三　封1. 1942.2.28
鈴木五郎　封1. 1938.8.4
鈴木修次　封4・葉2. 1942.2.19—1945.11.26
鈴木俊司　封1. 1946.3.26
鈴木昭太郎　葉1. 1946.2.14
鈴木信太郎　封3・葉1. 1932.9.30—1941.9.15
鈴木大拙　封11・葉4. 1941.1.30—1945.12.18　→I-215
鈴木赳武　封1・葉1. 1943.5.31, 6.8
鈴木俊郎　封1・葉1. 1942.11.11, 1936.3.2
鈴木なみ　封6・葉1. 1928.1.20—1938.12.30

鈴木斐子　封 10. 1928. 5. 17—1942. 1. 10
鈴木春義　封 1. 1938. 12. 17
鈴木富士弥　封 2. 1945. 12. 20, 12. 23
鈴木真州雄　封 1. 1928. 7. 12
鈴木三重吉　封 4・葉 2. 1924. 12. 13—1934. 7. 31
鈴木三津三郎　封 2. 1936. 2. 3, 7. 24
鈴木宗忠　葉 1. 1924. 6. 12
鈴木守也　葉 1. 1924. 1. 11
鈴木安蔵　封 6. 1934. 12. 6—1935. 5. 6
鈴木幸雄　封 1. 1936. 5. 21
鈴木義男　封 1. 1925. 10. 8
鈴木龍司　葉 1. 1936. 6. 7
鈴木和志理　封 2. 1941. 7. 4, 7. 20
薄田泣菫　封 1. 1928. 2. 4
薄田　清　封 1. 1925. 12. 4
薄田研二　封 8・葉 1. 1930. 9. 21—1940. 3. 26
須田暁次　封 1・葉 1. 1923. 11. 25, 10. 4
須田国太郎　封 1・葉 1. 1932. 1. 17, 1933. 7. 30
須永　皎　封 1. 1946. 2. 11
鷲見京一　封 5・葉 3. 1930. 4. 2—1935. 12. 19
陶山　務　封 2・葉 1. 1932. 7. 6—9. 8
酢屋元子　封 30・葉 6. 1932. 3. 20—1945. 8. 22

せ

関　要　封 2・葉 1. 1944. 6. 14—1946. 2. 12
関　簡二　封 11・葉 10. 1932. 1. 6—1941. 7. 24
関　幸策　封 1・葉 2. 1934. 6. 12—7. 10
関　世男　封 94・葉 31. 1923. 8. 24—1946. 3. 28
関　徹郎　封 10・葉 9. 1925. 2. 11—1933. 1. 8
関　泰祐　封 5・葉 4. 1925. 5. 7—1946. 3. 21
関　龍一　封 7. 1929. 1. 14—1946. 2. 23
関　良平　封 1. 1938. 8. 18
関口一郎　封 2・葉 1. 1936. 1. 12—1937. 6. 17
関口鯉吉　封 9・葉 1. 1925. 2. 12—1940. 11. 25
関口　泰　封 6・葉 1. 1934. 10. 12—1943. 12. 29
関根秀雄　封 5・葉 1. 1923. 6. 4—1933. 4. 1

関屋貞三郎　封 5・葉 5. 1942. 12. 7—1946. 2. 8
関屋龍吉　封 2. 1934. 1. 8, 1938. 9. 13
妹沢克惟　封 1・葉 2. 1932. 6. 16—1944. 2. 9
薛永樑　封 8・葉 1. 1939. 9. 28—1945. 2. 24
世良寿男　封 1. 1924. 7. 18
芹沢　弘　封 7. 1940. 8. 9—1945. 7
銭亜慎　封 2. 1940. 3. 17, 11. 23
銭瑞仁・時子　封 4・葉 1. 1934. 4—1943. 12. 8
銭稲孫　封 22・葉 3. 1924. 1. 18—1941. 4. 26
千輪　浩　封 1. 1943. 12. 17

そ

左右田喜一郎　封 3. 1924. 11. 23—1925. 9. 14
左右田直子　封 2・葉 11. 1930. 6. 30—1944. 2. 5
相馬愛蔵　封 10・葉 7. 1938. 1. 27—1946. 2. 11　→I-240
十河信二　封 10・葉 6. 1927. 9. 6—1946. 2. 14
曾志崎誠二　封 6・葉 3. 1932. 4. 29—1945. 4. 21
曾根松太郎　封 2. 1925. 7. 16, 1936. 10. 9
園部四郎　封 1. 不明
曾原　栄　封 2. 1932. 7. 16, 1936. 12. 5
曾宮一念　葉 2. 1944. 9. 15, 12. 23
反町茂雄　封 4・葉 1. 1927. 3. 10—1932. 10. 31
孫兆瑞　封 2・葉 4. 1924. 5. 28—1933. 12. 14

た

タウト, E.　封 1. 1940. 12. 8
高石真五郎　封 3. 1942. 11. 4—1943. 12. 28
高垣寅次郎　封 3. 1927. 9. 26—1930. 5. 5
高木市之助　封 1・葉 2. 1933. 5. 10—1937. 1. 1
高木貞二　封 2・葉 2. 1929. 8. 4—1940. 12. 10
高木貞治　封 2. 1945. 3. 28, 1946. 2. 11
高木八尺　封 1. 1937. 11. 28
高楠正男　封 3・葉 4. 1924. 4. 12—1932. 3. 7
高倉テル　封 4. 1938. 7. 14—1941. 1. 16
高階瓏山　封 4・葉 1. 1940. 7. 11—1945. 11. 29
高島平三郎　封 6・葉 2. 1935. 12. 15—1946. 1. 11

高島米峰　封 6. 1937. 2. 19—1946. 2. 11
高田浪吉　封 11・葉 3. 1929. 3. 8—1943. 12. 22
高田博厚　封 6. 1926. 1. 16—1936. 3. 14
高田保馬　封 18. 1923. 11. 27—1944. 2. 23
高田雄種　封 3. 1941. 1. 16—3. 14
高田吉人　封 3. 1932. 5. 23—1941. 6. 24
高津仁次　封 1. 1945. 12. 13
高津正道　封 2. 1928. 3. 2, 1929. 3. 8
高野岩三郎　封 6. 1942. 11. 6—1946. 2. 10
高野辰之　封 3. 1933. 12. 14—1937. 6. 10
高野長運　葉 2. 1941. 8. 28, 10. 17
高野正治　封 1・葉 3. 1925. 2. 26—1933. 8. 15
高橋　堅　封 2. 1942. 8. 20, 1944. 4. 4
高橋健二　封 1. 1943. 12. 26
高橋里美　封 39・葉 11. 1924. 7. 10—1945. 10. 24
高橋三郎　封 5. 1926. 4. 14—1930. 11. 4
高橋茂雄　封 1. 1934. 7. 25
高橋慎一　葉 1. 1937. 5. 2
高橋慎一郎　封 2・葉 1. 1945. 1. 16—1946. 2. 11
高橋誠一郎　封 4・葉 2. 1927. 10. 30—1944. 11. 2
高橋忠臣　封 1. 1935. 12. 18
高橋貞一郎　封 2. 1940. 2. 21, 1942. 7. 16
高橋禎二　封 7・葉 4. 1923. 3. 14—1937. 6. 17
高橋豊子　封 3・葉 4. 1935. 12. 16—1943. 10. 6
高橋　均　封 9. 1942. 5. 30—1945. 4
高橋ふみ　封 1. 1936. 6. 17
高橋　信　封 13. 1930. 12. 4—1945. 4. 25
高橋　穰　封 53・葉 18. 1921. 3. 18—1946. 1. 17
高橋簾司　葉 3. 1937. 10. 16—1940. 7
高浜虚子　葉 3. 1937. 3. 3—1943. 12. 13
高原　半　葉 2. 1927. 11. 4, 1934. 3. 12
高比良信子　封 2. 1933. 9. 21, 他不明
鷹部屋福平　封 15・葉 1. 1927. 11. 12—1945. 3. 3
高松棟一郎　封 9・葉 1. 1939. 10. 12—1946. 3. 25
高嶺俊夫　封 9. 1926. 10. 27—1945. 4. 3
篁　実　封 1・葉 1. 1938. 4. 2, 7. 23

岩波茂雄宛書簡差出人一覧(個人)

高村光太郎　封3・葉11.　1922.6.20—1942.12.16　→I-40
高群逸枝　封3・葉3.　1937.5.5—1942.3.12　→I-98
高柳賢三　封2.　1942.10.30—1944.2.15
高柳真三　封3.　1931.2.3—1943.12.15
高山晴子　封10・葉1.　1924.7.29—1936.12.21
田川大吉郎　封1.　1943.8.27
滝口義敏　封7・葉5.　1927.12.16—1938.9.1
滝沢敬一　封1・葉4.　1936.5.3—1938.8.3
滝原定吉　封1・葉1.　1930.3.30, 1937.1.1
滝原流石　封1.　1936.4.26
滝本豊之輔　封1.　1935.4.23
田口修治　封3・葉1.　1941.4.25—1944.7.25
武井真澄　封7・葉6.　1929.6.17—1942.1.13
竹内丑雄　封1・葉3.　1945.3.28—1946.4
竹内寛次　封2・葉1.　1933.9.30—12.19
竹内　潔　封12・葉6.　1923.4.29—1946.2.14
竹内茂代　封2.　1946.2.12, 他不明
竹内　晋　封1.　1940.1.11
竹内晨平　封5.　1936.12.18—1938.1.1
竹内仙治郎　封1.　1927.12.17
竹内　宏　封1.　1928.5.30
武内義雄　封15・葉1.　1928.11.29—1946.2.11
武内龍次　封2.　1925.7.7, 9.22
竹尾忠吉　葉2.　1933.10.1, 12.22
竹岡勝也　封11・葉1.　1925.7.11—1944.2.10
竹越与三郎　封2.　1935.2.17, 1945.4.5
竹田　省　封1.　1926.11.13
竹田　復　封1.　1941.3.11
武田　越　封1.　1940.12.21
武田信一　葉1.　1932.12.19
武田蚯蚓(喜代志)　封22・葉12.　1925.6.25—1946.1.12
武田祐吉　封1.　1932.2.5
武谷三男　封2・葉1.　1941.8.29—1944.1.27
武市健人　封4・葉3.　1931.4.28—1936.12.28
武林無想庵　封2・葉1.　1938.5.30, 6.12, 他不明
武見次郎　封4・葉2.　1943.2.18—1944.4.11

武見太郎　封 3・葉 2. 1942.5.8—1944.8.10
田島道治　封 22・葉 13. 1931.3.7—1946.2.7
田代　倫　封 5・葉 28. 1926.5.8—1946.4.16
多田寅松　封 13・葉 7. 1931.7.18—1946.1.14
橘　糸重　封 9・葉 2. 1925.8.1—1938.3.2
立花忠保　封 2. 1942.6.2, 1944.11.6
立沢　剛　封 7・葉 5. 1928.5.24—1943.12.27
立田義夫　封 1・葉 1. 1928.12.10, 1927.4.30
辰野亀男　封 1. 1931.4.18
辰野　隆　封 2・葉 2. 1941.8.28—1945.3.30
辰巳利文　封 1. 1930.11.25
伊達由夫　封 1. 1944.8.17
建部遯吾　封 3・葉 1. 1932.9.22—1934.2.5
田所宏彦　封 1. 1936.6.2
田中愛子　封 2. 1943.12.14, 1944.1.3
田中一造　封 26・葉 1. 1924.6.13—1946.2.11
田中一元　封 2. 不明
田中菊雄　封 27. 1931.7.30—1944.2.11
田中喜作　封 1・葉 2. 1936.3.23—1940.5.5
田中清子　封 1. 1943.1.24
田中慶太郎　封 8. 1937.7.17—1946.1.15
田中経太郎　封 12・葉 8. 1924.10.15—1943.9.21
田中耕太郎　封 4・葉 1. 1935.12.1—1946.3.26
田中豊蔵　封 3・葉 1. 1936.4.27—1942.11.4
田中秀央　封 30・葉 9. 1923.6.17—1942.1.14
田中松太郎　封 39・葉 19. 1923.10.10—1946.3.17　→I-196
田中美知太郎　封 6・葉 1. 1926.4.30—1931.9.19
田中好子　封 6・葉 1. 1937.5.27—1942.2.24
田中義麿　封 1. 1935.12.16
田中館愛橘　封 7・葉 2. 1930.3.21—1946.1.3
田辺定義　封 3. 1938.8.4—1946.2.12
田辺重三　封 1. 1926.1.11
田辺振太郎　封 1. 1933.6.7
田辺新之助　封 1. 不明
田辺忠男　封 5・葉 1. 1925.6.14—1928.5.23
田辺　元　封 179・葉 37. 1923.4.25—1946.2.11　→I-17

田辺隆二　封 7・葉 2. 1934. 11. 3—1944. 2. 8
谷川徹三　封 11・葉 5. 1924. 11. 21—1943. 12. 31　→I-42
谷口均之輔　封 1・葉 1. 1925. 6. 25, 1926. 2. 28
谷口雅春　封 1. 1927. 10. 7
谷崎潤一郎　封 1・葉 1. 1939. 10. 21, 10. 23　→I-130
谷村豊太郎　封 3. 1942. 11. 4—1945. 3. 31
田部重治　封 1. 1928. 8. 21
玉井幸助　封 1. 1936. 10. 25
玉井潤次　封 24・葉 10. 1924. 5. 1—1945. 12. 22　→I-171
玉蟲文一　封 11・葉 3. 1923. 8. 28—1944. 8. 16
田村旨達　封 3・葉 3. 1935. 3. 12—1944. 2. 11
田村武子　封 2. 1945. 11. 22, 1946. 1. 4
田村寛貞　封 1・葉 7. 1924. 9. 9—1937. 7. 20
多屋頼俊　封 1. 1936. 8. 5
淡徳三郎　封 1. 1929. 12. 2
団藤重光　封 1. 1937. 11. 23

ち

茅野儀太郎(蕭々)　封 7・葉 5. 1923. 11. 10—1945. 3. 30
茅野耕一　封 5. 1940. 5. 11—1945. 10. 6
茅野雅子　封 4・葉 2. 1924. 2. 8—1937. 10. 23
千葉亀雄　封 2. 1928. 5. 6, 1934. 6. 12
千葉秦一　葉 1. 1936. 2. 3
千葉胤成　封 7・葉 3. 1924. 3. 15—1938. 7. 11
長　守善　封 11. 1932. 9. 8—1937. 3. 18
張赫宙　封 2. 1937. 3. 25, 7. 2
張兆澄　封 5. 1940. 6. 5—1944. 11. 22
陳錫明　封 6. 1934. 3. 7—5. 17

つ

塚本虎二　封 6・葉 1. 1930. 7. 26—1940. 3. 9
築地愛子　封 3. 1938. 2. 26—1940. 3. 20
辻　荘一　封 6・葉 2. 1926. 2. 4—1938. 11. 21
辻　正次　封 2・葉 6. 1932. 6. 30—1942. 12. 24
辻善之助　封 7. 1935. 3. 5—1945. 8. 2
辻村太郎　封 3・葉 1. 1931. 9. 3—1944. 5. 28

津田青楓　封 4・葉 1. 1934. 2. 26—1941. 8. 29
津田左右吉　封 17・葉 1. 1924. 3. 22—1945. 12. 16　→I-156
土田耕平　封 3・葉 8. 1923. 7. 19—1938. 10. 14
土屋粥太郎　封 4. 1938. 6. 24—1940. 7. 31
土屋其治　封 2・葉 9. 1923. 5. 22—1945. 1. 26
土屋文明　封 2・葉 1. 1925. 9. 28—1935. 6. 2
土屋正直　封 4・葉 4. 1930. 4. 4—1937. 2. 4
土屋幸正　封 7・葉 3. 1927. 9. 14—1943. 12. 22
土屋好重　封 7. 1924. 7. 2—1928. 4. 18
恒藤　恭　封 15. 1927. 3. 20—1946. 2. 11　→I-83
角田　俊　封 9. 1928. 1. 24—1931. 5. 27
椿　貞雄　封 5. 1933. 4. 26—12. 12
坪井誠太郎　封 8・葉 1. 1933. 4. 30—1946. 2. 11
坪井忠二　封 4・葉 2. 1931. 11. 23—1943. 12. 18
坪田祐一郎　封 1・葉 5. 1923. 12. 30—1937. 7. 7
妻木栗造　封 4・葉 4. 1930. 5. 26—1944. 4. 19
霍田忠彦　葉 2. 1940. 7. 13, 1943. 12. 15
鶴見祐輔　封 3・葉 3. 1924. 7. 5—1945. 8. 17

て

出口豊泰　封 1. 1923. 10. 22
手塚縫蔵　封 11・葉 6. 1923. 11. 13—1941. 5. 8
寺沢寛一　封 2・葉 2. 1929. 1. 4—1945. 4. 30
寺島寺治　封 4. 1941. 3. 4—1945. 12. 18
寺田一彦　封 1. 1934. 12. 30
寺田健一　封 1・葉 1. 1946. 1. 21, 他不明
寺田寅彦　封 12・葉 8. 1922. 2. 6—1935. 7. 3　→I-88
天明愛吉　封 2. 1929. 9. 14, 1934. 11. 7

と

土居光知　封 23・葉 1. 1923. 5. 2—1943. 8. 22
土居善二郎　封 1・葉 2. 1944. 2. 9—1946. 2. 12
土井(久保)虎賀寿　封 21・葉 2. 1926. 12. 25—1944. 2. 17
土井林吉　封 1・葉 2. 1923. 8. 8—1937. 1. 2
東郷　実　封 4・葉 1. 1925. 7. 7—1945. 4. 11
東条三千江　封 2. 1924. 12. 3, 1925. 6. 14

東畑精一　封 15・葉 5．1925. 6. 25—1942. 3. 4　→I-50
東畑芳子　封 8・葉 7．1927. 3. 29—1940. 12. 23
戸川明三(秋骨)　封 2．1928. 10. 27—1937. 11. 11
土岐善麿　封 2．1939. 5. 16，1941. 3. 6
時枝誠記　封 1．1931. 12. 14
鴇田雅二郎　封 4．1929. 12. 27—1932. 2. 26
常盤大定　封 1．1932. 12. 12
徳川家正　封 2．1945. 4. 2，1946. 2. 11
徳川頼貞　封 1．1924. 1. 15
徳富愛子　封 14・葉 4．1928. 6. 23—1945. 12. 30
徳富猪一郎(蘇峰)　封 1．1946. 2. 11
得能　文　封 3・葉 9．1925. 7. 8—1943. 12. 27
所　三男　封 3・葉 4．1933. 3. 23—1945. 5. 8
戸坂　潤　封 6．1931. 4. 23—1942. 3. 25
富沢美穂子　封 1．1929. 10. 2
富成喜馬平　封 1．1939. 5. 31
留岡清男　封 2・葉 1．1939. 1. 17—1946. 3. 19
朝永三十郎　封 34・葉 9．1923. 1. 14—1945. 6. 10
朝永振一郎　封 1．1941. 12. 20
外山公行　封 2．1944. 5. 13，1945. 12. 3　→I-227
豊川　昇　封 2．1931. 4. 2，1933. 9. 22
豊島与志雄　封 3．1932. 9. 19—1933. 11. 3
豊田　実　封 2・葉 9．1933. 12. 2—1941. 12. 27
鳥居龍蔵　封 1．1932. 8. 1
トルストイ，A.　封 1．1931. 10. 15

な

内藤裕夫　封 5．1944. 11. 29—1946. 2. 11
中　勘助　封 47・葉 20．1922. 9. 9—1946. 2. 25　→I-36
中井一夫　封 2．1929. 8. 22，10. 29
中井正一　封 1．1929. 8. 2
永井荷風　封 1・葉 1．1942. 4. 17，1936. 7. 18
永井　亨　封 3．1925. 8. 18—1926. 7. 1
永井松三　封 1．1945. 4. 3
長井真琴　封 1．1946. 2. 11
中尾清太郎　封 1．1934. 2. 10

長尾千楓　　封5・葉1. 1932—1937.9.25
長岡半太郎　　封6. 1942.11.9—1945.4.5
中上義敬　　封2. 1937.10.30, 他不明
中川善之助　　封7・葉2. 1930.4.22—1943.12.22
中河与一　　封2. 1938.1.2, 1.30
中桐確太郎　　封1・葉1. 1931.12.5, 12.8
仲小路彰　　封1. 1930.5.17
長崎次郎　　封6・葉1. 1941.2.13—1946.2.12
長崎太郎　　封4. 1940.2.7—1945.6.9
長崎祐三　　封6. 1926.2.13—1931.8.29
中沢　留　　封2. 1939.7.14, 8.22
中沢まつ　　封1・葉2. 1925.11.18—1931.5.18
長沢一夫　　封1. 不明
長沢信寿　　封1. 1936.7.23
長沢弥太　　封1. 1941.11.10
中島一郎　　封1・葉7. 1924.8.8—1935.12.20
中島貞子　　封10. 1932.1.15—1938.9.27
中島　重　　封2. 1932.12.16, 1933.5.12
中島徳蔵　　封2. 1931.12.29, 他不明
永島瑛子　　封4. 1940.1.17—1942.1.25
永島喜一郎　　封1. 1928.10.15
永島忠重　　封8・葉2. 1928.5.22—1934.9.10
長島喜三　　封5. 1924.1.29—1925.9.4
中城龍雄　　封1. 1928.6.3
仲瀬善太郎　　封1. 不明
中田　薫　　封1・葉1. 1928.9.22, 1943.12.22
中田邦造　　封1. 1946.3.4
中田千畝　　封3. 1926.1.13—3.12
中田真道　　封1. 不明
中田瑞穂　　封1. 1942.4.5
永田寛定　　封3・葉1. 1927.10.25—1932.8.7
長田寓作　　封2. 1933.4.6, 8.29
長田けさ　　封7. 1934.1.26—1937.7.15
長田はる　　封26. 1923.10.3—1943.2.18
長塚順次郎　　封3・葉1. 1924.2.1—1938.3.19
永富節子　　封2. 1937.10.16, 1938.4.27

中西賢三　封 2.　1937.1.23，1.25
中西悟堂　葉 1.　1939.8.3
長沼重隆　封 15.　1925.9.8—1942.1.7
中根孝治　封 3・葉 1.　1932.9.23—1942.2.2
中根駒十郎　封 1.　1924.12.9
中野孝次　封 1.　1943.11.2　→I-191
中野重治　封 1.　1938.1.11　→I-100
中野武二　封 2・葉 1.　1933.4.14—1943.6.19
中野季三　封 1.　1937.11.10
中野義照　封 2.　1936.11.20，1940.12.21
長浜哲三郎　封 2.　1937.4.25，5.14
永見徳太郎　封 1.　1928.6.26
中村市蔵　封 2.　1924.3.27，5.30
中村一彦　封 2.　1946.3.13，4.7
中村甲子男　封 2.　1929.5.25，他不明
中村吉右衛門　封 8・葉 33.　1936.8.23—1946.1.30　→I-128
中村啓一郎　封 1.　1942.8.11
中村慶三郎　封 2.　1934.2.24，1937.10.10
中村憲吉　封 15・葉 5.　1923.11.28—1937.5.13
中村　玄　封 2.　1941.1.15—2.14
中村高一　封 3.　1936.9.2—1945.10.7
中村幸四郎　封 2.　1932.11.14，11.16
中村周一郎　封 2.　1937.6.16，1939.10.11
中村重平　封 1.　1943.9.12
中村順一　封 35・葉 7.　1928.2.29—1945.5.12
中村新太郎　封 1・葉 2.　1927.10.8—1941.5.21
中村清二　封 3・葉 1.　1936.3.17—1945.4.23
中村是公　封 1・葉 2.　1924.8.22—1926.6.11
中村壮太郎　封 3.　1930.6.12—1935.8.4
中村孝俊・郁子　封 1.　1945.3.21
中村直勝　封 3.　1931.6.9—1946.2.11
中村白葉　封 4・葉 1.　1928.4.27—1932.8.1
中村不折　封 1.　不明
中村有楽　葉 1.　1933.10.26
中村隆治　封 6・葉 1.　1931.12.7—1943.3.20
中村良三　封 1.　不明

中村亮平　封 4.　1928. 2. 10—1939. 2. 5
中谷宇吉郎　封 20・葉 8.　1932. 2. 14—1945. 4. 12　→I-144
中屋源吉　封 2.　1928. 5. 22,　1930. 7. 29
中山忠顕　封 1・葉 1.　1946. 4. 18,　4. 21
長与善郎　封 5・葉 5.　1923. 10. 18—1944. 3. 7　→I-107
那須　皓　封 10・葉 4.　1924. 9. 12—1934. 9. 30
那須利三郎　封 8・葉 13.　1924. 11. 11—1943. 5. 5
夏目鏡子　封 22.　1924. 5. 7—1944. 6. 13
夏目金之助(漱石)　封 8.　1914. 8. 24—1915. 11. 17　→I-4
夏目志づ　封 11・葉 3.　1935. 1. 6—1942. 11. 6
夏目純一　封 2・葉 2.　1931. 12. 3—1942. 11. 30
夏目伸六　封 3・葉 4.　1937. 1. 1—1941. 12. 13　→I-138
名取夏司　封 1.　1934. 4. 13
名取洋之助　封 3.　1933. 11. 4—1937. 9. 24
名取和作　封 1・葉 2.　1938. 6. 2—1944. 2. 29
名原広三郎　封 3.　1932. 8. 11—12. 21
鍋島孝夫　封 2.　1933. 1030—1936. 11. 1
並木仙太郎　封 1.　1933. 1. 26
波野哲夫　封 1.　不明
奈良農夫也　封 12・葉 4.　1923. 8. 2—1932. 1. 1
奈良正路　封 1.　不明
成瀬　清　封 23・葉 10.　1924. 4. 17—1943. 7. 22
成瀬政男　封 5.　1934. 10. 3—1943. 12. 9
鳴海完造　封 1・葉 1.　1936. 9. 30,　1943. 8. 30
南原　繁　封 2.　1942. 10. 20,　1945. 4. 10
南部修太郎　封 1.　1927. 12. 5

に

新関良三　封 6・葉 10.　1924. 9. 18—1943. 12. 29
仁井田陞　封 1.　1929. 7. 2
二国二郎　封 1.　1944. 11. 27
西　公子　封 1.　1942. 2. 20
西　鯱男　封 1.　1939. 12. 18
西　晋一郎　封 10・葉 1.　1923. 6. 19—1939. 9. 2
西　雅雄　封 5・葉 1.　1930. 1. 27—1939. 8. 9
西尾　実　封 11・葉 6.　1930. 2. 16—1946. 2. 18　→I-220

西ヶ谷政吉　封 1. 1930. 11. 5
西川一郎　封 1. 1944. 7. 29
西川九蔵　封 3. 1928. 4. 16—1943. 10. 2
西川　浩　葉 2. 1941. 5. 20, 5. 22
西川正治　封 2. 1929. 4. 22, 1943. 12. 20
錦田義富　封 9・葉 1. 1923. 8. 23—1925. 3. 12
西田郁乎　封 2. 1943. 6. 7, 不明
西田幾多郎　封 120・葉 26. 1923. 10. 7—1945. 2. 6　→I-168
西田外彦・麻子　封 7・葉 2. 1927. 11. 2—1945. 12. 22
西田直二郎　封 1. 1929. 2. 15
西田　亮　封 1・葉 1. 1946. 2. 13, 1942. 1. 8
西谷啓治　封 2・葉 3. 1937. 3. 10—1944. 3. 8
仁科芳雄　封 2. 1936. 7. 27, 1942. 11. 6
西原雄次郎　封 3. 1928. 2. 21—1937. 9. 16
西牧保市　封 1・葉 1. 1934. 8. 25, 9. 4
西村房太郎　封 4. 1933. 9. 13—1937. 2. 8
西本正美　封 1. 1929. 11. 16
二条為基　葉 3. 1925. 10. 27—1926. 1. 6
新田節子　封 3. 1935. 4. 12—1946. 4. 5
新田太郎　封 1. 1945. 7. 16
二藤原正　封 2・葉 2. 1928. 12. 30—1939. 7. 21
蜷川虎三　封 3. 1930. 3. 17—1940. 10. 23
二宮完造　封 3・葉 1. 1930. 3. 5—1932. 2. 16
二宮行雄　封 3・葉 2. 1926. 5. 31—1938. 5. 30
任文桓(豊川文夫)　封 30・葉 7. 1932. 7. 21—1945. 3. 8　→I-91

ぬ

額田　晋　封 1. 1934. 10. 24
保延武司　封 17・葉 11. 1914. 1. 26—1946. 2. 14
布　利秋　封 1. 1942. 2. 26
沼　義雄　封 1. 1942. 7. 29
沼越正己　封 2・葉 1. 1928. 1. 1—1938. 7. 20
沼沢　孝　封 2. 1939. 7. 20, 1941. 3. 12
沼波多喜子　封 2. 1938. 6. 12, 他不明

ね

根岸磐井　封 1. 1930. 6. 25
根本テイ子　封 1. 1946. 1. 14

の

野上豊一郎　封 41・葉 27. 1923. 8. 28—1943. 6. 15
野上豊一郎・弥生子　封 5・葉 4. 1938. 11. 24—1939. 9. 19　→I-120
野上弥生子　封 5・葉 2. 1924. 11. 17—1944. 10. 1
野毛泰三　封 18・葉 3. 1924. 8. 2—1945. 4. 9
野崎喜八郎　封 2・葉 2. 1936. 11. 18—1945. 11. 10
野崎左文　葉 1. 1932. 7. 30
野崎龍七　封 1. 1945. 4. 14
能代　清　封 1. 1942. 1. 9
のせかめたろう　葉 1. 1925. 7. 3
能勢朝次　封 1・葉 2. 1931. 4. 30—1933. 7. 28
野々村直太郎　封 2. 1928. 7. 5, 1935. 12. 20
信時　潔　封 2. 1942. 11. 7, 1944. 1. 2
野溝　勝　封 13・葉 41. 1929. 12. 21—1945. 4. 12
野村　歌　封 22・葉 6. 1924. 9. 9—1935. 2. 10
野村吉三郎　封 1. 1946. 2. 16
野村兼太郎　封 3・葉 1. 1923. 4. 19—1929. 9. 8
野村行一　封 7・葉 7. 1924. 4. 15—1936. 11. 3
野村重男　封 45・葉 158. 1923. 11. 11—1921. 2. 14
野村伝四　封 2・葉 1. 1926. 12. 21—1939. 11. 13
野依秀市　封 10・葉 21. 1924. 3. 25—1944. 5. 19
野谷昌臣　葉 1. 1945. 1. 27
野呂栄太郎　封 2. 1931. 8. 17, 他不明

は

ハインツ・ブラウン　封 9. 1942. 5. 8—1945. 12. 11
芳賀造酒之介　封 2. 1941. 6. 3, 6. 10
袴田はる　封 2. 1944. 2. 23, 他不明
萩原一彦　封 2・葉 1. 1944. 10. 24—1945. 10. 15
萩元たけ子(吉田たけ, 神吉妙子)　封 24・葉 13. 1931. 8. 29—1946. 1. 19
橋口半次郎　封 3. 1943. 4. 22—8. 15

橋口　貢　　封 2．1932. 8. 5，他不明
橋田東声　　封 1．不明
橋元昌矣　　封 4・葉 3．1928. 4. 19—1941. 6. 21
橋本実郎　　封 1．1928. 2. 1
橋本進吉　　封 2．1931. 7. 3，1943. 9. 10
橋本清之助　　封 1・葉 3．1936. 8. 18—1946. 4. 10
橋本敬三　　封 1．1944. 8. 25
橋本福松　　封 6・葉 5．1925. 12. 7—1940. 2. 2
橋本万右衛門　　封 10・葉 1．1939. 8. 22—1946. 2. 11
橋本義夫　　封 2．1944. 1. 31，1946. 2. 1
橋本錬一　　封 1．1938. 9. 18
長谷川一栄　　葉 1．1946. 2. 11
長谷川孝三　　封 12・葉 11．1936. 1. 10—1945. 2. 16
長谷川皓洋　　封 1．1935. 12. 18
長谷川赳夫　　封 2・葉 1．1945. 3. 1—5. 5
長谷川万次郎(如是閑)　　封 8・葉 8．1926. 1. 3—1944. 8. 22　　→I-136
長谷川久一　　葉 1．1942. 4. 28
長谷川仁　　封 4・葉 3．1924. 5. 10—1945. 11. 19
長谷川正義　　封 2．1937. 7. 12，1944. 9. 25
長谷川政見　　封 2・葉 1．1941. 6. 10—7. 20
長谷川岬　　封 1．1944. 12. 8
長谷川巳之吉　　封 8．1926. 4. 8—1944. 2. 5　　→I-69
長谷部文雄　　封 28．1928. 2. 25—1945. 12. 19
畑　治　　封 1．1936. 10. 17
秦　豊吉　　封 1．1924. 9. 20
秦　秀雄　　封 9・葉 10．1939. 5. 28—1945. 4. 2
秦　英之　　封 2・葉 1．1940. 5. 4—1945. 4. 6
波多腰節　　封 2．1945. 10. 30，11. 21
羽田武嗣郎　　封 23・葉 30．1929. 1. 9—1945. 10. 22
羽田　亨　　封 6．1926. 1. 12—1945. 12. 26
畠中尚志　　封 1．1925. 8. 27
畠山正夫　　封 1．1945. 5. 13
波多野一郎　　封 5・葉 1．1933. 9. 12—1936. 3. 3
波多野貞夫　　封 3・葉 10．1932. 7. 3—1937. 6. 19
波多野精一　　封 82・葉 14．1923. 9. 17—1946. 3. 29
波多野泰子　　封 3・葉 7．1937. 6. 22—1938. 4. 22

畑曲今朝吉　封1. 1937.19.26
八田三喜　封1・葉1. 1946.2.11, 1943.1.10
服部嘉香　封2. 1944.1.5, 6.18
服部真彦　封1・葉1. 1941.2.8, 2.19
服部龍造　封3. 1936.1.13—1940.1.1
鳩山秀夫　封7・葉1. 1924.5.20—1933.3.17
花園兼定　封1. 1944.2.5
花見朔巳　封2. 1936.6.1, 8.22
花山信勝　封2・葉2. 1934.11.6—1940.6.15
花柳寿信　封2. 1943.6.19, 7.5
羽仁五郎　封6・葉2. 1931.9.8—1945.10.3　→I-216
羽仁　進　封3. 1940.8.26—1945.11.24　→I-202
羽仁説子　封3・葉2. 1940.3.29—1945.9.23　→I-202
羽仁吉一・もと子　封2. 1925.6.13, 12.29
羽生三七　封2. 1945.12.6, 12.25
羽生隆子　封7. 1925.8.12—1938.3.2
馬場一郎　封6・葉1. 1938.12.10—1945.9.21
馬場菊太郎　封5. 1932.5.21—1940.10.29
馬場恒吾　封6・葉3. 1937.11.3—1945.11.22
馬場久吉　封2・葉1. 1928.5.23—1939.11.29
浜　昶　封1. 1934.11.21
浜　栄祐　封1. 1945.1.16
浜幸次郎　封1. 1928.8.20
浜　剛　封2. 1939.6.17, 6.21
浜　信雄　封2. 葉1. 1935.10.16—1942.10.2
浜渦イソ　封3・葉1. 1932.8.25—1944.19.15
浜田耕司　封4. 1923.12.2—1924.7.11
浜田成徳　封2・葉3. 1937.7.6—1944.12.2
浜野清重　封1. 1934.2.2
浜野知三郎　封1. 葉1. 1939.10.19, 1936.7.19
浜谷　浩　葉1. 1945.11.17
早坂一郎　封4. 1923.10.7—1930.8.13
早坂二郎　封2・葉1. 1924.8.26—1940.11.17
林かをる　封15・葉6. 1923.10.8—1937.4.29
林　要　封2・葉1. 1924.3.3—4.17
林　憲治　封1. 1936.8.29

林　献堂　封 15. 1934. 4. 28—1943. 5. 15
林　毅陸　封 3. 1937. 11. 9—1945. 4. 25
林　公男　封 7・葉 2. 1934. 5. 2—1941. 5. 25
林　茂夫　葉 1. 1928. 1. 24
林　竹二　封 2. 1943. 1. 28, 1944. 2. 24
林　達夫　封 9・葉 1. 1926. 1. 25—1944. 9. 9　→I-181
林　止　葉 3. 1932. 7. 29—1937. 7. 22
林　虎雄　封 18・葉 1. 1931. 10. 3—1945. 3. 28
林　久男　封 37・葉 8. 1922. 5. 12—1934. 9. 11
林　広吉　封 2. 1940. 4. 15, 他不明
林　藤治　封 1. 1942. 10. 30
林　房雄　封 1. 1937. 4. 17
林八十司　封 14・葉 13. 1925. 9. 29—1945. 8. 15
林　礼子　封 2・葉 2. 1938. 6. 7—1945. 4. 20
林原耕三　葉 1. 1933. 3. 17
早田文蔵　封 3・葉 2. 1929. 12. 17—1931. 5. 12
早船慧雲　封 12・葉 5. 1930. 5. 28—1945. 4. 7
葉山万次郎　封 3. 1944. 4. 11—1946. 2. 13
速水　滉　封 13・葉 1. 1929. 3. 13—1942. 11. 2
速水敬二　封 1. 1943. 12. 25
原　一平　封 4・葉 1. 1944. 2. 29—1945. 9. 22
原　和海　封 3. 1932. 4. 30—1942. 5. 15
原久一郎　封 18・葉 4. 1928. 1. 7—1945. 3. 30
原久米太郎　封 4・葉 3. 1932. 8. 1—1944. 11. 17
原治郎右衛門　封 7・葉 5. 1937. 11. 8—1946. 2. 10
原　随園　封 7・葉 2. 1928. 3. 11—1942. 8. 7
原善一郎　封 2. 1923. 12. 11, 12. 27
原　鶴磨　封 1. 1927. 9. 1
原　富男　封 1. 1946. 2. 11
原　彪　封 1・葉 1. 1942. 5. 4, 1943. 2. 23
原　慶勝　封 1. 1945. 10. 9
原　良祐　封 2. 1933. 3. 20, 5. 6
原　嘉道　封 2・葉 2. 1940. 7—1944. 2. 23
原田熊雄　封 1・葉 1. 1935. 3. 10, 1941. 12. 23
原田重雄　葉 4. 1936. 7. 5—1938. 1. 1
原田　実　封 4・葉 2. 1936. 4. 4—1942. 12. 23

原田和三郎　封 29・葉 66. 1936. 1. 1—1946. 4. 4
原村鼎雄　葉 1. 1936. 11. 29
半場末雄　封 2・葉 2. 1933. 3. 5—1945. 3. 1

ひ

東　新　封 2・葉 3. 1917. 3. 29—1937. 4. 12
東久世通直　封 1. 1942. 3. 1
樋口てう　封 14・葉 13. 1935. 1. 16—1940. 12. 21
樋口長衛　封 26・葉 8. 1924. 7. 2—1946. 3. 10
樋口　寛　封 1・葉 1. 1946. 3. 18, 1. 18
久松潜一　封 1・葉 2. 1936. 4. 22—1945. 3. 31
土方成美　封 6・葉 1. 1937. 3. 8—1940. 11. 11
日高孝次　封 2・葉 1. 1931. 1. 14—1939. 7. 13
日高四郎　封 1・葉 1. 1930. 3. 19, 1924. 4. 11
日高第四郎　封 3・葉 1. 1941. 3. 19—1946. 4. 6
日野寿一　封 4. 1931. 5. 27—1940. 3. 23
比屋根安定　封 3. 1930. 12. 23—1931. 3. 15
平等通昭　封 4・葉 6. 1933. 3. 26—1943. 6. 25
日吉　貞　封 3. 1934. 11. 19—1936. 2. 1
日吉輝子　封 2. 1934. 9. 26, 10. 4
平岩八郎　封 2. 1945. 4. 10, 6. 12
平岡武夫　封 2. 1939. 7. 11, 1945. 10. 9
平木二六　封 1. 1934. 12. 18
平田元吉　封 1. 1935. 3. 2
平沼淑郎　封 1. 1934. 3. 11
平沼亮三　封 1. 1945. 11. 22
平野勝蔵　封 2. 1936. 4. 11, 1937. 5. 10
平野珪蔵　封 1. 1943. 12. 28
平野寿子　封 1. 1943. 2. 7
平野義太郎　封 1・葉 1. 1946. 2. 14, 3. 29
平野万里　葉 2. 1936. 7. 20, 1939. 9. 12
平林栄吉・ます　封 17・葉 5. 1929. 11. 4—1944. 1. 3
平林栄助　封 6. 1928. 1. 27—1942. 1. 12
平林菊雄　封 1. 1946. 2. 11
平林喜代次　封 2. 1935. 12. 25, 1937. 10. 25
平林源策　封 5・葉 2. 1934. 9. 25—1945. 3. 23

平林三次郎　封 2. 1935. 4. 3, 12. 26
平林たい子　封 3・葉 1. 1934. 12 頃—1935. 12. 17
平林敬康　封 1. 1944. 9. 28
平林忠作　封 34・葉 11. 1923. 9. 30—1940. 1. 11
平林富太・喜一　封 2・葉 5. 1935. 12. 15—1942. 1. 8
平林初之輔　封 6. 1925. 11. 22—1929. 3. 15
平林義忠　封 1. 1933. 9. 30
平福一郎　封 8. 1933. 12. 17—1944. 1. 25
平福百穂　封 4・葉 9. 1922. 7. 16—1930. 8. 25
平松連太郎　封 1. 1946. 2. 25
平山　萃　葉 6. 1930. 8. 4—1940. 8. 16
平山貞福　葉 1. 不明
平山　泰　封 1・葉 4. 1937. 12. 18—1943. 11. 28
広島定吉　封 1. 1944. 3. 16
広瀬　豊　封 2・葉 1. 1942. 1. 11—1945. 6. 16
広津和郎　封 1. 1928. 2. 16
広庭祐夫　封 1. 1946. 1. 30
広幡忠隆　封 1. 1945. 4. 3
広浜嘉雄　封 1・葉 1. 1936. 4. 1, 8. 30

ふ

深井英五　封 14・葉 6. 1939. 9. 25—1945. 7. 10
深川喜作　封 1. 1946. 3. 23
深沢運禅・運敬　封 2. 1928. 12. 27, 1941. 8. 4
深田忠重　封 1. 1939. 5. 8
深田康算　封 3・葉 3. 1923. 11. 26—1927. 5. 28
深津正弼　封 1. 1926. 4. 27
深水　茂　封 8・葉 3. 1923. 12. 1—1925. 11. 28
不朽生　封 1. 1928. 9. 13
福井　鎮　封 1. 1937. 12. 27
福井利吉郎　封 3・葉 8. 1922. 7. 12—1942. 7. 4
福岡誠一　封 1. 1941. 5. 15
福沢泰江　封 1. 1936. 6. 16
福沢保太郎　封 2. 1934. 11. 6, 11. 10
福島理恵　封 1. 1942. 11. 11
福田長三　封 1. 1941. 6. 10

福田藤楠　封 1・葉 1. 1930. 3. 31, 3. 26
福田徳三　封 7・葉 1. 1923. 10. 30—1929. 11. 1
福田良太郎　封 1・葉 1. 1935. 12. 14, 1937. 8. 26
福富孝治　封 2. 1937. 4. 21, 4. 26
福中又次　封 1. 1936. 8. 24
福永文之助　封 1・葉 1. 1929. 1. 19, 1931. 7. 17
福原麟太郎　封 2. 1928. 11. 27, 1929. 10. 20
福本和夫　葉 1. 1922. 8. 15
福本初太郎　封 2・葉 1. 1926. 12. 8—1943. 12. 23
富士辰馬　封 2. 1925. 6. 19, 11. 15
藤井乙男　封 2. 1923. 8. 27, 1933. 12. 3
藤井厚二　封 1. 1928. 5. 21
藤井　晋　封 5. 1939. 9. 3—1941. 4. 6
藤井静宣　封 1. 1943. 9. 21
藤井専造　封 2. 1929. 2. 23, 3. 9
藤井　武　封 3. 1925. 2. 20—1940. 3. 23
藤岡亀三郎　封 2. 1942. 7. 14, 7. 20
藤岡蔵六　葉 1. 1923. 6. 30
藤岡　哲　封 2. 1930. 1. 27, 2. 14
藤岡由夫　封 5. 1942. 1. 1—1946. 2. 11
藤懸静也　封 5・葉 1. 1930. 5. 8—1944. 2. 10
富士川游　葉 1. 1936. 11. 8
藤川龍彦　封 1. 不明
藤沢周次　封 1. 1935. 12. 14
藤沢璋三　封 5. 1928. 3. 10—1934. 4. 13
藤沢　昇　封 5. 1933. 4. 19—1943. 11. 15
藤沢古実　封 9・葉 9. 1926. 6. 10—1945. 4. 4
藤沢寧子　封 2. 1937. 8. 7, 1938. 5. 4
藤沢利喜太郎　封 5. 1928. 10. 11—1929. 11. 10
藤島きみ子　封 2. 1930. 12. 2, 1940. 6. 13
藤島信太郎　葉 1. 1933. 7. 29
藤代禎輔　封 6. 1924. 8. 14—1926. 5. 29
藤田敦男　封 1. 1942. 8. 3
藤田勝太郎　封 1・葉 4. 1932. 8. 3—1937. 10. 3
藤田健治　封 3・葉 1. 1931. 9. 18—1932. 6. 26
藤田茂一郎　封 2・葉 2. 1935. 3. 23—1942. 4. 23

岩波茂雄宛書簡差出人一覧(個人)

藤田仁太郎　封 1. 1941. 8. 19
藤塚　隣　封 5・葉 4. 1928. 9. 8—1942. 1. 7
藤浪　鑑　封 1. 1931. 9. 25
藤沼庄平　封 5・葉 5. 1933. 10. 17—1945. 12. 28
藤原鎌足　封 3. 1939. 4. 28—1940. 1. 1
藤原亀之丞　封 2. 不明
藤原銀次郎　封 1・葉 1. 1943. 12. 23, 1945. 4. 4
藤原咲平　封 8・葉 6. 1925. 9. 18—1945. 11. 16　→I-65
藤原　正　封 16・葉 3. 1925. 11. 8—1939. 8. 28
藤原松三郎　封 8・葉 4. 1926. 12. 24—1946. 2. 17
藤村信次　封 4・葉 1. 1924. 12. 25—1938. 7. 6
藤村　蓋　封 8・葉 3. 1929. 5. 8—1945. 3. 12
藤村　作　封 2・葉 3. 1932. 11. 3—1940. 2. 25
藤本栄七　封 1. 1924. 9. 4
藤本恕一郎　封 5. 1929. 6. 29—1932. 10. 20
藤森かつ　封 5. 1936. 4. 24—1938. 4. 23
藤森耕介　封 1. 1946. 2. 11
藤森省吾　封 18・葉 13. 1930. 1. 17—1945. 9. 5
藤森新作　封 5. 1935. 12. 17—1938. 8. 3
藤森成吉　封 3・葉 1. 1928. 2. 29—1942. 1. 9
藤森朋夫・りつ子　封 25・葉 19. 1930. 9. 14—1946. 3. 18
藤森　登　封 4. 1932. 7. 2—1937. 11. 13
藤森萬平　封 18・葉 5. 1930. 2. 18—1945. 11. 22
藤森良蔵　封 5. 1924・4. 25—1935. 2. 9
不退栄一　封 8・葉 5. 1932. 10. 17—1944. 9. 5
舟木重信　封 3・葉 5. 1923. 5. 11—1933. 3. 31
船田享二　封 4・葉 4. 1933. 1. 25—1946. 3. 25
船田　中　封 1. 1945. 4. 3
船山信一　封 7・葉 5. 1930. 5. 27—1938. 1. 1
冬木昌夫　封 1. 1933. 4. 4
降幡　敏　封 2・葉 1. 1940. 4. 5—1941. 7. 26
古垣鉄郎　封 6. 1937. 1. 26—1946. 4. 4
古川　清　封 1. 1926. 7. 4
古川　久　封 1. 1936. 12. 29
古田　晁　封 1. 1944. 1. 23
古田貞幹　封 1・葉 2. 1931. 2. 21—1932. 1. 11

古屋正四　封1．1938.11.27　→I-114
古屋芳雄　封4・葉1．1926.1.21—1930.2.17
ブール，イ・アール　封1・葉1．1926.2.22，3.22

へ

別所仲子　封60．1929.10.19—1945.7.19
別府貫一郎　封4・葉1．1934.10.19—1936.2.15

ほ

ボース，ライビハリ　封6・葉5．1932.10.1—1943.10.29
宝玲俊子　封1．1940.1.25
朴勝完　封1．1935.2.6
星真機子　封2．1934.11.3，11.25
星川藤七　封4・葉1．1933.3.26—1943.12.20
星野　磯　封1．1938.4.29
星野慎吉　封2・葉1．1940.3.25—1941.2.25
穂積重遠　封15・葉5．1926.11.23—1944.1.1
穂積陳重　封2．1924.6.16，7.4
細川恒斎　封2・葉17．1931.12.8—1946.1.1
細川藤右衛門　封1．1934.7.22
細谷恒夫　封20・葉7．1931.2.9—1943.1.14
細谷つる　封3・葉1．1944.12.15—1946.3.5
堀　寿美　封1．1930.5.15
堀　経夫　封7・葉5．1927.8.7—1944.2.16
堀　真琴　葉1．1924.8.21
堀内伊太郎　封3・葉1．1926.5.2—1945.2.15
堀江帰一　封3・葉1．1924.7.8—1925.6.30
堀口捨己　封6・葉10．1923.9.10—1046.2.18
堀越喜博　封12・葉4．1926.12.29—1939.1.1
本庄栄次郎　封1．1932.12.15
本田整三　封2．1940.6.28，7.2
本多顕彰　封5・葉7．1936.4.7—1945.7.10
本多猪一郎　封1．1945.9.17
本多光太郎　封3・葉1．1923.10.13—1945.5.31
本間久雄　封3・葉1．1936.2.16—1938.11.17

ま

舞出長五郎　封2．1942.11.5，1944.2.11
前田きせ　封1．1927.12.23
前田久吉　封1．不明
前田多門　封12・葉2．1927.12.2—1946.2.5
前田　晁　封1．1935.12.27
前田ツナ　封1．1931.3.6
前田　一　葉1．1929.7.2
前田善子　封5．1946.1.19—3.17
前田河広一郎　封1・葉1．1936.9.25，1937.10.24
前野直彬　葉1．1924.10.11
槇　有恒　封1．1945.3.19
真木　順　封1．1932.4.3
牧瀬菊枝　封2．1940.6.10，1942.11.3
牧野英一　封3・葉1．1925.6.15—1946.2.15
牧野武夫　封2．1935.2.20，1941.1.28
牧野富太郎　封1・葉1．1928.11.17，1937.1.4
牧野伸顕　封5．1944.11.9—1946.1.9　→I-238
牧山正彦　封12・葉5．1926.7.9—1946.2.12
正岡りつ　葉1．1937.1.2
正木　亮　封1．1935.12.16
正木直彦　封1．1938.7.6
正木昊(ひろし)　葉7．1942.8.11—1946.2　→I-236
真下真一　葉4．1934.9.8—1937.10.26
増井幸雄　封1．1929.9.7
増田幸一　封2・葉2．1929.4.2—1938.2.8
増田惟茂　封1．1931.8.6
増田義一　封3・葉1．1929.9—1945.3.31
町田　彊　封1．1944.2.19
町田篤次　葉1．1937.5.11
松浦嘉一　封7・葉4．1924.5.4—1945.4.1
松浦　一　封2・葉1．1928.6.12—1929.1.1
松尾晴見　封2．1940.9.10，1941.6.26
松岡はつ子　封3・葉1．1937.7.24—1941.7.25
松岡　譲　封11・葉8．1924.6.19—1937.9.3

松方三郎　封6. 1929.8.22—1935.12.16　→I-90
松木潤一郎　封9・葉3. 1936.10.25—1945.3.31
松隈健彦　葉4. 1925.1.14—1930.1.1
松坂佐一　封5・葉8. 1925.12.6—1946.1.15
松沢謙二　封1. 1931.11.27
松下胤実　封1. 1940.8.18
松田条太郎　封2. 1940.3.30, 6.20
松田二郎　封2. 1943.5.25, 6.8
松田武夫　封1. 1939.10.8
松田智雄　封1. 1940.7.20
松平頼寿　封2. 1933.9.26, 1935.12.29
松根豊次郎(東洋城)　葉5. 1930.9.5—1941.6.4
松根吉松　封1. 1925.11.23
松野吉松　封1. 1925.11.23
松葉谷良太郎　葉2. 1937.3.25, 1940.11.30
松原行一　封1・葉1. 1931.7.13, 1935.3.9
松村義一　封1. 1946.1.12
松村太郎　封3. 1937.3.7—10.6
松村　昇　封13. 1935.1.16—1944.1.12
松村龍一　封1. 1941.5.13
松本亦太郎　封2. 1940.3.9, 6.21
松本重治　封5・葉1. 1945.4.2—1946.2.26　→I-205
松本烝治　封6・葉2. 1924.12.8—1945.2.23
松本彦良　封3. 1942.1.29—1943.11.10
松本　泰　封1. 1931.7.4
松本容吉　封3. 1930.9.17—1944.1.7
松山巌王　封12・葉9. 1933.10.31—1945.6.18
松山貞夫　葉5. 1939.9.6—1942.7.29
松山千冬　封2. 1943.3.7, 3.27
松山てる　封1・葉1. 1945.12.8, 1944.2.13
真鍋嘉一郎　封12・葉5. 1928.1.2—1941.9.14
真野紀太郎　封1・葉3. 1923.9.25—1945.3.29
丸尾彰三郎　封3・葉1. 1940.11.22—1944.3.8
丸田潤二郎　葉1. 1937.5.3
丸茂瑞喜　封2. 1940.12.21, 12.26
丸山明子　封5・葉1. 1941.8.10—1942.12.18

丸山幹治　封5・葉2. 1942.7.18—1946.1.13
丸山定男　封4. 1944.10.31—1945.1.12
丸山二郎　封2・葉1. 1930.9.3—1933.12.16
丸山鶴吉　封12・葉4. 1935.2.7—1945.8.3
丸山東一　封2. 1929.11.11, 1931.5.18
丸山初瀬　封1. 1932.6.29
丸山英弥　封1.1943.3.4
丸山政男　封1. 1944.8.8

み

三浦太郎　封1. 1936.9.20
三浦周行　封6・葉3. 1923.11.22—1930.5.5
三上　実　封2・葉1. 1935.3.5—1941.2.14
三上義夫　封3. 1927.9.26—1934.7.23
三川秀雄　封2. 1938.10.3, 10.6
三木(東畑)喜美子　封8・葉2. 1926.9.12—1930.11.8
三木　清　封41・葉9. 1923.5.16—1944.5.9　→Ⅱ-245—280
三樹退蔵　封2. 1935.12.20, 1936.7.26
三雲祥之助　封1. 1933.12.15
三沢寛一　封5. 1930.2.19—1942.2.23
三沢敬義　不2・葉3. 1931.7.24—1941.4.8
水落庄兵衛　封1. 1936.4.15
水上速雄　葉10. 1942.1.1—1945.10.2
水口雄太郎　封2. 1941.6.24, 7.30
水島三一郎　封1. 1925.6.25
水島貞子　封1. 1945.3.23
水野つた子　封3. 1934.11.7—1935.1.18
水野遊粋　葉1. 1923.11.30
溝口楳堂　封3. 1934.9.20—11.30
三田　信　封4・葉4. 1932.7.17—1945.4.7
三谷隆信　封2. 1935.12.4, 1937.5.1
三谷隆正　封4・葉1. 1932.4.24—1943.2.15
三井高起　封2. 1936.9.16, 9.20
光瀬俊明　封1. 1940.7.17
光田健輔　封2・葉1. 1941.1.6—1942.1.10
三成重敬　封4. 1934.1.18—1942.12.31

三淵忠彦　封 3. 1928. 6. 7—1937. 12. 13
三矢宮松　封 3・葉 4. 1934. 10. 18—1945. 3. 4
南　次郎　葉 1. 1945. 3. 18
南卓三郎　封 1. 1946. 2. 20
南　信好　封 2. 1933. 6. 14, 1940. 11. 5
南　弘　封 1. 1943. 5. 1
美濃芳雄　封 2. 1946. 2. 28, 3. 10
美濃口時次郎　封 1. 1929. 4. 15
蓑田胸喜　封 2. 1934. 10. 8, 1938. 12. 22
美濃部達吉　封 8・葉 2. 1924. 4. 16—1946. 2. 8　→I-86
宮　孝一　封 1. 1938. 6. 1
宮内鎮代子　封 1. 1946. 4. 5
宮尾時司　封 4. 1936. 3. 4—1942. 5. 30
宮川　実　封 32・葉 1. 1927. 8. 10—1939. 12. 1
宮北　繁　封 1. 1924. 2. 22
三宅一朗　封 1. 1926. 1. 20
三宅剛一　封 1・葉 3. 1927. 7. 4—1938. 7. 5
三宅正太郎　封 4・葉 1. 1942. 10. 20—1944. 11. 30
三宅武郎　葉 2. 1933. 9. 9, 1934. 1. 17
三宅やす子　封 1. 1927. 11. 23
三宅雄二郎(雪嶺)　葉 4. 1928. 1. 1—1945. 3. 28
宮坂音蔵　封 9・葉 4. 1924. 12. 31—1935. 12. 12
宮坂勝衛　封 3. 1930. 2. 24—11. 25
宮坂完一　封 1. 1939. 12. 26
宮坂　勝　葉 3. 1930. 4. 11—10. 27
宮崎きみ　封 2. 1932. 6. 22, 1933. 6. 3
宮崎孝治郎　封 1. 1941. 1. 22
宮崎丈二　封 8・葉 3. 1937. 5. 29—1942. 4. 30
宮崎志郎　封 1. 1940. 2. 24
宮崎照子　封 3. 1929. 6. 13—1930. 7. 21
宮崎ふみ　封 45・葉 2. 1924. 11. 2—1939. 12. 7
宮崎安右衛門　封 2・葉 1. 1927. 10. 28—1929. 9. 15
宮沢二郎　封 3. 1938. 7. 1—1946. 2. 20
宮沢胤勇　封 1・葉 2. 1937. 5. 12—1945. 6. 12
宮沢俊義　封 2・葉 3. 1934. 11. 4—1945. 4. 11
宮沢正義　封 3. 1930. 7. 12—8. 22

宮地廓慧　封 1.　1941. 12. 25
宮島　豊　封 1.　1940. 3. 4
宮田　修・斎　封 1・葉 1.　1941. 1. 13,　1931. 8. 16
宮田喜代蔵　葉 1.　1922. 8. 13
宮原晃一郎　封 1.　1924. 7. 2
宮本キクヨ　封 1.　不明
宮本　仲　封 1.　1935. 3. 29
宮本正清　封 1.　1929. 7. 10
宮本正尊　封 1.　不明
宮本和吉　封 17・葉 8.　1923. 10. 17—1945. 1. 3
宮良当壮　封 1・葉 1.　1946. 2. 12,　1943. 7. 10
宮脇　倫　封 2・葉 7.　1929. 3. 20—1945. 4. 11

む

向置三平　封 1.　1930. 11. 30
迎田唯之　封 2・葉 1.　1934. 11. 24—1940. 12. 21
向山幹夫　封 1.　1936. 5. 1
武者小路公共　封 2.　1942. 7. 1,　7. 5
武者小路実篤　封 17・葉 11.　1927. 1. 25—1942. 5. 7
武藤　叟　封 1・葉 1.　1943. 4. 3,　6. 18
務台四郎　封 1・葉 1.　1929. 5. 12,　1930. 1. 6
務台彦市　封 2・葉 1.　1925. 7. 19—1934. 9. 5
務台理作　封 2・葉 11.　1929. 8. 5—1945. 4. 2
陸奥広吉　封 3.　1928. 6. 18—1941. 1. 16
村井　巌　封 1.　1934. 6. 6
村尾元良　封 12・葉 4.　1925. 6. 19—1942. 3. 14
村岡典嗣　封 6・葉 3.　1927. 3. 4—1943. 12. 15
村上　勇　葉 1.　1943. 8. 16
村上恭一　封 11・葉 1.　1928. 6. 14—1945. 3. 2
村上瑚磨雄　封 7・葉 1.　1929. 7. 30—1935. 3. 17
村上不徹　封 1.　1936. 12. 2
村上雄策　封 1.　1940. 8. 20
村越　司　封 5・葉 9.　1937. 2. 24—1946. 1. 17
村瀬みち　封 2.　1927. 2. 10,　2. 16
村田　勤　封 16・葉 4.　1933. 12. 9—1946. 3. 25
村田通元　封 2・葉 1.　1928. 6. 12—1929. 12. 8

村松恒一郎　　封 1・葉 3.　1927. 1. 21—1930. 8. 30
村松常雄　　封 1.　1942. 4. 14
村松俊夫　　封 2.　1930. 4. 29,　1937. 11. 18
村山英太郎　　封 1・葉 1.　1932. 12. 17,　1933. 1. 1
村山長挙　　封 1.　1934. 1. 12
室生犀星　　封 3・葉 1.　1930. 1. 31—1937. 5. 31
室橋民衛　　封 2.　1941. 1. 15,　1942. 11. 5
室伏高信　　封 4.　1936. 2. 4—1946. 3. 9

も

毛利菊栄　　封 8・葉 1.　1934. 9. 19—1938. 6. 29
最上　勇　　封 9・葉 17.　1935. 1. 9—1946. 2. 12
最上孝敬　　封 1.　1925. 9. 3
望月鼓堂　　葉 2.　1938. 5. 10,　5. 13
望月　誠　　封 1 葉 1.　1939. 11. 11,　1940. 2. 22
本橋のぶ・六三　　封 28・葉 12.　1925. 4. 16—1945. 11. 20
元良智行　　封 2.　1946. 3. 23,　4. 8
百崎保太郎　　封 36・葉 28.　1930. 3. 19—1944. 1. 23
百瀬英一　　封 1.　1946. 2. 17
百瀬四郎　　封 1.　1931. 9. 17
百瀬　甫　　封 3.　1936. 12. 3—1938. 3. 16
百瀬有郎　　封 6・葉 10.　1944. 9. 2—1946. 2. 11
百瀬嘉郎　　封 2.　1944. 8. 7,　1946. 2. 13
森　昭子　　封 1.　不明
森　一兵　　封 10.　1923. 10. 17—1939. 4. 7
森　於菟　　封 2・葉 4.　1932. 10. 11—1938. 3. 18
森耕二郎　　封 2・葉 1.　1925. 9. 22—1926. 3. 13
森　志け　　封 1・葉 1.　1932. 10. 12,　1933. 1. 20
森潤三郎　　葉 1.　1936. 7. 22
森　武次　　封 1.　1940. 3. 18
森次太郎　　葉 1.　1942. 12. 10
森　暢　　封 3・葉 3.　1936. 3. 2—1938. 7. 17
森　巻吉　　封 2・葉 5.　1932. 4. 28—1938. 12. 27
森　良雄　　封 1・葉 1.　1931. 5. 25,　1929. 10. 11
森川　長　　封 1.　1941. 5. 15
森田小一郎　　封 1.　1940. 9. 26

森田草平　封 8・葉 14.　1924. 6. 28—1942. 10. 27
森田たま　封 29・葉 9.　1939. 12. 14—1945. 4. 4
森田　博　封 3.　1943. 9. 20—1944. 3. 26
森田米松　封 1.　1918. 3. 6
森戸辰男　封 5.　1924. 12. 30—1930. 3. 13
森本覚丹　封 1.　1940. 3. 9
守矢真幸　封 4・葉 1.　1929. 7. 29—1936. 11. 27
守屋喜七　封 77・葉 24.　1923. 10. 15—1945. 7. 17
守屋義郎　封 11.　1935. 2. 17—1945. 1. 18
森山季子　封 6・葉 3.　1933. 4. 23—1939. 1. 1
森山藤一　封 5・葉 10.　1928. 1. 1—1943. 12. 28
諸井完蔵　封 7・葉 1.　1936. 10. 11—1945. 8. 12
両角丑助　封 1.　1936. 8. 13
両角喜重　封 3・葉 1.　1930. 2. 2—1946. 4. 17
両角謙郎　葉 3.　1940. 9. 20—1941. 9. 12

や

矢ヶ崎栄次郎　封 3・葉 1.　1923. 10. 2—1930. 7. 15
八木秀次　封 2・葉 1.　1930. 11. 20—1943. 12. 22
八木沼源八　封 3・葉 1.　1930. 9. 11—10. 16
八坂浅太郎　封 2.　1928. 11. 28, 1938. 8. 23　→I-110
矢崎九重　封 25・葉 7.　1928. 2. 14—1945. 3. 16
矢崎槐治　封 10・葉 6.　1926. 8. 30—1946. 3. 28
矢崎虎雄　封 1・葉 1.　1934. 1. 14, 9. 24
矢崎博一・岩波積善　封 1.　1946. 1. 8
矢崎平蔵・岩波直正　封 1.　1928. 4. 10
矢崎美盛　封 14・葉 19.　1923. 5. 28—1946. 2. 11
矢沢米三郎　封 20・葉 4.　1917. 12. 20—1939. 11. 29
矢島音次　封 17・葉 11.　1923. 11. 24—1946. 4. 6
矢島祐利　封 1・葉 2.　1931. 12. 18—1938. 5. 7
矢島富重　封 1.　1939. 3. 25
矢代幸雄　封 9・葉 3.　1925. 7. 3—1945. 3. 4
安井曾太郎　封 8・葉 2.　1938. 7. 3—1946. 2. 11
安井てつ　封 24・葉 7.　1924. 12. 11—1945. 4. 5
安川第五郎　封 3.　1945. 2. 9—4. 9
八杉貞利　封 6.　1935. 12. 16—1945. 3. 31

安田彦太郎　封1・葉2. 1936.11.26—1942.12.24
安田靫彦　封4. 1944.4.7—1946.2.5
保田与重郎　封2. 1934.4.5, 1938.12.25
安成三郎　封4・葉6. 1935.10.11—1942.1.11
保見国治　封3・葉1. 1939.10.5—12.14
矢田部達郎　封1・葉1. 1928.9.27, 1926.2.9
谷津直秀　封3. 1931.5.3—1935.12.14
矢内原忠雄　封14・葉1. 1931.2—1946.3.24　→I-109
柳　宗悦　封2. 1926.12.26, 他不明
柳原吉次　封12・葉1. 1927.2.25—1946.2.11
柳瀬正夢　封2・葉6. 1929.1.15—1941.1.6　→I-84
矢野健太郎　封2. 1935.5.3, 1936.3.31
矢野征記　封1. 1946.3.19
矢野正雄　封1. 1942.3.12
矢野芳忠　葉2. 1946.1.7, 1.29
矢橋次雄　封7. 1943.7.25—1946.2.6
矢吹慶輝　封9・葉1. 1924.3.21—1937.2.19
矢部謙次郎　封1. 1946.3.21
矢部外次郎　封2. 1936.5.30, 1942.10.16
矢部貞治　封1. 1942.5.6
矢部良策　封2. 1936.2.14, 1944.3.21
山内重直　封1. 1932.4.19
山内得立　封24・葉21. 1923.4.20—1938.4.3
山内保次　封3・葉1. 1934.6.1—1946.3.29
山岡勘一　封3. 1934.4.15—1939.3.28
山岡重徳　封1. 1942.9.23
山岡美枝・克己　封5・葉1. 1945.1.23—1946.2.6
山懸正明　封1. 1940.12.18
山川秀好　封1. 1942.1.7
山川丙三郎　封13・葉9. 1924.9.7—1943.12.31
山岸徳平　葉1. 1945.3.26
山際一三　封1・葉2. 1933.9.22—1936.4.1
山口察常　封3・葉3. 1935.12.23—1944.5.15
山口重知　封1. 1931.8.14
山口正吾　封4. 1927.9.11—1928.2.9
山口正太郎　葉1. 1924.8.7

岩波茂雄宛書簡差出人一覧(個人)

山口生知　　葉 1.　1939.4.25
山口武治　　封 30・葉 23.　1939.9.12—1946.4.16
山口等澍　　封 4・葉 2.　1925.6.10—1931.8.3
山口友吉　　封 7・葉 3.　1935.8.6—1943.12.26
山口　昇　　封 5・葉 2.　1924.7.30—1944.1.6
山口諭助　　封 1.　1931.11.28
山崎　斌　　封 2・葉 1.　1931.7.8—1933.8.11
山崎一郎　　封 5・葉 7.　1933.12.29—1945.1.10
山崎　清　　封 4・葉 1.　1927.12.6—1928.5.9
山崎久蔵　　封 2.　1946.2.11(2 通とも)
山崎　謙　　封 1.　1934.3.14
山崎惟人　　封 1.　1932.4.19
山崎清一　　封 2.　1933.2.2,　1943.2.22
山崎武郎　　封 21・葉 13.　1931.5.15—1946.2.23
山崎露子・不二夫・明子　　封 5・葉 3.　1936.3.18—1938.3.3
山崎正直　　封 1.　1926.6.30
山地土佐太郎　　封 2.　1943.9.5,　1946.2.15
山路よし子　　封 1.　1936.3.5
山下一夫　　封 2.　1944.2.24,　6.8
山下さだ恵　　封 10.　1933.5.3—1934.8.26
山下徳治　　封 7.　1932.2.7—1935.1.27
山下寿郎　　封 2・葉 3.　1945.2.17—11.29
山田　馨　　封 1・葉 2.　1933.8.1—1944.1.3
山田勝太郎　　封 3・葉 1.　1923.10.16—1937.8.9
山田熊雄　　封 5・葉 4.　1930.8.18—1945.3.28
山田幸五郎　　封 4・葉 1.　1923.2.8—1934.9.1
山田幸三郎　　封 2・葉 3.　1925.12.28—1937.12.31
山田琴　　封 2.　1931.10.31,　12.9
山田嵯峨　　封 1.　1926.6.11
山田坂仁　　封 1.　1935.12.26
山田三良　　封 2・葉 1.　1944.1.9—1945.4.2
山田三郎太　　封 3.　1942.11.7—1945.5.11
山田　準　　封 2.　1942.11.8,　1944.2.10
山田順子　　封 5・葉 5.　1934.6.4—1937.12
山田正次　　封 1・葉 4.　1923.7.29—1925.7.12
山田又吉　　封 6・葉 26.　1907.2.16—1927.3.21

山田光雄　封 1.　1927. 2. 7
山田盛太郎　封 2.　1941. 8. 14,　1943. 6. 15
山田孝雄　封 6・葉 3.　1929. 10. 25—1944. 2. 13
山田良三　封 15・葉 3.　1928. 6. 15—1945. 11. 17
山田わか　葉 1.　1933. 10. 8
山室軍平　封 2・葉 7.　1933. 11—1938. 11
山室三良　封 5・葉 1.　1937. 3. 2—1942. 3. 30
山室民子　封 6.　1941. 3. 7—1943. 7. 10
山中篤太郎　封 1.　1936. 2. 14
山原　鶴　封 3.　1945. 5. 7—11. 14
山本寛次　葉 1.　1930. 8. 27
山本慶治　封 3・葉 1.　1942. 3. 5—1946. 1. 29
山本修二　封 2.　1927. 12. 8,　1928. 2. 3
山本正一　封 2.　1926. 1. 15,　1. 25
山本唯次　封 5・葉 4.　1924. 3. 25—1933. 5. 7
山本敏夫　封 6・葉 3.　1936. 9. 8—1942. 1. 7
山本彦助　葉 3.　1940. 6. 20—10. 10
山本政喜　封 4・葉 1.　1926. 3. 2—1930. 9. 2
山本安英　封 41・葉 6.　1931. 11. 18—1945. 10. 5　→I-146
山本有三　封 1・葉 1.　1941. 7. 19,　1936. 4. 3
山本良吉　封 18・葉 8.　1929. 5. 26—1942. 2. 5
山谷省吾　封 1・葉 1.　1925. 12. 16,　1924. 11. 25
ヤーン　封 1.　1931. 7. 9

ゆ

湯浅芳子　封 6・葉 2.　1941. 9. 2—1945. 6. 10
結城哀草果　封 17・葉 8.　1924. 2. 28—1939. 12. 27
湯川秀樹　封 4.　1943. 6. 24—11. 30
雪山俊夫　封 1・葉 2.　1925. 4. 9—1937. 8. 1
遊佐幸平　封 1・葉 1.　不明,　1925. 12. 25
湯沢　茂　封 1.　1926. 9. 6
湯田徳貞　封 3.　1945. 3. 28—6. 19

よ

楊肇嘉　封 4・葉 1.　1932. 7. 25—1938. 5. 5
除村吉太郎　封 2・葉 1.　1937. 4. 7—1943. 12. 23

横井憲太郎　封 1. 1932. 3. 26
横関了胤　封 1. 1944. 10. 31
横山　重　封 5. 1923. 12. 27—1928. 5. 28
横山喜之　封 2. 1936. 4. 20, 1937. 5. 29
与謝野晶子　封 4. 1917. 3. 29—1929. 12. 25　→I-10
吉井(富田)定枝　封 2. 1931. 2. 28, 3. 12
吉井よし子　封 4. 1926. 3. 11—12. 24
善生永助　封 1. 1941. 4. 22
吉江喬松　封 4・葉 1. 1927. 10. 19—1938. 1. 1
吉江琢児　封 1. 1936. 12. 24
吉川幸次郎　封 2. 1942. 2. 19, 1943. 12. 22
吉川清一　封 1. 1928. 10. 4
吉川民子　葉 2. 1932. 8. 1, 1937. 1. 1
吉川のぶ　封 3・葉 4. 1926. 5. 7—1936. 5. 3
吉川安平　封 1. 1935. 3. 3
吉阪俊茂　封 1・葉 1. 1944. 1. 8, 1938. 6. 30
吉崎淳一・三男　封 5. 1940. 7. 4—1943. 6. 10
吉崎淳成　封 5・葉 28. 1923. 10. 7—1940. 3. 9
吉沢俊一　封 1・葉 1. 1941. 6. 18, 1943. 11. 26
吉田五十八　封 1・葉 2. 1943. 12—1945. 3. 9
吉田悦蔵　封 1. 1938. 2. 15, 1939. 12. 27
吉田甲子太郎　封 4. 1941. 4. 17—1946. 2. 11
吉田金十　封 2・葉 1. 1940. 12. 12—1942. 2. 22
吉田熊次　封 1. 1933. 9. 6
吉田九郎　封 2・葉 2. 1924. 5. 27—1931. 1. 15
吉田　圭　封 18・葉 3. 1927. 11. 12—1944. 2. 28
吉田幸三郎　封 1. 1926. 6. 25
吉田小五郎　封 1. 1944. 1. 13
吉田茂子　封 1. 1935. 12. 15
吉田静江　封 17. 1926. 5. 25—1944. 12. 29
吉田隆子　封 1. 1932. 2. 13
吉田知恵子　封 1. 1934. 12. 22
吉田曄生　葉 2. 1945. 11. 29, 1946. 1. 11
吉田泰司　封 1. 1925. 12. 18
吉田洋一　封 16・葉 5. 1925. 7. 29—1940. 8. 18
吉野作造　封 7・葉 5. 1923. 10. 26—1930. 11. 8　→I-31

吉原かね　封10・葉5.　1930.4.28—1943.10.12
吉原のぶ　封10・葉1.　1930.4.27—1931.8.4
吉満義彦　封2・葉1.　1932.7.11—1941.3.4
吉村　清　封1.　1936.3.5
吉村　英　封4.　1923.10.3—1938.11.15
吉村凞子　封1.　1938.1.29
吉屋信子　封1.　1942.7.7
依田　新　封1.　1938.12.3
依田源七　封1・葉1.　1934.4.4，1924.2.23
四家文子　封1.　1931.9.16
米川文子　封9・葉5.　1933.7.22—1940.10.22
米川正夫　封9・葉7.　1923.8.23—1945.4.3
米倉磐一郎　封5.　1942.11.11—1944.11.15
米沢米三郎　封1.　1926.3.25
米田いとの　封2.　1939.9.5，1946.3.23
米津(若松)仲子　封2.　1930.4.20，他不明
米山梅吉　封5.　1945.2.6—1946.4.12

り・ろ

龍　粛　封1.　1943.12.7
寮　佐吉　封5.　1931.6.27—1939.12.20
林熊祥　封1.　不明
蠟山政道　封2・葉2.　1932.4.19—1937.10.26

わ

若月岩吉　封6・葉6.　1930.12.30—1946.3.19
若月初蔵　封16・葉7.　1940.11.25—1943.9.29
若槻克彦　葉2.　1936.4，1937.8.19
若槻道隆　封12・葉6.　1925.5.13—1942.9.8
我妻栄吉　封1.　1942.4.22
我妻　栄　封1.　1928.5.19
若松朔也　封1.　1934.1.22
若林鑒太郎　封4・葉6.　1925.11.9—1942.1.29
若林大作　封1.　1943.9.19
若山喜志子　封1.　1938.8.12
和木清三郎　封1.　1940.7.17

脇本十九郎	封1・葉1. 1935.12.14, 1926.4.9	
脇本直甫	封1. 1943.2.20	
和田助一	封4・葉4. 1934.11.6—1946.2.11	
和田万吉	封1・葉1. 1927.12.10, 1928.2.29	
和田　実	封2. 1928.4.27, 4.29	
和田嘉衛	封3・葉1. 1926.9.15—1934.2.4	
渡辺愛子	封11・葉9. 1925.2.10—1945.3.28	
渡辺郁子	封2・葉1. 1928.7.8—1933.10.10	
渡辺栄助	封10・葉4. 1925.6.1—1946.2.13	
渡辺格司	封1. 1946.2.11	
渡辺吉治	封1. 1925.5.24	
渡辺　慧	封2・葉1. 1936.3.27—1945.5.27	
渡辺　茂	封3・葉1. 1935.12.28—1945.5.16	
渡辺大濤	葉1. 1938.11.23	
渡辺　正	封1. 1945.2.18	
渡辺担平	封2. 1928.5.17, 6.3	
渡辺千冬	封2. 1930.3.12, 1934.3.3	
渡辺忠吾	封4・葉8. 1923.12.2—1936.4.22	
渡辺哲夫	葉1. 1929.6.14	
渡辺鉄蔵	封1. 1924.12.31	
渡辺銕蔵	封3・葉3. 1933.2.14—1945.3.31	
渡辺得男	封13. 1924.6.24—1945.3.1	
渡辺秀子	封1. 1932.5.27	
渡辺文敏	封1・葉2. 1923.9.11—1928.1.24	
渡辺万次郎	封1. 1930.9.25	
綿貫哲雄	葉1. 1937.12.13	
和智隣行	封1・葉1. 1936.9.27, 10.1	
和辻哲郎	封65・葉16. 1922.7.11—1946.2.12	→I-78

岩波茂雄宛書簡差出人一覧(団体・企業)

▶ 団体・企業・公機関等からの岩波茂雄宛書簡を便宜的に11の分野に分け，来簡年の分かるものはそれを付し，分野ごとに五十音順に配列した.

▶ 連名の差出しには記号(／)を使い，二項を統合したものは記号(・)を使用した.項目の後に(　)を用いて注記したものがある.

顕彰・後援団体

荒井実博士追悼録世話人　1937
安藤一郎送別会　1938
石川謙君学位受領祝賀会　1941
石田攻法協会長顕彰会　1940
石田(元季)先生還暦記念会　1937
石橋博士還暦記念会(京大地理)　1936
一念会(古島一雄後援)　1925
伊藤公全集刊行会(清浦奎吾)　1928
伊藤博文公記念会　1930
岩田労君(岩田義道遺児)医療費醵金会　1934
植木(直一郎)博士還暦祝賀会　1937, 38
海老名弾正先生記念会　1938
遠藤隆吉博士還暦記念会　1937
大久保(偵次)氏雪窓祝賀会(帝人事件)　1937
太田慶一遺児後援会　1941
大谷嘉兵衛翁頌徳会　1929
大谷寿雄君遺児教育資金募集会　1941
大安万侶卿事蹟顕彰会　1937
大平晟先生寿像建設会　1934, 35
大森義太郎氏遺子教育基金募集事務所　1941
大山郁夫氏後援会　1928
小川平吉・伊沢多喜男祝賀会　1925
尾崎秀実遺児教育資金募集委員会　1946
小野樟胸像除幕　1935
河西駒吉氏遺族慰問会　1932
勝本忠兵衛君追悼会　1934
加児徳氏後援画会(国華家政大学)　1933
川合清丸全集完成祝賀会　1933
河村幹雄博士記念遺稿刊行会　1933-34
鑑真大和上頌徳会　1945
菊池俊諦氏還暦祝賀会　1936
呉秀三先生胸像建設発起人　1938
黒川翁記念物建設会(上野動物園)　1937
小泉八雲記念会　1933
興芳会事務所(飯田太金次頌徳碑)　1943
故于沖漢追悼協会　1933
故大島宇吉翁追悼会　1941

岩波茂雄宛書簡差出人一覧(団体・企業)

故北沢種一氏遺族慰問募金(東京女高師) 1932
故木村泰賢博士追悼会 1930, 36
国柱会 田中智学門人有志 1943
故小西先生記念礼拝/紫苑会 1940
九日会(石井柏亭, 平野万里) 1937, 38
九日会(夏目純一方) 1929-36
故佐藤雄能先生追悼記念会 1940
故ゾルフ大使追悼会 1936
故土井利三郎氏令息教育資金取扱 1937
故新渡戸博士記念事業 1937
故文学博士上田整次君遺児教育資金募集 1925
故増田惟茂博士追悼会(心理学会) 1933
故真鍋嘉一郎先生追悼会 1942
小村侯三十年祭典(西春彦) 1941
故山本唯次君遺児教育資金 1934
柴舟会 1930
斎藤(秀三郎)先生銅像建設事務所 1934
境野(黄洋)先生一周忌追悼会 1933
佐佐木信綱博士還暦記念会 1932
佐々木彦一郎遺児養育資金募集会 1936
佐藤信淵大人展墓会 1933
篠崎延寿追想録編纂会 1940
松陰会 1934
松嶽会(白川義則大将追慕事業) 1932
象山会 1934, 37
白鳥徳之助一周忌 1935
鈴木権三郎君遺児後援会 1942
清渓先生(山井清渓)を偲ぶ会 1935
瀬谷和一氏後援会 1932
左右田(喜一郎)博士記念会 1929
十河信二君慰慶会 1929
巽軒会 1933, 42
孫中山先生慰霊祭(日本文化連盟) 1935
孫中山先生追憶晩餐会(頭山満) 1935
大正大学光塵会ほか(矢吹慶輝3周年忌) 1942
高楠(順次郎)博士功績記念会 1928
高島(平三郎)先生教育報国60年記念会 1940
高橋貞一郎氏渡欧後援画会 1937
高群逸枝著作後援会 1937, 38
武田(五一)博士還暦記念事業 1932
伊達俊光君『大大阪と文化』出版記念会 1942
田中(秀雄)選手後援会 1936
千倉豊君慰労会 1935
中央気象台(岡田武松先生記念会) 1943
一日会(狩野亨吉門下) 1938, 42
津和野町長(鷗外記念事業) 1940
帝国児童教育会(石川千代松博士一周忌) 1936
寺崎留吉先生謝恩会 1940
伝染病研究所学友会(河本禎助博士追悼会) 1936
藤村会(有島生馬ほか) 1940
頭山満翁米寿祝賀会 1942
徳富蘇峰翁八秩記念会 1943
徳富蘇峰先生古稀祝賀会 1932
徳永恕女史を後援する会 1942
得能博士古稀記念会 1940
中井(猛之進)博士功績記念事業 1944
西晋一郎先生記念会 1940
日仏会館(杉山直治郎博士還暦記念会)

1940
日米親善使節小池兌君送別会　1939
新渡戸稲造博士伝記刊行会　1934
日本忠烈顕彰画会　1935
日本美術院／岡倉天心遺績顕彰会
1942
野口英世記念館　1941
橋浦泰雄画伯五十年記念祝賀会　1937
橋田邦彦先生一高校長御就任祝賀記念会
1937
羽渓(了諦)博士華甲寿記念会　1943
林屋友次郎博士祝賀会　1941
槃澗学寮賛助会(宇田廉平)　1930
広瀬神社創建奉賛会(大分県知事)
1934
藤村(作)博士功績記念会　1936
不先房笹岡末吉先生「老子を歌で」後援会(考え方研究社)　1934
ボース氏激励会(黒龍会)　1942
蜂鳥会(岡本信二郎追悼)　1942
法然上人鑽仰会　1935
牧野信一遺児援助(文芸家協会)　1936
松本謙三後援会　1943
松本第二中学同窓会(小松武平校長記念碑)　1932
三宅(鉱一)教授還暦退職記念会　1936
メーソン氏送別会案内　1934
山川健次郎先生記念会　1939
山口益氏出版記念会　1937
山崎斌著作記念会　1933
山崎織治郎先生追悼会　1936
山崎良平遺児教育資金　1937
山室(軍平)全集編纂委員会　1942
山本安夫君遺児後援会　1936
横田秀雄先生景卿同志会　1938
吉沢(義則)博士還暦記念会　1936
吉田学軒先生古稀祝賀会事務所　1935
レオン・ドゥベル記念碑募金募集(片山敏彦)　1934
蘆花会　1936
蘆花忌(東京市役所)　1940, 41
六盟館(守屋先生頌徳会)　1935

学校及び教育団体

会津図書館　1928
青森市立図書館　1928
青森通俗図書館　1928
青山会館図書館　1928
青山学院長石坂正信　1928
赤門乗馬会／海軍乗馬会　1940, 41
赤門スキークラブ　1924
秋田県立図書館花車名分館　1928
秋田県立図書館能代分館　1928
秋田県立図書館横手分館　1928
秋田鉱山専門学校　1928
秋田図書館大曲分館　1928
浅野図書館(広島)　1928
足利学校遺跡図書館　1928
熱海高女父兄会　1943
姉体村(岩手)図書館　1925
尼崎市立図書館　1928
石川宇ノ気尋常小学校(新化会)　1936
石川県立図書館　1928
伊勢崎商業学校　1934
茨城県立図書館　1928
今治市立明徳図書館　1928
岩国町　1928
臼杵図書館　1928
宇都宮高等農林学校　1928
浦和高校　1928
大分高等商業学校　1928
桜蔭会(女子工学校設立趣意)　1941

岩波茂雄宛書簡差出人一覧(団体・企業)

大垣市図書館　1928
大阪外国語学校　1928
大阪高等学校　1928
大阪高等工業学校　1928
大阪女子専門学校　1928
大阪市立清水谷図書館　1928
大阪市立西野田図書館　1928
大阪帝国大学理学部　1939
大洲中学　1939
太田町立金山図書館　1928
太谷大学図書館　1928
大橋図書館　1928-42
岡崎市立図書館　1928
岡山県立図書館　1928
沖縄県立図書館　1928
沖縄師範学校　1928
小樽高等商業図書館　1928
小樽市図書館　1928
小野田図書館　1928
尾道図書館　1928
小浜図書館　1928
香川県教育会　1928
香川県立三豊中学　1928
学習院　1928
鹿児島県立図書館　1928
鹿児島高等農林学校　1928
笠岡図書館(岡山)　1928
勝山町立高等女学校　1943, 44
家庭学校後援会　1942, 43
神奈川高坂尋常小学校　1933
金沢高等工業学校図書館　1928
鎌倉図書館　1941
鎌田共済会図書館(香川)　1928
川越市図書館　1928
川崎市大師図書館　1928
観空文庫　1942
関西学院付属図書館　1928
元山中央教育図書館　1942
神田女学校・同竹水会　1935-41
桔梗丘文華女子高(群馬)　1936
淇水文庫　1943
北浜高等女学校(鈴木秋夫)　1936
岐阜簡易図書館　1928
岐阜県教育会　1928
岐阜高等農林学校　1933
九州帝国大学図書館　1928
京都高等蚕業高校　1928
京都女子高等専門学校　1928
京都帝国大学学生課　1942
京都帝国大学学友会新聞部　1932
京都帝国大学国語国文学研究室　1946
京都府立図書館　1928
京橋第一国民学校　1942
京橋図書館　1935, 37
玉成保姆養成所(アルウキン, S. A)
1930-38
宜蘭街図書館　1928
霧が峰グライダー研究会　1933
串本町立図書館　1928
熊谷町立図書館　1928
熊本県清浦文庫　1928
熊本県高瀬図書館　1928
熊本県立図書館　1928
熊本県立松橋図書館　1928
弘明寺図書館　1924
呉郷文庫(徳島)　1928
呉市立図書館　1928
慶応義塾　1932, 40
慶応義塾図書館　1928, 29
京王商業学校　1934
京城高等商業　1928, 36
京城帝国大学　1937

京城府立図書館　1928
高知高等学校　1928
高知須崎町図書館　1928
甲南高等学校　1928
興文中学校　1934
神戸高等工業学校　1928
神戸市役所　1928
神戸女学院　1928
神戸市立図書館　1928
光明学校後援会　1936, 40, 42
光明学校後援会／日本相撲協会　1940, 42
香蘭女学校　1936, 36, 41
國學院大學　1928
國學院大学図書館　1937
国語教育学会研究部　1937
国民教育新聞　1934
小倉市立記念図書館　1928
小林小学校(会津)　1933
小日向小学校　1938
駒澤大学図書館　1928
西大寺高等女学校　1946
埼玉県立図書館　1928
堺市立図書館　1928
坂出高女／香川女子師範　1944
佐賀図書館　1928
佐世保図書館　1928
佐波留文庫(尾鷲)　1946
山水高等女学校　1941
滋賀金田村図書館　1928
滋賀下郷共済会(文庫)　1928
静岡葵文庫　1928
実科高等女学校(福井)　1936
児童就学奨励会後援会　1937, 38
児童擁護協会・同子供の家学園　1931-42
社会教育協会　1933-45
自由学園・同消費組合　1926-33
授眼蔵仏教図書館　1928
松竹特殊映画部図書館　1936
上智大学(岩下壮一追悼)　1941
城東託児所　1937
昭和尋常小学校　1929
女子学習院　1928
女子教育発祥地記念碑会(吉村千鶴子)　1941
庶民大学興国文庫　1925
真言宗京都大学図書館　1928
駿河台図書館(波多野賢一)　1942
駿河台女学院高等部(東京基督教女子青年会)　1935
青山文庫(高知)　1928
成城高校・同父母の会　1941, 42
成人教育会(石田新太郎)　1925
雪州会(山川秀好)　1942
善光寺仏教図書館　1928
空知教育会図書館　1928
体育研究所　1934
第一高等学校角道々場建設委員　1943
第一高等学校寄宿寮委員　1936, 37
第一高等学校水泳部　1934
第一高等学校端艇部　1926-41
第一高等学校文芸部　1925, 34, 35
第一山水中学校　1942
第三高等学校　1928
大正大学(天台宗大学図書館，宗教大学図書館，豊山大学図書館)　1928
大東公立高女(朝鮮)　1941
台南高等商業学校　1928
大日本成人教育社有志後援会(ブッククラブ)　1925, 36
大日本報徳社図書館　1928

岩波茂雄宛書簡差出人一覧(団体・企業)

第八高等学校　1928
台北高等商業学校図書館　1928
台北帝国大学図書館　1928
第四高等学校　1928
第六高等学校　1928
台湾総督府図書館長　1928
高岡図書館　1928
高崎図書館　1928
高千穂高等商業　1928
高梁商業・高等技芸女学校・実科女学校(岡山)　1932
高松高等商業　1928
拓殖大学　1928, 9
武生町立図書館　1928
玉川学園　1941-43
淡窓図書館長稗坂重吉　1928
千葉県図書館　1928
千葉高等園芸学校　1928
中学教科書研究会　1934
中華留日同学会　1943
中等教育研究会　1936
中等教科書協会　1933, 36, 38
朝鮮水原高等農林学校　1928
朝鮮総督府図書館長　1928
朝鮮東萊日新女学校　1934
朝鮮龍山鉄道図書館　1928
津山実科高等学校　1934
帝国教育長　永田秀次郎　1938, 39
帝国図書館　1925
帝国美術学校　1938
天津日本図書館　1938
東京音楽学校唱歌編纂掛　1930
東京外国語学校　1928
東京高等学校(校友会)　1928, 34
東京高等工芸学校
東京高等主計学校　1933
東京児童会館／帝国青年会館(森山俊介)　1925-41
東京市水上国民学校後援会　1943
東京市水上尋常小学校　1938
東京秀明学校　1936-40
東京商科大学　1933
東京商科大学図書館　1928
東京乗馬倶楽部　1932-40
東京女子大学(同窓会)　1928-43
東京帝国大学　1942
東京帝国大学医学部病理学教室 50 周年記念会　1937
東京帝国大学地震研究所　1929
東京帝国大学図書館　1925, 33
東京帝国大学南方研究会　1942
東京帝国大学馬術部　1940
東京帝国大学文学部学友会　1934
東京帝国大学文学部史料編纂所　1937
東京都児童指導者会・就学励奨会　1937-41
東京農大図書館　1928
東京美術学校　1928
東京府中等学校英語教育会　1937
東京府立一中父兄会　1936-38
東京聾啞学校　1937
東方民族協会・留日学生読書会　1944
東北帝国大学図書館　1938, 43
東洋永和女学校　1942
東洋大学　1928
徳島光慶図書館　1928
徳島高等工業学校　1928
徳光文庫　1944
豊島商業学校　1940
鳥取高等農業学校　1928
鳥取図書館　1928
外山国彦／園田清秀音楽教室　1936-

37
富山高等学校　1928
富山市立図書館　1928
富山伏木町立図書館　1928
豊中大池国民学校　1942
長岡商業　1933
那珂川文庫(大武国雄)　1946
中津図書館(岡山)　1928
名古屋高等工業学校　1928
名古屋高等商業学校　1928
名古屋市立図書館　1928
奈良高市教育博物館図書館　1928
奈良吉野工業学校　1938
新潟高等学校　1928
新潟白根尋常高等小学校　1928
西神田尋常小学校(母の会)　1936
日本国民高等学校協会　1928-42
日本肢体不自由者教育教会　1935
日本少年保護協会大阪支部　1933
日本女子大学校　1928-42
日本水上競技聯盟　1933-37
日本大学　1928, 36
日本中学　1930-46
日本童話協会　1935
日本図書館協会　1930-42
日本橋倶楽部図書館　1934
日本馬術協会　1936
日本聾話学校　1942, 43
野田高等女学校　1942
野田町図書館　1928
萩図書館　1928
函館市立図書館(岡田健蔵)　1934
函館図書館　1928
八王子市役所　1928
浜松工業学校　1939
浜松市立図書館　1928
東白川農蚕学校(熊坂金司)
彦根高等商業学校　1928
彦根町立図書館　1928
眉丈文庫(高岡)　1928
日の丸幼稚園後援会　1938
日橋第一小学校(福島)　1934
日比谷図書館　1928
姫路図書館　1928
平泉中尊寺図書館　1933
弘前高等学校　1928
弘前市役所　1928
弘前市立図書館　1928
広島高等学校図書館　1928
広島高等工業学校　1928
広島竹原商業学校　1928
深川母子園　1939, 42, 43
福井市立図書館　1928
福井高島文庫　1928
福岡県立図書館　1928
福岡高等学校　1928
福岡対山館文庫　1928
福岡八幡簡易図書館　1928
福島大谷尋常小学校　1934
福島高等商業学校　1928
福島市立図書館　1928
福光図書館(富山)　1928
福山義倉図書館　1928
府立一中父兄会　1936
府立第一商業学校　1936
北平近代科学図書館　1928
報恩公立普通学校　1928
法政大学図書館　1928
砲兵学校馬術教官室／同四六会　1938
北大文武会新聞部　1928, 42
前橋市立図書館　1928
松江市図書館　1928

松本高等学校　1928
松本女子師範学校長　楢崎喜一　1938
松山高等学校　1928
松山東雲高等女学校独立期成会　1937
真鍋奨学財団　1927-42
満洲国立中央博物館
三重県小学校　1936
三橋体育研究所　1943
宮城角田高等女学校　1934
宮城若柳町図書館　1928
武蔵高等学校(父兄会)　1928-34
明治大学図書館　1924, 37
門司豊国中学校　1937
山形喜早図書館　1928
山形高等学校　1928
山口明木図書館　1929
山口県師範学校　1934
山口県立図書館　1928
山口高等学校　1928
山口児玉文庫　1928
山口高森図書館　1928
山口福川図書館　1928
山田高等家政女学校山田きみ(露伴／岩波宛)　1939
山梨県教育会図書館　1928
養生中学(京城)　1936
横浜高等商業学校　1928
横浜市図書館　1928
横浜母性学園　1942
横浜保母学院　1941
米沢高等工業学校　1928
米本図書館　1928
立教大学学友会山岳部　1936
立正高等女学校　1939
立命館中学　1933
立命館文庫　1928
旅順工科大興亜寮　1928
臨済宗大学　1928
聾教育振興会(徳川義視)・同後援会　1933-38
Y 校同窓会　1932
和歌山県立図書館　1928
和歌山高等商業学校　1928
早稲田大学演劇博物館　1938
早稲田大学図書館　1928

宗教・医療福祉団体

愛宕神社社務所(「阿多古」)　1937
イエス友の会　1939
大船観音復堂促進会　1940
楓十字会　1942
カトリック中央出版部　1937
救世軍(救世団)　1934-41
強生看護婦会
基督教婦人矯風会　1934
求道会(近角常観「信界建現」)　1928-36
皇国基督道同盟(加藤一夫)　1937
厚生館　1938
国民結核予防事業協会　1937
国民純血同盟(基督教会館内)　1938
金剛峰寺根本大塔完成事務局　1935
済生会(徳川家達)　1935
賛育会　1930-38
実費診療所(医業国営期成同盟)　1929
傷痍軍人愛知療養所　1943
松陰神社改築奉讃会　1936, 41
荘河愛生園　1934
常願寺布教部　1942
浄土宗報国会
浄風園(医療団体)　1932-40
神生紀元教団　1936

砂町友愛会　1935
隅田川水上隣保館　1937
全日本保育連盟　1938
善隣団役員会　1941
太子殿建設会(仏教青年会)　1935
大東民主会(連合国軍戦病没者追悼法会)　1946
大日本敬神会　1941
中央盲人福祉協会　1937-41
築地病院　1940
帝国傷兵同志後援会　1933
天理教　1936
東京基督教女子青年会　1935, 43
東京基督教青年会　1942-43
東京慈恩院　1934
東京自助会
東京市水上奉仕会　1943
東京女子医学専門学校校風会(夏期無料診察)　1936
東京聖労院　1932
東京大学セツルメント　1935-38
東京光の家(秋元梅吉)　1936-43
東京仏教会　1930-32
東京養老院　1936
藤樹神社社務所　1936
長島愛生園(光田健輔)　1941
日本MTL　1932-40
日本海員掖済会　1942
日本基督教女子青年会館　1935
日本基督教団第11部事務所　1942
日本基督教婦人矯風会　1933-39
日本結核撲滅連盟　1928
白十字会　1932-42
白道社(広宣宗教図書館)　1925
林町教会会堂建築後援会　1933
明治神宮　1940, 42
淀橋健康相談所　西尾恒敬　1941
ルッター研究会(佐藤繁彦)　1929

出版・新聞関係

愛鶴書院　1934, 35
アイヨ堂書店　1934
あけぼの発行所　1937
朝日新聞　1923-46
梓書房　1934
東橋書店　1925
アド通信社(大阪船場)　1934
阿部商店(「能率新報」)　1937, 36
阿部書店(新潟)　1941
アララギ発行所　1926-37
育生社　1942
維新堂書房　1923
イタリア社(「イタリア」)　1938, 39
いのち編集部　1937
印刷出版研究所　1935
インテリゲンチャ社　1933
羽後新報
うぶすな社　1929
英語通信社　1936-39
欧和通信社　1926
大分日日新聞(野依秀市)　1931, 32
大阪朝日「会館芸術」編集部　1942
大阪朝日新聞社　1932-42
大坂屋号　1937
大阪新聞　1946
大阪毎日新聞　1929-41
大塚巧芸社(南都十大寺大鏡)
岡谷新聞社　1938, 44
岡山合同新聞　1939, 40
小川日陽堂　1938
小樽新聞社　1937
改造社新万葉集編集局　1937

岩波茂雄宛書簡差出人一覧(団体・企業)

改造社「文芸」編集部　1938
かへで(石原健生編集)　1935
化学工業時報　1940
科学知識普及会(「科学知識」)　1938
学苑社(北昤吉)　1928, 30
学芸発行所　1933
学而書院　1934
革新社編集局　1939
学生評論社　1937
勝又事務所(新聞雑誌発行保証金代納)　1938
河北新報　1933, 38
川瀬書店　1928
考ふる所の人社　1939
神田公論社　1934
機械工学社　1938
議会政治社(「議会政治」)　1937
木原文進堂　1937
九州新聞　1930
求道社　1937, 38
教学新聞社　1938
共生閣　1928
共同印刷　1933, 36
京都新古書籍雑誌販売業協会　1940
京都日日新聞社　1933
銀行通信　1932
奎運堂書店　1928
警察新報社　1938
京城日報　1942
敬文館中学上級生編集部　1922
慶文堂書店　1935-37
月刊満州社
月刊ロシヤ　1937
工業図書株式会社　1935
講談社　1929-45
神戸又新日報　1933, 35
公民講座編集部　1934-35
高陽堂書店　1941
国際書房　1924
国宝建造物刊行会　1933
国民新聞社　1924-38
古人今人社(生方敏郎)　1935-45
子供研究社(「コドモノヒカリ」)　1937
財界人物選集刊行会
作品社　1937
雑誌「索引」編輯所　1932-35
札幌堂　1924
左文字書店　1944
座右宝刊行会　1936, 37
サラリーマン社　1930, 34
三秀社　1923-27
山陽民報社／中国民報社　1936
時局解剖調査会　1938
時事新報　1931-45
「字紙簍」　1930
至誠社　1925
至誠堂　1925
実業之世界社(野依秀市)　1932-42
自働道話社(西川光二郎著書目録同封)　1932
信濃新聞社　1932
信濃毎日新聞　1935
姉妹編集部　1943
社会教育新報　1934
「社会評論」編集部　1935
ジャパン・マンチュコー年鑑　1938
上海毎日新聞　1935
秀英舎　1925, 35
自由公論社　1945, 46
出版業納税組合　1927, 29
出版研究所　1936
出版タイムス　1936-41

出版通信社　1931, 33
主婦之友　1938
城西新聞社　1930
湘南書房　1945
尚文堂　1928
情報新聞社　1941
城北睦会(書店団体)　1932
書籍雑誌取引制度改善研究会　1933
書籍商同志会　1933, 35
書物展望社　1932-35
白銀日新堂　1933
新愛知新聞　1934-39
新教出版社(統合設立挨拶)　1934
新芸術編集部(日大芸術科内)　1942
真人道社　1940, 45
信正社・福田信夫(「明朗」創刊)
1936
新日本図帖　1935
審美書院(和漢朗詠集申込書)　1938
新評論社(「新評論」創刊)　1936
人物評論社　1933
新聞研究所　1938
新聞通信社　1942
新聞之新聞　1933-42
信陽新聞　1932
「真理」編集部　1934-37
「新若人」編集部(欧文社)　1940
水道橋通会(書籍商)　1940
スクリーン社　1937
鈴蘭社　1925
政界往来社　1937
政界情報(「岩波茂雄と文化大学」)
1946
政経人物評論社(那須辰雄)　1937
聖書研究社　1924-26
青年書房(室伏高信全集)　1937
青年新聞社　1936
聖文閣(岡倉天心全集)　1935
誠文堂・誠文堂新光社(小川菊松)
1930-42
世界抄論社(世界抄論創刊)
世界文庫刊行会　1925
世界文学社　1946
瀬川書店(富山)　1925
関谷書店(新渡戸記念聖書研究講座)
1935
全国勤労者学生読書救済組合連盟評議会
(中森書店　小松正名)　1946
仙台金港堂
想思樹社(柴山武矩)
草木社出版部　1938
双龍原開拓団文化部(葉山嘉樹)　1943
第一印刷　1925
大学新聞社　1944
大完堂(大島義次郎)　1942
大国通信社／大正通信社　1925
大正蔵経索隠後援会　1937
大日本印刷　1940-46
大日本社　1934
大日本宗教通信社(仏教青年会)　1936
大日本哲学院(会津)　1940
大日本図書株式会社　1936
タイムス出版社　1941
ダイヤモンド社　1934-40
大雄閣現代仏教部　1936
大連放送局　1937
台湾新民報社　1935-38
台湾日日新報　1931-38
「台湾」発行所　1940
高倉全集刊行会(長崎書店)
たび路社　1930
旅とカメラ編集部　1937

岩波茂雄宛書簡差出人一覧(団体・企業)

単式印刷　1936
筑紫書房　1935
中央公論社　1938, 40
中外商業新報　1936
中等学校教科書株式会社　1942-43
中国新聞社　1923
丁字屋書店(藤井清之助)　1943
朝鮮児童教育会木馬の家　1936
朝鮮日報　1933
青島銘新美術出版　1912
帝国大学新聞　1929-38
帝都日日新聞(野依秀市)　1932-42
電気新報社　1934
電気之友社　1934
東亜日報　1936
東京印刷 K. K　1924
東京開成館　1937
東京雑誌販売業組合　1928-34
東京出版協会　1928-40
東京書籍商組合　1928-34
東京通信懇話会　1938
東京図書雑誌小売業組合　1925-36
東京日日新聞　1931-42
「童子行」発行所(野沢一)　1937
同文館　1942
東方書院　1926
東方文化協会出版部　1938
同盟写真特報　1943
十日会　1939, 46
図書研究会　1929
巴弘告社　1928, 32
内外出版　1925
内外通信社博報堂　1940
ナウカ社　1935
名古屋新聞　1936, 40
にひはり発行所　1925
西川誠光堂　1925-27
西村書店　1940
西日本新聞社　1942, 43
Nichi-Futsu Dairi K. K.　1938
日刊スポーツ　1946
日蘇通信社(社長松方幸次郎名)
1936-45
日本学芸新聞　1939
日本学芸通信社　1940
日本研究社社長　張紹昌(科学)　1945
日本広告倶楽部　1941
日本雑誌協会　1928-35
日本出版協会　1945
日本出版新聞社　1934
日本趣味社　1940
日本少年新聞社　1934
日本新聞協会　1930, 32
日本新聞報編集室　1944
日本電報通信社　1934-45
日本読書新聞社　1937, 38
日本之実業社　1942
日本評論社　1930, 33
日本放送協会　1936-41
日本メソヂスト時報　1936
年史刊行会　1933
フーズ・フー・イン・ジャパン社
1936
風流堂　1946
福音社書店　1928, 35
福岡日日新聞社　1934-39
冨山房(創業 50 年会)　1936
婦人社　1938
婦人之家社　1938
婦人の国編集局　1925
婦人之友社　1937
プラン社　1935

文化と人生社　1936
文芸時報社　1927-33
文芸春秋社　1932-44
文芸ノート社(吉岡登里，平野仁啓ほか)　1933
文興院(H・フォード自伝)　1924
文寿堂(佐藤繁次郎)　1942
文体社　1934
文明社(楠間亀楠)　1936
文理科大学新聞／大塚学園報国会　1942, 43
平凡社　1931
宝雲刊行所　1937-42
宝雲舎　1938
房総叢書刊行会　1942
報知新聞社　1925-41
宝文館　1938
法律時報　1936
北星堂(中土義敬)　1935
北隆館雑誌部　1923
北海タイムス社　1934
ほととぎす発行所　1937, 42
香港日報社　1942
毎日新聞社(朝鮮)　1940
鱒書房　1942
升本・佐々木法律事務所(芝書店版権売立)　1939
松田書店　1935
松本書店(「大日本千虫図鑑」)　1928
マルクスエンゲルス全集刊行連盟　1928
丸善(「火災防止建築設備」)　1933
まるめら編輯所　1936
満支通信(満蒙研究所，河瀬蘇北)　1934
満州開拓読書協会　1944
満州建築協会　1925
満州書籍配給東京営業所　1940
満州新聞社　1938-42
満州日日新聞　1934-37
三笠書店「ペン」編集部　1936
水甕社　1940
無産者新聞社　1928
無徳書院　1935
明文堂　1929, 33
目黒書店　1930
矢島書店(静岡)　1936, 41
八千代堂書店　1933
八橋銭春荘　1938
山田書店　1939
雄々社書店　1935
養賢堂　1933
吉田書店出版部　1934
陽明文庫　1939, 42
読売新聞社　1928-42
万朝報長野支局　1938
陸輸新報　1943, 46
理想社印刷　1934
龍星閣　1936
龍門社青淵先生伝記資料編纂所(青淵日記大正 14 年 1 月 8 日条)
両友堂印刷所　1930
料理の友社　1934
礫川堂樋口商店　1923
労働雑誌社　1935
若林春和堂　1939
「若人」編集部(欧文社 赤尾好夫)　1940
わび社(表千家)　1940
牧製本印刷所　1936
E. Reinhardt (München)　1932
E. Reimicke (Leipzig)　1925

J. Weber(Leipzig)　1925
Rolf Helse　1924

学会・昭和初期以前からの継続団体

愛知地理学会　1935
新しき村東京支部　1936
一葉学会　1937
大原社会問題研究所　1938
尾張徳川黎明会　1935
音楽奨励会　1924
海洋政策研究所(藤森清一郎)　1943
科学文化協会　1937
学芸自由同盟　1933
郭清会廃娼連盟(婦人矯風会)　1929
家庭購買組合　1935-39
家庭農園組合　1942
考え方研究社　1930-37
ガンヂ協会(下中弥三郎)　1933
協調会木曜講演会　1924, 36
郷土関東研究会　1937
金属材料研究所共融会　1925
倉敷労働科学研究所　1933
軍縮期成会　1930
軍縮準備会　1932
検閲制度改正期成同盟　1928
憲法懇話会　1946
工業化学会　1934
工政会　1925, 1943
国際著作権協議会　1936
国際連盟協会「国際知識」編集部　1924
国民の国語運動連盟創設趣意(言語文化研究所内)　1946
小島式計算機(小島寛次郎)　1930
五十音索引研究会(深川金太郎)　1935
米之知識普及会　1933
自動車減税期成同盟　1935, 36
斯道文庫　1941
支那協会(設立案内, 永田秀次郎・河瀬蘇北)　1928
渋沢青淵翁記念会　1937, 39
写真化学研究所　1936
人口問題研究会　1938
震災共同基金会長(有馬頼寧)　1928, 41
新人会(新聞人若年の集)　1931
新友社(三木・谷川ほか)　1938
人類愛善会東洋本部　1931
新歴史派思想研究会　1936
戦後政治経済研究会創立事務所(石坂泰三, 鶴見祐輔他)　1945
大同雲崗学術調査班後援会　1943
大日本共存青年会　1927
大日本南朝会　1939
太陽熱利用研究後援会
中央工房(創業挨拶)　1934
帝国学士院　1939
帝国美術院研究所(美術経済会報)　1936
帝室博物館復興翼賛会　1930
独逸文化研究会(創設 木村謹二)　1937
独逸文化研究所　1942
東亜同文会　1924-37
東京エスペラント倶楽部(ザメンホフ祭)　1942
東京科学ゼミナール　1933
東京社会科学研究所(閉館挨拶)　1934
東京人類学会・日本民族学会　1936-38
東京美術研究所・同後援会　1940-44

東京府廃娼期成同盟　1932
動物愛護慈悲園　1934-37
東方文化協会中央事務所　1937
東方文化研究所(吉川幸次郎)　1942
東洋陶磁研究所　1934, 35
東洋美術研究会(小川晴暘)　1941
東洋文化協会　1945
東洋文庫　1930
長崎文化振興協会　1946
日伊学会(団伊能)　1939
日米文化学会　1936, 38, 39
日華芸文学会　1945, 46
日華仏教研究会　1935
日本外政協会　1946
日本海洋学会　1942-43
日本工作文化連盟(設立案内)　1936
日本工房　1937
日本語学会　1939
日本国語会(設立趣意)　1942
日本国民禁酒同盟　1940-42
日本産児調節婦人同盟(石本野枝)　1937
日本宗教学会　1930, 42
日本出版十社聯盟(文化勲章祝)　1946
日本書道研究会(瀧口保)　1931
日本人道会　1936-43
日本心理学会(城戸，高木名)　1935
日本青年館(丸山鶴吉)　1926, 28
日本農芸化学会　1932-34
日本のローマ字社　1930-46
日本博物館協会後援会　1932
日本文化協会(石崎，横山，杉浦，玉川，サトウ)　1945
日本文化史研究会　1942
日本民族学会　1935-42
日本労働科学研究所設立準備委員会(財部彪)　1937
人情本刊行会　1926
野田経済研究所　1933
発明品市場協会(理事会)　1930
美術懇話会　1932-45
風景協会　1934-46
婦選獲得同盟　1933-38
文芸家協会　1936-40
輔成会　1931
万葉歌碑建設期成同盟会　1936
万葉植物園期成会　1933
民間伝承の会　1936
明昭文学会(神谷氏明)　1938, 39
メートル協会　1933
唯物論研究会　1932-35
理化学研究所　1923
糧食研究会　1946
歴史学研究会(10 周年)　1941, 42
労働科学研究所(倉敷)　1929
労働文化塾(近藤栄蔵)　1936
労働立法研究所(青木得三)　1935
Romazi-Undo Kenkyukwai　1937

時局団体

愛国婦人会　1935, 38
イタリア友の会　1941
印度独立後援仏教枢軸結成準備会　1942
栄養食料普及会　1938
大倉精神文化研究所　1933
海外同胞中央会　1943, 44
輝く日本大博覧会(岡実)　1936
家庭安全会　1941
鎌倉経済懇話会(香取任平)　1945, 46
鎌倉市翼賛壮年団　1942
鎌倉同人会　1943

岩波茂雄宛書簡差出人一覧(団体・企業)

鎌倉文化協会　1940
寰宇大同義会(川崎万蔵)　1941
紀元二千六百年奉祝会(近衛文麿)・同東京協賛会　1939, 40
教育改革同志会　1937, 40
教育科学研究会　1940
樞会事務所　1932
経済維新社(下中弥三郎)　1935
経済問題研究会(下中弥三郎)　1931
敬天会　1941
元寇弘安役650年記念会　1931
玄洋社　1944
興亜滅共国民大会　1939
興亜宗教記者会　1942
皇学会事務所　1942, 43
工業博覧会　1933
皇道会/同婦人部　1936, 42
皇道芸術確立協会　1942
国際関係研究会　1939-40
国際時局対策大会委員　1936
国際事情研究会　1938
国際施善協会　1934
国際日本協会　1934-39
国際文化振興会　1937-39
国策研究会　1937
国策座談会　1930-31
国策産業協会　1936
国策樹立協会　1935
国産振興協会　1936
国史会　1936
国民運動研究会　1938
国民経済懇話会　1933
国民思想研究所　1938
黒龍会本部　1945
国霊社創立準備会　1938
古事記纂録功臣顕彰会　1942
国教宣明会　1936
在郷軍人会　1943
品川製作所青年学校　1943
社会大衆党本部　1935, 40
出版懇話会　1943
出版文化協会継承団体　1943
出版文化倶楽部　1942
出版文化新体制促進会(→出版文化協会)　1940
順天興亜大同会社(川崎万蔵)　1940 (同封 竹内儀一「汪兆銘君に因む法政大学同学会創立に就て」)
神聖博愛修養会　1934
新日本同盟/同談話会　1927-44
人民戦線組織準備本部　1946
正義社(「正義」)　1936
政治博覧会　1937
青年外交協会　1938
青年中日同志会　1939
青年副業商会　1936
赤化防止団　1925
全日本真理運動本部　1934, 37, 41
総力戦学会　1942
ソヴェート友の会　1932-36
大政翼賛会　1941
大政翼賛促進の会　1940
大東亜経済研究所　1943
大東亜建設社　1935
大日本言論報国会　1943
大日本茶道軍祈会本部　1936
大日本出版報国会　1943, 44
大日本清浄農園　1942
大日本道徳心普及会　1942, 43
大日本飛行協会・帝国飛行協会　1932-43
大日本飛行少年団　1936, 38

大日本報国義会　1942
太平洋協会　1942, 43
中華民国水災同情会(渋沢栄一)　1931
帝国軍事協会　1942
帝国更新会(宮城長五郎)　1936
帝国傷病兵同志後援会　1934, 35
帝国水難救済会　1940
東亜解放社　1941
東亜協会　1934, 35
東亜研究所　1941
東亜振興会　1942
東亜調査会　1935-43
東亜平和協会　1935
東京古書籍商業報国会　1941
東京書籍雑誌小売業組合　1942
東風閣　1938
東方経済学会　1936
東洋協会　1934-43
楠公会総本部　1934
日独伊親善協会　1942
日独文化協会(友枝高彦)　1933
日華協会　1945
日支事変記念忠霊塔建設会　1934
日ソ文化協会　1932-36
日本栄養協会　1933, 36
日本学生海外研究会　1933-34
日本国民精神振興会　1941
日本国教大道社(林銑十郎)　1938
日本塾　1936
日本出版会　1943-45
日本出版配給株式会社　1943, 44
日本出版文化協会　1942, 43
日本少国民文化協会　1942, 43
日本臣道会　1937
日本青年外交協会　1938
日本展示文化連盟(高橋鉄)　1942
日本評論家協会
日本婦人海外教会　1935-36
日本文学報国会　1942, 43
日本文学報国会　国文学部会　1945
日本文化人連盟　1945, 46
日本文化中央連盟　1937
日本編集者協会　1940-43
日本防空協会　1929
農村更正協会青年義勇軍　1941
農村振興会　1935, 36
フィンランド人を慰むる会　1940
文化事業報国会　1942, 43
報国会本部　1937
報道技術研究社／建設漫画会　1942, 43
北方懇話会　1943-45
満州国即時承認懇親会　1932
満洲国特使歓迎会　1934
満洲産業建設学徒研究団　1933
満蒙開拓青少年義勇軍訓練所　1942, 45
満蒙学術調査団　1940
満蒙研究所　1934
民主人民連盟(山川均，荒畑寒村，野坂参三)　1946
蒙古聯合自治政府(顧問大橋忠一)　1941
躍進日本大博覧会(岐阜)　1936
大和会本部　1935
翼賛政治体制協議会
陸軍省／海軍省／新聞会　1942
霊源閣(「大日本精神」)　1940
麗沢会(川崎万蔵)　1938

官公機関など

愛知県鳳来寺村役場　1937

岩波茂雄宛書簡差出人一覧(団体・企業)

熱海市役所　1942
雲仙公園事務所(鈴木信夫)　1934
大分県知事　1944
大蔵省理財局長　1933-35
大塚警察署改築協賛会　1943
岡山県社会事業団　1943
海軍省黒潮会　1938, 44
外務省欧亜局　1936
外務省管理局　1946
外務省文化事業部　1940
鹿児島県知事　1943
上諏訪裁判所　1927
神田区方面事業
神田警察署(経済研究発行人岩波茂雄宛)　1925
神田警察署犯罪防止会　1934
神田消防署後援会　1942
神田郵便局　1942, 43
議員改造調査会　1933
貴族院　1945, 46
京都府　1946
勤倹奨励東京府委員会　1925
警視庁　1934, 43
小石川区奨兵義会　1939
小日向水道町会　1943
市政浄化同盟　1933
市民協議会(自治擁護運動)　1933
震災復興事業(東京市)　1925-33
選挙粛清中央連盟　1935-42
選挙粛正同盟　1937
全国／東京市方面委員連盟　1934, 36
ソヴェト大使館　1932, 33
高岡市役所　1928
帝国陪審協賛会　1933
ドイツ大使館　1925-27
独乙大使館／日独文化協会　1942
東京愛市連盟　1933-37
東京駅(遺失物)　1940
東京市大塚市民館(嶋中雄三)　1933
東京市音羽方面委員会　1935-37
東京市自治制 50 周年記念式　1938
東京市政革新同盟　1934-37
東京市政調査会　1934-37
東京市長(市来乙彦)　1928
東京市庁舎敷地に関する建議　1933
東京実業組合連合会　1928
東京市役所(都政促進諮問)　1936
東京商工会議所　1935-42
東京市翼賛市政確立協議会　1942
東京都交通局(全線パス)　1945, 46
東京都商工経済会　1946
東京府・市・商工会議所(東北義捐金)　1934
東京民事地方裁判所　1945
都市研究会(選挙粛正)　1926
都市美協会　1935
内閣情報部・情報局　1940, 41
内務大臣官舎　1935, 36
日成会(貴族院)　1946
沼津駅長　1925
沼津警察署長　1925
羽生町役場(田舎教師協賛会)　1933, 35
放送委員会(松前重義)　1946
山口県知事　1943
郵便局(戦時国債売出案内)　1939

芝居・音楽・映画等

浅草カジノフォーリーレヴュー舞踊団
東勇作バレエ団公演会　1941
アンナ・パヴロワ追悼記念ザカロフ夫妻訣別舞踊公演　1931

越山歌風　1936
雅楽同志協会　1936
歌舞伎座　1943
喜多会　1935, 36
郷土菓子復興会　1938
金桜会(桜間金太郎)　1936
金曜会　1936, 37
苦楽座　1942, 43
芸術小劇場　1937
劇団東京(新宿歌舞伎座)　1934
劇団東京舞台(築地)　1936
幸悟朗／幸潮会　1937
蝙蝠座阿部ツヤコ夫人後援会(築地)　1930
国姓文芸会　1934
金春楽師会　1938
五月会(築地)　1938
左翼劇場　1932
地唄舞研究会　1942
下掛宝生会　1934
自由劇場　1936
松竹大阪支社映画部　1938
松竹特殊映画部　1936
松竹文化映画製作所　1940, 43
新喜劇座　1937
新協劇団　1934-37
新劇協会
新劇合同準備会　1934
新興劇団協議会
新興シネマ株式会社　1936
新国劇(佐藤文夫)　1941
新宿映画劇場　1939
新宿歌舞伎座　1935
新築地劇団　1934-38
薄田研二後援会　1936-40
青年教団婦人部(愛国演芸の夕)　1938
鈴木初江舞踊研究所　1936
前進座　1934-40
創作座　1934-37
高橋豊子後援会　1934-42
築地座　1933-40
築地小劇場管理委員会　1933, 34, 36, 39
築地小劇場後援会(「観客」編集部)　1936
東京小劇場　1936
東京演劇集団
東京少年劇団　1934
東京宝塚劇場　1936
東京日日映画館　1937
東京連合婦人会委員長吉岡弥生(日伊親善大音楽会)　1938
東宝映画 KK(林長二郎奇禍)　1937
東宝文化映画部　1939
東和商事映画部　1942
永井郁子邦語独唱会　1935
中村会(中村吉右衛門)　1939
日本移動映画連盟　1943
日本映画社　1941, 44
日本少年文化協会　1943
日本弦楽四重奏団　1943
日本交響楽団(ワインガルトナー追悼)　1942
日本電報通信社(文化問題の会)　1941
日本人形劇協会(設立発起人 岸田国士他)　1943
日本民俗協会(琉球古典芸能大会)　1936
能楽鑑賞会　1936
はりまや後援会　1936-41
プロット(日本プロレタリア演劇同盟)　1932

上　回顧三十年感謝晩餐会の席上で，岩波茂雄の挨拶.
下　同晩餐会の会場全景(1942年〈昭和17〉11月3日).

上　雑誌『文学』の座談会を終えて．前列左から安倍能成，寺田寅彦，幸田露伴，和辻哲郎，中列左から島崎菊枝，小林勇，西尾実，後列左から藤森朋夫，斎藤茂吉，野上豊一郎，茅野蕭々（1935年6月）．
下　左から岩波茂雄，2人おいて明石照男，西田幾多郎，和辻哲郎，鈴木大拙，上野直昭（1944年頃）．

岩波茂雄への手紙

岩波茂雄への手紙

岩波書店

監修＝飯田泰三
編集＝岩波書店編集部

岩波茂雄への手紙◆目　次

目次

一九四一―四六年(昭和十六―二十一年)　149

＊題字は斎藤茂吉書簡から集字した。

凡例

本書は、岩波書店に残されている岩波茂雄宛書簡のうち九十一名からの手紙各一通ないし二通を選び出して第Ⅰ章で年代順に配列した。なお三木清の滞欧中の手紙二十一通、木山熊次郎からの葉書十七通は、保存された全書簡を第Ⅱ・Ⅲ章に掲載した。残されている書簡は、特定のものを除き一九二三年(大正十二年)の関東大震災以降のものである。巻末の差出人一覧では、時候挨拶のほか、雑記単発の来信、家族・親族・店員からの来信等は除外した。

収録書簡の翻刻は、次のような方針によった。

＊漢字・仮名ともに、原則として現在通行の字体に改め、常用漢字表にある文字はその字体を用いた。但し、著者の用字、筆ぐせの類はそのままとした。

＊仮名遣い、句読点、改行等は原書簡に従った。但し、読み易さを考慮して、清濁は補正し、また文の切れ目に相当する箇所に適宜一字空けを設けた。

＊改行の文頭は、すべて一字下げとした。

＊明らかな誤字は適宜補正し、脱字は〔　〕を付して補いを注記した。
＊反復記号（ゝ、ゞ、〱）は原書簡のままとした。漢字の繰り返しは「々」に統一した。
＊難読の漢字には、現代仮名遣いによる振り仮名を付した。原書簡にある振り仮名には〈　〉を付した。
＊適宜、〔　〕を付した小字で注を施した。

本文中に、差別に関わる表現・語句が見られるが、歴史性を考慮してそのままとした。

I　岩波茂雄への手紙

一九一四―三〇年
（大正三―昭和五年）

一九一三・8　岩波書店開業
一四・7　第一次世界大戦始まる
9　夏目漱石『こゝろ』刊行
一五・10　「哲学叢書」刊行開始
一七・5　雑誌『思潮』創刊（―一九・1）
11　ロシア革命起こる
12　「漱石全集」刊行開始
二一・10　雑誌『思想』創刊
二三・9　関東大震災
二五・4　治安維持法公布
二六・10　「カント著作集」刊行開始（カント生誕二〇〇年記念事業）
二七・3　金融恐慌始まる
7　「岩波文庫」創刊
11　「芥川龍之介全集」刊行開始
二八・2　岩波講座第一次「世界思潮」刊行開始
3　岩波書店労働争議起こる
8　『思想』売行き不振で休刊（翌年4月再刊）
二九・10　世界恐慌始まる
「トルストイ全集」刊行開始
11　「露伴全集」「赤彦全集」刊行開始
三〇・2　「岩波六法全書」創刊
8　「左右田喜一郎全集」刊行開始

夏目金之助（漱石）

一九一四（大正三）年八月二十四日付の手紙
牛込早稲田南町七

一八六七―一九一六。日本の近代を代表する作家・思想家。一九一四年九月の『こゝろ』の刊行は、岩波書店の実質的な処女出版であったが、没後一九一七年に刊行された「漱石全集」は、以後、版を新たにしつつも岩波書店の看板出版物となり、今日に至る。

『こゝろ』は一九一四年四月から八月にかけて東京・大阪の両「朝日新聞」に連載されたのちに、漱石自らの装幀で単行本として刊行されており、ここに掲載した書簡も同書の装幀にかかわる。同封されているラテン語の ars longa, vita brevis.（芸術は長し、人生は短し）の自筆印判は、裏見返しに朱で印刷された。

啓　昨日は失礼　其節一寸御話申上候見返しの裏へつける判は別紙のやうなものに取極め申候故　不取敢入御覧候　可然御取計被下候はば幸甚　草々

八月二十四日

夏目金之助

岩波茂雄様

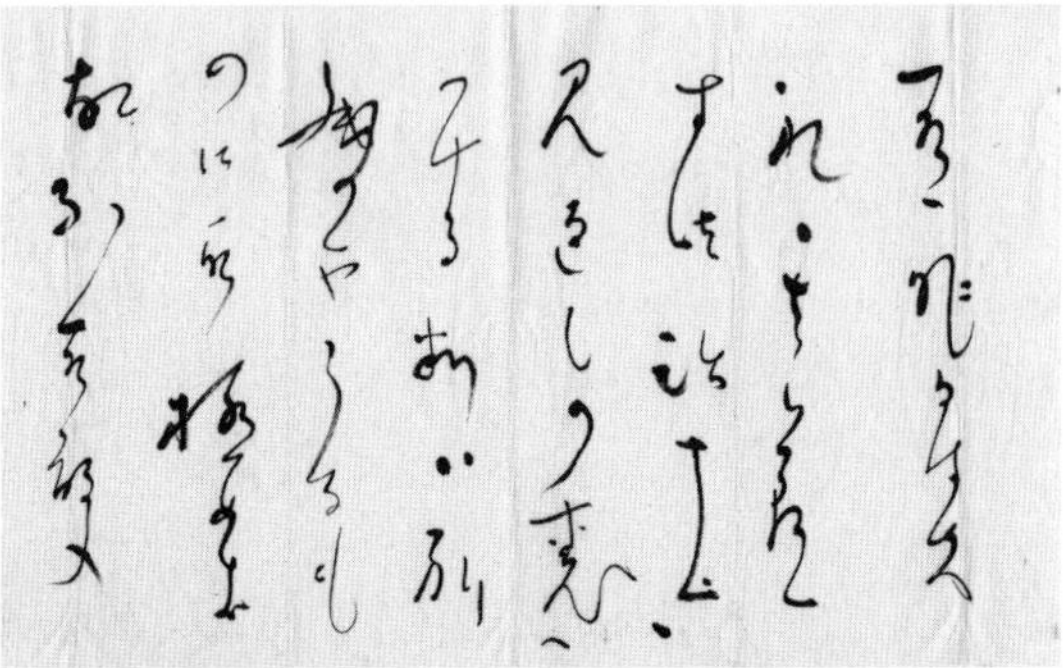

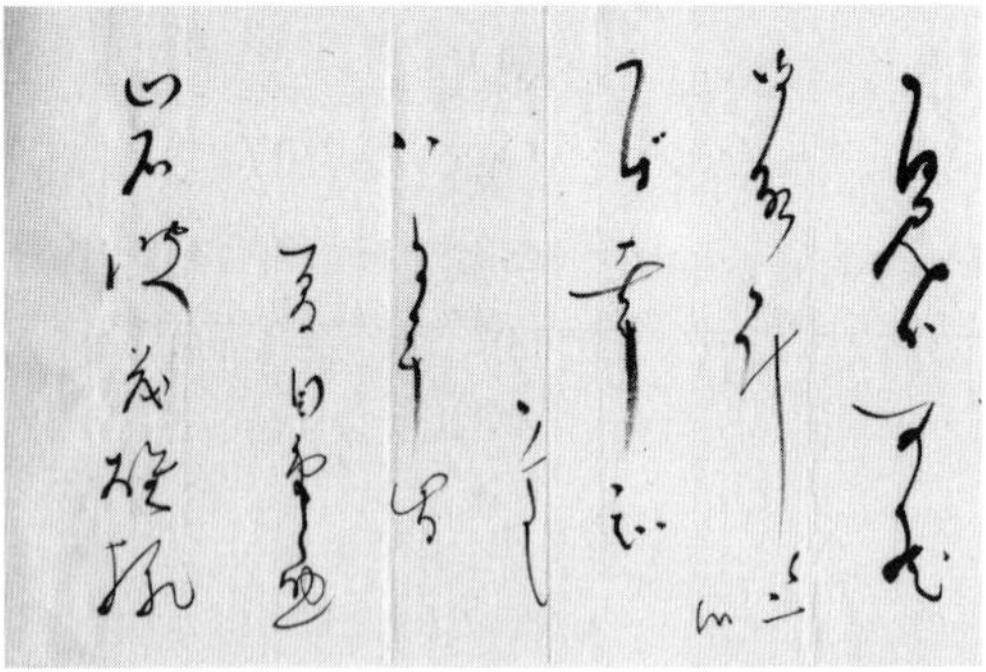

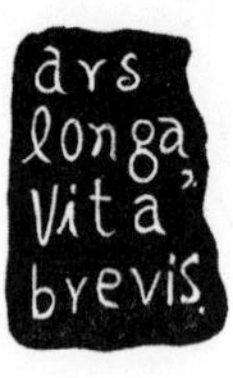
ars
longa,
vita
brevis.

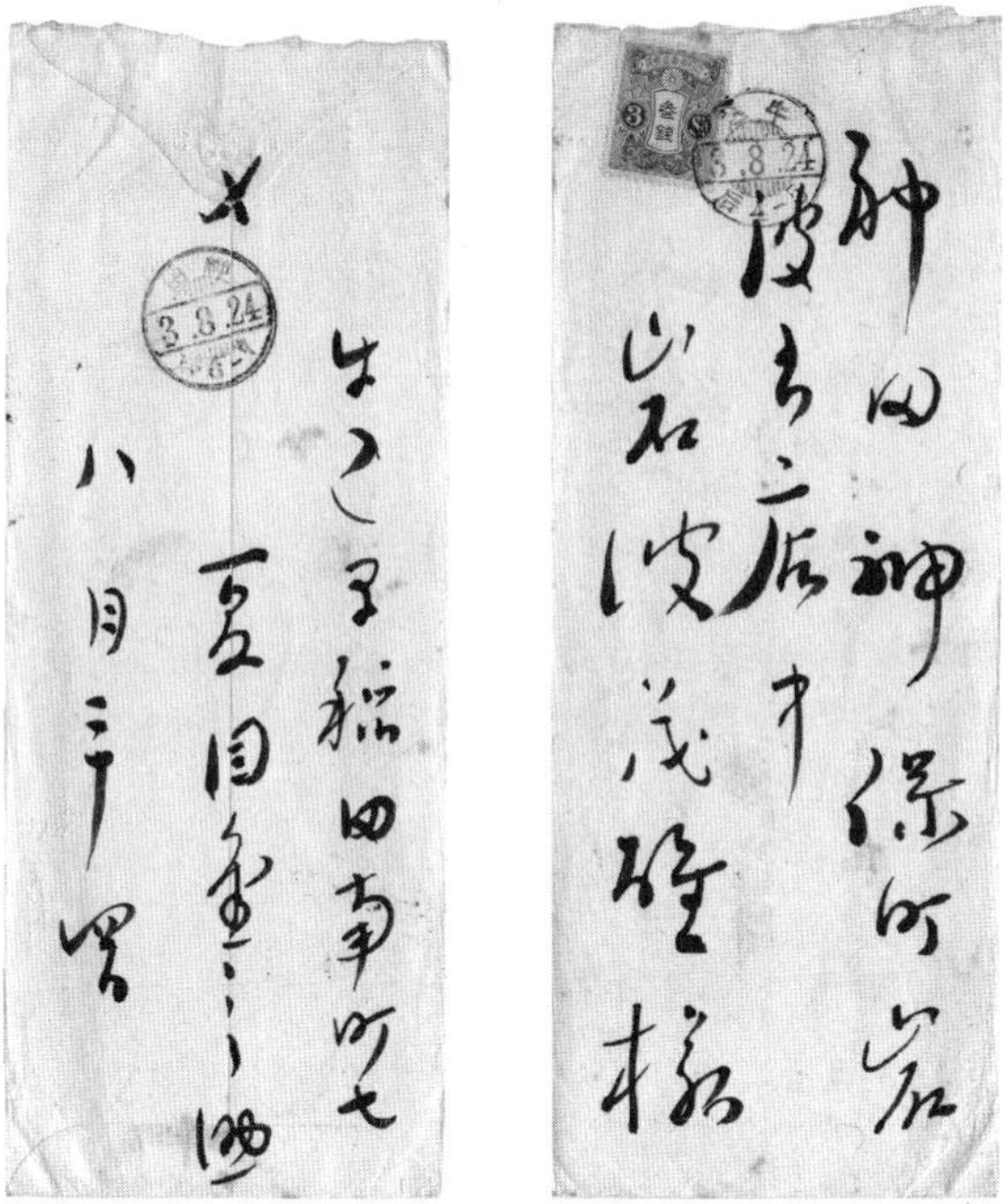

倉田百三

一九一六（大正五）年十二月二十日付の手紙
広島県安芸郡仁保島村、丹那、谷口花松内

一八九一―一九四三。劇作家・評論家。西田幾多郎に傾倒、宗教文学に独自の境地を開拓し、青年層に広く読まれた。
二十五歳の時の手紙。当時、西田天香の一燈園に加わり、詩人千家元麿らと同人誌を出していたが無名の人だった。『出家とその弟子』は翌一九一七年六月に八百部印刷で刊行、たちまち売り切れ、版を重ねた。その後、一九二一年に刊行された論集『愛と認識との出発』も爆発的な売れ行きを示した。

拝啓、
年末にて御多忙の事と存じます、私はあなたはもはやお忘れかも知りませぬが、昨年秋、西田天香さんの御住所を尋ねてお手紙を差し上げ、あなたから電報を貰つた事もあります。またあなたに御依頼の儀があつて此の手紙を書きます。実は私は親鸞聖人を材料にした「出家とその弟子」といふドラマを書いたのです。六幕十三場です。これを本にしたいのですが、原稿を

送りますから読んでみて下さつて(忙しいでせうが)若し、それだけの価値ある作だと云ふ気がしたら、出版を引受けて下さることは出来ませんか。(名も知れぬ私の作故売れまいといふ気がして、私は頼むのに気がひけてゐます。)「生命の川」といふ雑誌に三幕まで載せたのです。月刊雑誌には一幕物でなくては都合が悪くて困つてゐるのです。私は以後芸術に従ふ気ですが、此の作は、私の処女作ではあつても、力を入れて書いたのと、材料が私にぴつたりしてゐるのとで、当分これ以上のものは書けまいと思うので、バラ〳〵にせずに、一冊の本にしたいのです。兎に角読んで見て下さいませんか。武者小路〔実篤〕、長与〔善郎〕、千家さんなどは感心してくれました。阿部次郎さんと、斎藤茂吉さんとにも見て貰ひました。(一幕だけ)私のお腹では、今年文壇に出たドラマの内では一番しつかりした内容を持つてゐるとひそかに思つてゐるのです。兎に角読んで見て下さい。西田天香さんが私の一幕目を読んで批評の手紙を下さいました。ずい分鋭い、深かい批評でさすがに豪いと思ひました。昨年の因縁もありますからついでに送ります見て下さい。私の作の欠点を衝いてゐるのです。

仕方がなければ、自費で出したいのです。二百位こしらえるにはどの位お金があればいゝでせうか。私は実務上の事はまつたくわかりません。哲学叢書位のかたの埋め方で三百頁くらゐになるだらうと思ひます。装〔幀〕などは貧しい美しさを保たせたいと思ふのです。自費出版にして、売り方を引受けて戴かれますまいか。私は金もうけのためではないので、条件はどうで

もいゝのです。最も自費出版といつても、父にお金を出して貰うので二百円より沢山は出してくれないのです。それでは出来ますまいか。私は何も解（わか）らないのです。知らせて下さいませんか。私は出版方を引受けて貰ひたいのが山々ですが、名も無い者の作は売れまいと思うので気がひけるのです。友人にはもう名の出てゐるものも大分ありますけれど。私は今度初めて作を発表しましたので。

兎に角、お暇の時に読んで見て下さい。そして気に入つたら、何かの便宜を与へて下さい。天香さんは私を大変愛して下さいます。丁度（ちょうど）私の作のなかの親鸞と唯円（ゆいえん）とのやうな、濃（こま）やかな、師弟のやうな愛が生じました。あの忙しい天香さんが、つゞけて四日も手紙の長いのを下さつたりします。

あなたの謙遜な仕事の繁栄を祈ります。先（まず）は御依頼まで。　草々

十二月廿日

広島県安芸郡仁保島村、字丹那、谷口花松内

倉田百三

岩波茂雄様

与謝野晶子（よさのあきこ）

一九一七（大正六）年三月二十九日付の手紙
麹町区富士見町五ノ九

一八七八―一九四二。歌人。夫鉄幹が主宰する新詩社に加わり、雑誌『明星』で活躍。歌集『みだれ髪』、著書『新訳源氏物語』など。

三十八歳の時の手紙。この頃、中学生を頭に十人の子供を養育しながら、平塚らいてう等を相手に母性保護論争を行なうなど、評論活動に励んでいた。岩波茂雄は、学生時代から『みだれ髪』を愛読し、出版の仕事を始めると直ぐに接触を開始している。

啓上

皆様御きげんよく入らせられ候事と奉存（ぞんじたてまつり）候。

さて御目に懸（かか）りて御願ひ申し上ぐべきに候へども書上にておゆるし被下（くだされ）たく候。本月は病人つぎ〳〵に有之（これあり）　田舎より来客などもありて予定の書きものを仕上げ候こと出来ず、それがため支払に困り候事非常にして当惑いたしをり候。就（つい）ては申上げかね候へども又々御芳情に訴へて五月末日まで金五十円御貸し被下（くだされ）　この急場をしのぎ候ことの出来候やう御願ひ申上候。お差支（さしつかえ）あらせられずば御快諾被下度（くだされたく）候。半額は四月末日に御返し致すべく候。

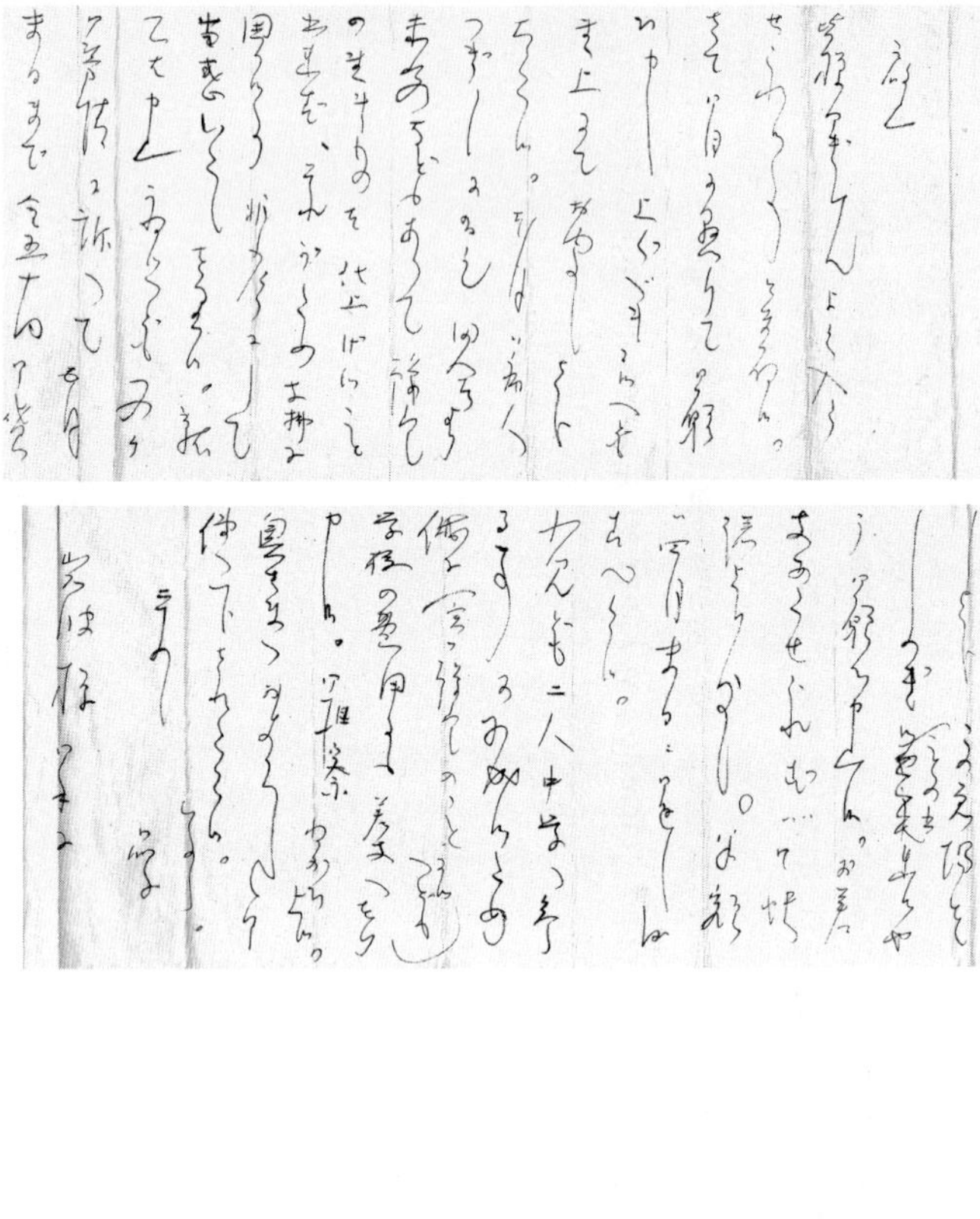

小児ども二人中学へ参る事に相成候ため俄に(実は予定のことに候へども)学校の費用にも差支へをり申し候。御推察ねがひ上候。

奥さまへおよろしく御伝へ下されたく候。　草々。

二十九日　晶子

岩波様　御本に

渋沢敬三

一九二三(大正十二)年二月二十五日付の絵葉書と一九二四(大正十三)年七月八日付の手紙

The Yokohama Specie Bank Ltd., 7 Bishopsgate, London, E. C. 2. (封筒印刷)

一八九六—一九六三。実業家・民俗学者。第一銀行副頭取、日銀総裁、幣原内閣の蔵相を歴任。日本常民文化研究所を設立。

祖父栄一が創立した第一銀行に入る前、横浜正金銀行時代に、二十六歳から二十八歳にかけての二年間、ロンドン支店に勤務している。その折に、ロンドンから書き送られた葉書と手紙。

大正十二年二月二十五日

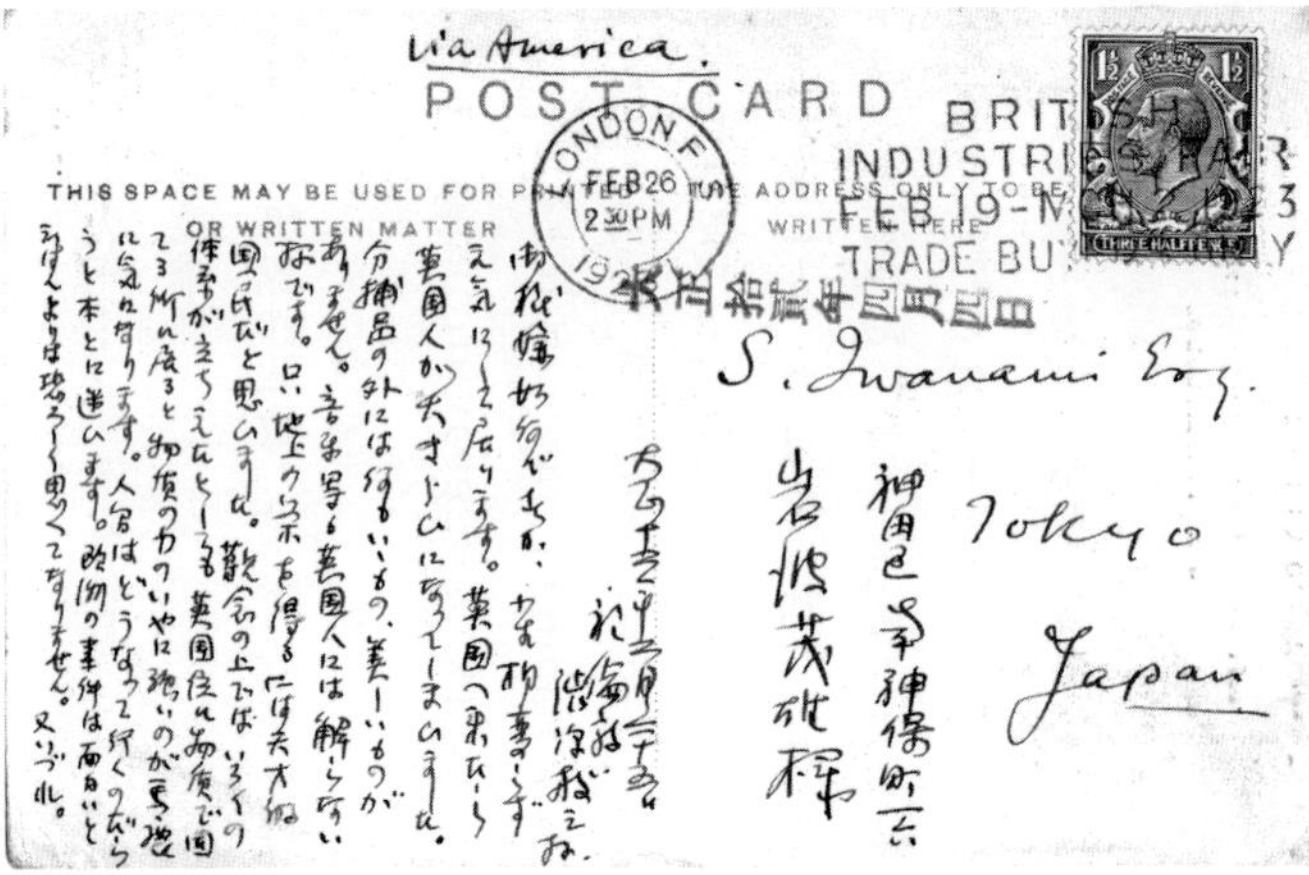

於倫敦
渋沢敬三拝

御機嫌如何ですか、小生相変らず元気にして居ります。英国へ来たら英国人が大きらひになつてしまひました。分捕品の外には何もいゝもの、美しいものがありません。音楽等も英国人には解らない様です。只地上の栄を得るには天才的国民だと思ひました。観念の上ではいろ〳〵の体系が立ちえたとしても英国位に物質で固(かため)てる所に居ると物質の力のいやに強いのが馬鹿に気になります。人間はどうなつて行くのだらうと本とに迷ひます。欧洲の事件は面白いと云はんよりは恐ろしく思へてなりません。又いづれ。

大正十三年七月八日　　於倫敦

渋沢敬三

岩波茂雄様

久しく御無沙汰致しました。其後(そのご)御変りないことゝ存じます。

別便で

1. What to Read. a select bibliography, compiled by the Fabian Society.
2. What to Read. a guide for worker students. pub. by the Plebs League.

と云ふ小冊子二冊お送りしました。お受取り下さい。右二冊子をお送りした小生の考(かんがえ)は、つまり、日本で目下、学生並に労働者が書籍雑誌の過剰から非常に無駄な頭を使ひ過ぎてはしないかと云ふこと、及(および)只単に新しいことと善いことを混じてはしないかと云ふこと、それから適当なる書籍雑誌に対する指導者欠如(けつじょ)せるが為(ため)各人が本や雑誌を求むること恰(あたか)もデパートメントストーアに於て女が半襟を買ふ如くで、必要なるが故(ゆえ)と云はんよりは書店の大量生産の犠牲として手あたり次第に購買する傾向　小言せば読者に書籍選択の能力欠乏せること等を感じ之(これ)に対する方法として卑近なるビブリオグラヒィーの要を痛感したからです。或は大兄にはすでにかゝる企(くわだて)をなされて居らるゝか、又はなされた上実行難があるか知りません。が少くも小生は今迄の「思想」の広告にも又他の書店の広告にもかゝる企あるを目にしません。

それでもし未だか丶る企を起されなかつた様なら此の点について大兄の御努力を小生は衷心から望むのです。身遠方に在つて思ふ様には申上られませんが小生の理想は次の通りです。

社会問題、文芸、理化学、位の部門を分ち三冊の小冊子として各部門に於いて学術上、信用、有益、価値ある本を指示すること、我国の古来よりの書物中価値あるものは夫れ〴〵挙示すること、現代のものも単なる目録としてゞはなく、充分吟味の上採用すること、終りに、英独仏の同問題に対する極く重要なる参考書を挙示すること、絶版、定価、発行所、図書館備付の有無、翻訳書はその原書を示すこと、発行年月、古書中　刊行書中にあるものはその旨を指すこと、等を記載し　尚出来得べくんば御送りせし本の第二の方の如く簡単なる批評を加ふるも大いに有益と思ひますが　大体以上の如き本で百頁迄位五十銭か七十銭位で売れたら非常にい丶と思ふのです。文芸、理化学は或は不必要かもしれませんが　広義の社会問題の為には今日の如く混濁してる我国の思想界に是非必須の本だと信じます。挙本の数は多きを求めません、只真に価値あるもの丶みを挙げるを以つて目的とし　読者は先づ之について一通り一つの問題につき古きより今迄此等の良書あることを知らしめたら　雨後の筍の如くに出版される本の間にはさまつて右顧左ベンしつ丶ある学生労働者を幾分でもその無駄な努力から救へると思ひます。現日本はあまりにつかれて居る様です。心の落付くしんみりした休養位今の日本に必要なものはないのでせう。良書の熟読をのぞいて今の如く頭脳の過労せる　新泉なる、自からなる

思想の源の枯渇せる我国の学生労働者を救ふ道はないのではないでせうか。愚書の供給過多はショーウィンドーの電灯よりも人を神経過敏にしはしますまいか、小生は或は小生の望む程の効果なきを恐れますが　貴兄の如き方が以上の如き企をなして少くとも真面目に求むる人々に幾分でも良い指導を与へることは真に良いことゝ思ふのです。

本の撰択については貴店の一存でも或は貴兄のお友達の方との協力でもいゝと思ひます。小生も日本に居れば出来る丈の事は何でも奉仕する考ですが今は遠方故仕方ありません。只先達来しきりにこんな事を考へたのでお手紙書きました。仕事の暇に書きなぐつたので拙文拙筆御容赦下さい。

日本を立つ前渡辺〔得男〕さんと末広で一緒に飯を喰べた晩を時々思ひ出します。地震後の東京は真に心配すべきことがある様です。どうか御互に一生懸命にやり度思ひます。私の考がその部分なり形がどう変化を受けてもかまいません　只大体の考が実現されることを深く望みます。

小生自身も当地で本を買ふに当り上掲二冊の本でかなり得をして居ります。目先に移り変る店頭と新聞の広告丈ではとても良書のみを選べません。

では又いづれ。林久男さんや阿部〔次郎〕さんにも当地で御目にかゝりました。お遭の節はよろしく。

田辺元

一九二三(大正十二)年六月十日付・一九三三(昭和八)年三月二十一日付の手紙
Pension Schlossbergblick Ludwig Sh. 33 Freiburg i. Br.・京都市吉田中大路町一七

一八八五—一九六二。哲学者。主著『科学概論』刊行後、西田幾多郎に招かれて東北大学から京都大学に移り、一九二二年から二四年にかけてドイツに留学、フライブルクで哲学者フッサールに就いて現象学を学ぶ。「田辺哲学」と称せられる独自の境地を開拓、晩年は宗教哲学に到る。著書『ヘーゲル哲学と弁証法』『懺悔道としての哲学』など。
三十八歳の時の手紙。吉村冬彦(寺田寅彦)の新刊二著と長与善郎『三戯曲』を送られての礼状。この年の秋には、パリで二か月過ごして帰国。

日本はもう初夏炎暑の候と存じます。大兄始め御家族皆様も御変りありませんか、伺上げます。
昨日　冬彦集　藪柑子　及　三戯曲　正に拝受致しました。態々外国まで御送り下されし大兄の御芳情感謝に堪へません。難有御礼申上げます。実は寺田さんのものは是非読みたかつたので、留守宅へ送る様申してやらうと思つて居た所でしたので、一入難有存じます。早速もう

一つ二つ読みました。あの気取らない素直な、それで居て実に繊細な感情を盛つてある随筆はユニークなものだと思ひます。外国の寂しい生活にはあゝいふものがどれ程嬉しいでしやう。私は全く感謝に溢れました。毎日楽しみに少しづゝ読みたいと思ひます。

此年はこちらは冬暖で早く暑くなりかけたのが頓挫して、幾度か冬の様な寒さに逆戻りし、冬服に着換へたり夏服に着換へたり幾度したかわかりません。気候の不順には閉口しました。弱い私は其度毎に中てられて腸を悪くし困りました。例の不眠は相変らずです。併し幸いつも大事に至らず、どうかかうか永く臥ることもなく過しましたのは仕合と思つて居ます。段々フェノメノロギーの意味がわかるにつれ面白いので、学問上では前学期より張を感じます。末は私の思想に少からぬ影響を持つやうになるかと思つて居ます。フッサール教授は私には随分親切にして呉れられて、健康の事や何かも始終心配せられ、段々私は先生の優しい温情に動かされて、前の反感は消え、今では何となく慕はしい気持を懐くやうになりました。人格として崇高な哲人などいひ得る人ではありませんが、割合ウブな人間的な人だと思ひます。一生に幾人も無い自分の先生らしい人の一人に同教授をも加へたい様な気持がして、時々は先生に慈父の様な感情を抱かせられることがあります。私は之をとにかく主観的には自分に与へられた恵として感謝して居ます。今は先生から未刊の草稿など借りて読んで居ます。学問的には先生より、その門から出てフェノメノロギーを発展させやうとして居る講師のハイデッガー氏に、より多

くの期待を懐き、氏から受ける私教授はかなり面白いと思つて居ますが、とにかく一時持つた反感が別に打消されたといふでもなく、そのまゝ気にかゝらずに、此地のフェノメノロギー一派の人と親しむことが出来るやうになつたことを幸福だと感じて居ます。独逸の生活さへ不愉快でなければもう一学期位此処に居てもいゝとさへ思ふ位です。

併し此頃の惨憺たる状態の中にもつと永く居ることはとてもたまりません。我々外国人に対する反感も増すばかりの様です。段々に大学は勿論　旅館、料理店まで差別待遇(外国人に附加料金を課する)をすることがひどくなり(此学期など大学では僅三ヶ月の授業期間に対し、普通の月謝の外、外国人からは七十円の金をとりました)、当然といへばそれまでゞすが、何となく気持が悪く思ひます。それで居て邪魔物或は侵入者扱ひにされるのはたまりません。之から独逸へ来られる人は一層不愉快な目に逢はれるだらうと思ふと気の毒に思ひます。学問上仏蘭西より期待は持ちますが、矢張私は予定通り此学期限りで独逸を去るつもりです。

仏蘭西に対する敵愾心の激しいことは異常です。フッサールなども時々憤慨して話されると返事に窮します。併し独逸人といふものはどの位呑気な楽天的な自信と底力とがあるのか、大した動揺もなくやつて居るのには全く感心させられます。私は粗野な一人よがりの独逸魂に中てられて、独逸人が嫌になりましたけれども、その底力と秩序的な精神とには感心せざるを得ません。まだ一寸ヘコタレさうもありませんね。やはり恐ろしい民族だと思ひます。

七月休になつたら一寸伯林(ベルリン)に出て用事を済ませ、同地で朝永〔三十郎〕さんにも面会したいつもりです。そして八月末迄には巴里(パリ)に移らうと思つて居ます。従つて今後の御たよりは巴里の私の宿を御通知するまで同地大使館気付に願ひます。

c/o l'Ambassade Japonaise. 9 Rue Perouse, Paris, France

毎々「思想」を有難う御座います。これも八月号からは右宛に御願ひ致します。御係へさう御伝へ下さいませ。

向暑の砌(みぎり) 切に御自愛を祈ります。御礼ながら右申上げます。

六月十日

フライブルクにて

田辺 元

岩波大兄

上野〔直昭〕、高橋〔穣〕、和辻〔哲郎〕、安倍〔能成〕諸兄にも御序(ついで)によろしく御伝へ下さいませ。何処へも御無沙汰して居ますから

一九三三年、創業二十年記念事業としてドイツのゲッシェン叢書に範をとって「岩波全書」創刊。田辺元は『哲学通論』を執筆することになっていたが、編集部が三木清と相談して創刊記念発売用に更に別テーマの一冊を依頼したため怒りが爆発する。この手紙を受けて岩波茂雄は直ちに京都に訪ねて謝罪、予定通り『哲学通論』が十二月の創刊時に刊行された。この時田辺元四十八歳。

拝復　小生は三木〔清〕君に手紙を書かされた事を不愉快とするとか、又其書き様が悪いと云つて怒つて居るとかいふのではありませぬ。それ程官僚的な人間ではないつもりです。貴兄の御手紙がそんな事を考へて居られる様思はれるので誠に情ないと思ふのです。小生の不快の原因は、貴兄も三木君も商品の大量生産をやる工場主(乃至支配人)が熟練職工を遇する態度を以て小生等に臨まれる資本家的態度にあるのです。我々(少くとも私)の書くものはつまらぬものでも、とにかく一種の創作なので、唯時間をかければ出来る商品として扱はれることは不平です。小さなものは小さいだけに、通俗なものは通俗なだけに根気と精力とを費さなければ出来ません。それを僅な期間に四五十も景気よく並べて出す其労働の総動員に参加させて踊らせ様といふ態度は、学者の矜持が許さず友情の期待が承認しないのです。小生が初め記念なら何か書いてもよいと言つたのは、何か「思想」の記念号の様なものを考へ一篇の寄稿をしてもよいといふつもりだつたのです。考へて見れば書店の記念に論文集も不適当故さういふ事を思つた

小生は迂闊だつたのです。それに対し貴兄の方では大々的な叢書を二つも計画せられ、ゲッシェンの方へは「哲学通論」でいゝという事故これには異論もなかつたのですが、他方ヘーゲルの方は去年の夏で懲りたので熟考の末御断りしたのです。去年の夏は随分貴兄に世話をかけたと心苦しく思ひます。併し小生の方としては、唯涼しい静な所へ転地させてやれば書けるといふ風に思はれてはかなり不平です。つまらぬものながらあれを書くには精根を注いだつもりです。其苦しさは忘れられませぬ。もうあゝいふ事は二度と小生の健康が許さないと思ふので御断りしたのです。それでも記念にはともかく「哲学通論」で参加する事になる故友情を表現することは出来ると思つたのです。然るに三木君から更にヘーゲルのみならず出来ればゲッシェンの方にも「弁証法」といふのを書けといふ依頼を受けて、貴兄と三木君とが余りに小生の事情や苦労に察しが無く、時間さへ与へればいくつでも書けると思つて居らるゝに不快禁ぜず、已に其前に手紙で小生の意志は通じた事故改めて返事に及ばぬと思惟したのです。最近布川〔角左衛門〕氏来訪の時も一体早朝から(午前は小生の仕事時間で特別の用事以外誰にも会ひませぬ)予告なしに自分の方の用事で尋ねて来られたのが不快なだけでなく、貴店が東京で伊藤〔吉之助〕君と交渉決裂の様な事を惹起したのも、一般に小生に不快を生ぜしめる様な筆者に対する取扱を伊藤君に対してもして居る結果と思ひ非難して帰した訳です。

年来貴兄は小生等を単に著者として営業的見地からのみ遇せられるのではないと信じ、小生

は他の書店の依頼を絶対に断(ことわ)つて貴店より外(ほか)から出さない方針で来たのです。併(しか)し資本主義の高度の発達は貴兄をも出版者として上の如き態度に出でしむる状態に達したものと思ひ遺憾な感がします。若(も)しさうなら今後は小生は出版者としての貴兄には矢張(やはり)単なる著者として対する外無いかと考へます。又若(も)し斯(か)かる事が貴兄の本意でないなら此際御反省を願ひたいと思ひます。ともかく此度(このたび)の計画に対しては「通論」を振向けることは御約束故(ゆえ)同意しますが、其外凡(そのほかすべ)て御断りしますし、又「思想」の六月号の寄稿も御断りしますから左様御承知下さい。

自分の怒つてる理由を説明する位不愉快な事は少い。貴兄はそれを小生に求められたので仕方なく之を書きました

三月廿一日　　元

岩波兄

三木君には別に何も言はれる必要はありませぬ。貴兄御自身の御考がもとなのですから。

石原　純　一九二三(大正十二)年九月十九日付の手紙
千葉県保田町

一八八一—一九四七。理論物理学者・歌人。アインシュタインの相対性理論等、自然科学知識の普及啓蒙にも貢献した。一九二一年七月、歌人原阿佐緒との恋愛事件で東北大学を辞職、千葉の保田に引きこもったが、岩波書店の嘱託として時々上京、企画編集活動に参画していた。

一九二三年九月一日関東大震災で、岩波書店は店舗・事務所・営業所・倉庫・印刷所を焼失したが、店員は全員無事。焼失を免れた岩波宅を事務所に直ちに活動を再開していた。この時石原純四十二歳。保田に家を新築したばかりであった。

異常な災変に遭遇して、御身体御無事なことをこの上なくよろこび上げます、私も幸に奇禍をまぬがれました、この町の家の大半は震災のため倒潰してしまつたので、それに一切の交通も絶たれて大混雑をしました、私の新らしい家はそれでも幸に大した損傷もなくてすみました、只今までは避難者で充たされてゐましたが、もう殆どそれぞれの処へ帰つて漸く静かになりました、

切角数年の苦辛を経られた御店の仕事もこの災害をうけて御遺憾至極のことと存じ上げます、若し幾分の御手助けも出来ることならと存じますが、私として何をしてよいか判りません、併

しともかくも御厚誼に報いる方法をとるつもりです、只従来頂戴してゐました研究費については此際尚ほ頂戴するに忍びませんから暫らく御辞退いたしたいと存じます、いろ〳〵の事情を伺ひに、一度上京いたしたいと思つてゐますが、只今は途中困難でもあり、又当地の事情もありますので、来月始まで待たうと思ひます、そして少しでも早く落ちついて自分の仕事を続けるより外はありません、

家を立てましたことは、落ちつく場処を得たことと、又震害の危厄を免がれることとに役立つたことゝ思ひますが、費用の不足に無理してゐたため、却つて困つてゐます、けれど今はどうすることも出来ないので、せめてはそれが殆ど完全に残つたことを満足するより外はないでせう、

委細のことはいづれ御目にかゝる機会を得てお話しいたします、北条の渡辺〔忠吾〕君の御一家の不幸について先達て御言伝を伺ひました、まことに御同情に堪へません、若し御在京ならばよろしく御伝へ下さいまし、

貴兄御家族方の御安否はいかゞでしたか、これも御案じ申し上げて居ります、

汽車が通じないので万事不便なこと、島流しのやうな感があります、

九月十九日　　石原純

岩波茂雄様

久保田俊彦（くぼたとしひこ）（島木赤彦）

一九二三（大正十二）年十一月十一日付の葉書と一九二四（大正十三）年
二月六日付の手紙
代々木山谷三一六

一八七六―一九二六。歌人。伊藤左千夫（いとうさちお）に師事。『アララギ』の編集に従事、その発行所を東京の住居とし、上諏訪の自宅と二重生活を続けた。岩波書店は一九一五年三月より『アララギ』の発売所を引き受けていた。

関東大震災の時、四十六歳。信州に帰郷中。動き始めた信越線で大宮下車、そこから歩いて代々木のアララギ発行所にたどり着いている。『アララギ』十月号は、全八頁の震災報告号として信州上諏訪で発行。この歌四首は全集に未収録。

アララギを焼跡に積みて人ひとり守りいますと聞くがかしこさ
よべ聞きて今朝も心に沁みて居りアララギを〈も〉守りて人いますとふ
世の中の忝なさを身にしめて命ゆるがせにあることなかれ
〔下二句「生きてしあるも恐こく思ほゆ」を見せ消ち〕
たまきはる命の果てを思ふとき細々として道一つあり
書き放し作り放し失礼々々　今度は御目に懸（かか）れぬか知らぬ

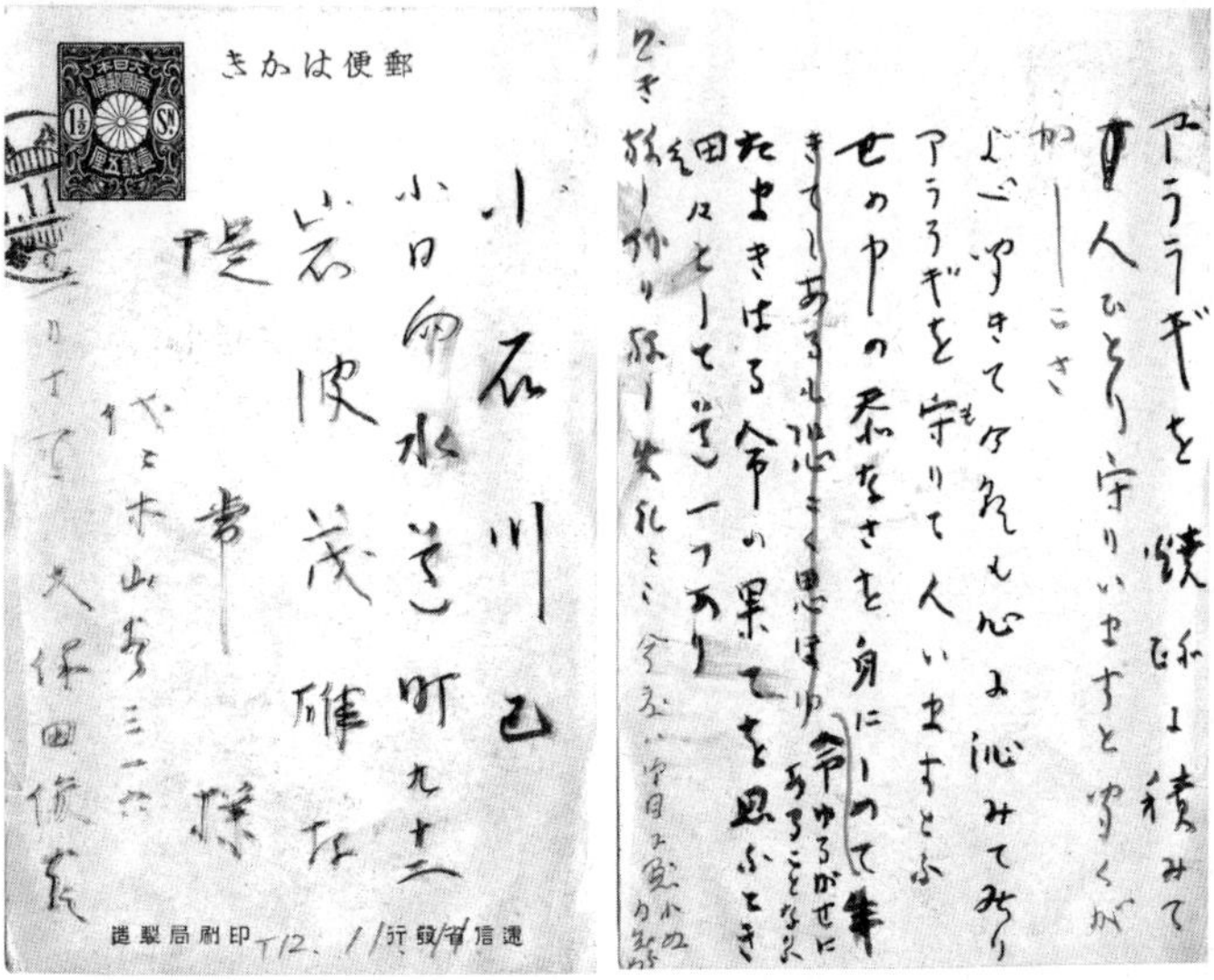
郵便はかき
小石川区
小日向水道町九十二
岩波茂雄様
代々木山谷三一六
久保田俊彦
遞信省發行
印刷局製造
アララギを守りて人いますとふ
世の中の
たまきはる命の果てを思ふとき

関東大震災の翌一九二四年、四十七歳の時の手紙。『歌道小見』は岩波書店からアララギ叢書として、この年五月に刊行。七月に中村憲吉『歌集 しがらみ』、翌年十一月には赤彦の『万葉集の鑑賞及び其批評』が刊行されている。岩波書店から出る予定だった赤彦第四歌集『太虚集』は、十一月古今書院より刊行。

拝啓

今日参上の所御不在　残念に候

小生今夜帰国のつもりに候所　編輯間に合はず　明日一ぱい位ここに居り申すべく候へ共

御帰京の日不明の由につき手紙にて用事相認め候

一、「短歌小見」書きはじめ可なり進行の所　万葉集の事を遂多く言ふ事になり　万葉に言及する事多ければ　自然今迄小生のいく分研究せし事を言はねば済まず(例へば人麿赤人家持論等の一部に言及する如し)　さうすると多年貴兄の御助力を得て多少研究せし事を他の書店にて出版するものへ載せる事になりて心苦しき感起り　今度先以て橋本(福松・古今書院店主)氏にこの事を打明け　これは岩波さんより出して頂く筋のものならずやと思ふにより御意見を承るが第一の順序なりと　同氏に話したる次第に候　此儀御意見御知せ下され度願上候　主なる

万葉への言及は「万葉一斑」「万葉の生命」「万葉の声調」「現代人と万葉」「万葉集系統」「万葉諸相ノ一部」　その間に人麿赤人以下の作家観がちよい〳〵顔を出す次第に候　尤もこの著は初歩者より最後に至るまで相通ぜる大道をのぶるつもりにて　極めて平易に講義(談話?)体に書きしもの　従つて万葉に言及するといひても主要点だけちよいちよい持出したるに過ぎず種々の問題がそこより生れるやうに書きて必しもその問題を広げて行くやうにはせず　大体二百頁以内にてまとめるつもりに候　初学より終りまで通ずるやうにするにはこれより外致し方なきかと存候(勿論全体が上等のものではなく候)　今年中には例の「万葉集私見」巻一二を一冊として出して頂くつもりに有之　これと多少相関連して今回の著も貴兄より出して頂く方よいかとも存じ候　貴兄にしてその方よしと御思ひならば左様相願ひ申度　その代りに小生の歌集の方を橋本氏に出させて頂きたく　これは小生より橋本氏に対して切り出し申候　貴兄に御願してある歌集を勝手に左様申出づるは失礼に候へ共　橋本氏は短歌小見を今迄度々催促し手紙の来る事頻々の有様　それを取り上ぐるは情けなき感多く　貴兄より歌集の方を同氏にお任せ下さらば幸甚の至に候　若し又「小見」の方を橋本君出してもよしとの御意見ならば問題は無之候　「小見」書きはじむる時は万葉をさう引つ張り出すつもりで無かりしに　歌道に言及して行けば遂万葉を言はねばならぬ事になり申候　言へば多少万葉の価値論、作家論にも入らねば意を尽さぬ事になり候　そこで気が付いてこんな事を申上げる事になり候　無思慮な事

いたし候段　御海容の程願上候　御返事は下諏訪町の方へ願上候
一、次に又、問題有之候　アララギ十二月号　新年号　殊に二月号の震災歌御覧下され候哉（三月号へも出で候）　これは少々異色ではないかとひそかに思ひ居り候（歌以外の世界へは比べず候）　これを一纏めにし、更に精選して一巻の震災歌集をつくらんと思ひ立ち候　前古未曾有の天災に対して斯様の歌集一巻を遺すことは必要でないかとも存ずる次第に候　これは大兄より御出版下されば尤も喜しき事に候　この事中村〔憲吉〕、平福〔百穂〕二氏には已に相談成り居り候　この儀も御意見御知せ下され度願上候　猶二月号御覧下され御参照　奉　願　候　高田〔浪吉〕のの如きは全部涙を以つて見らるゝ感有之候　築地藤子のも御注視願上候　御出版輻輳と存じ候へば強いての御願は勿論宜しからず　御考慮の上御返事奉願候
一、中村の歌集はもう一週間か精々十日位にて御手許に届き可申　何卒願上候　表紙、画には〔平福〕百穂〔森田〕恒友両画伯に御願申上候　御承知下され度候
一、中村の歌集も出る事ゆゑ前後して同氏の歌を思想へ出して頂き度　二頁分を今日封筒に入れて御留守へ御預け申上候　何卒御取計ひ下され度願上候　和辻〔哲郎〕氏へは小生よりも手紙差し上げ可申上候
　御忙しき所へごた／＼書きの長文煩雑恐入申候　御海容奉願候　敬白
　　二月六日夜半　　　　　　　　　　俊彦

岩波大兄
侍史
矢じまの会の知せ下され候所　夜おそく著京　間に合はず残念に候　御高諒下度候

吉野作造（よしのさくぞう）

一九二四(大正十三)年四月十五日付の手紙
東京市本郷区駒込神明町三百二十七番地

一八七八—一九三三。政治学者。海老名弾正門下のクリスチャン。「明治文化全集」を編纂。四十六歳の時の手紙。その頃東大教授を辞めて朝日新聞論説顧問をしていた。狩野亨吉（かのうこうきち）蔵書の東北帝大図書館への納本は、没後も含め四回行われた。吉野作造ら三人が依頼された第二回目は、後輩が経営する鑛会社の債務を負った狩野亨吉の経済的窮状を救う意味を持っていた。岩波茂雄は大同洋行(洋書輸入販売)の石本恵吉（いしもとけいきち）を信頼し、一時期その事業に全面的に協力していたが、この蔵書処分の件も含め、諸事食い違いが生じ、絶交する。

前略
石本君より利益全部呉（く）れろといふ様な返事に接しましたから　別紙の如き手紙を出しておき

ました　二十七日立つさうですが　小生は本日より一週間ばかり東北へ旅行します　二十二日頃の夕方何処かで遇ふ様にしたいと思ひますが御都合如何　もし二十二日五時貴店へでも集るといふ〔の〕で差支なくば同封端書に書き入れて出して下さい　大同洋行へ行くのでもよし　新聞社へ来て貰ふのでもよし　小生帰つてからでは間に合ひませんから願上ます

四月十五日　　　　吉野生

岩波兄

〔同封の石本恵吉宛吉野作造書簡控〕

前略　之から四五日旅行に出かけます　二十日過帰りました上で詳細御相談申上げたいと存じます　只之れ丈を御含み下さい　狩野先生蔵書処分のいきさつに付て尊台に大きな誤解のあるやの疑あることです　私の記憶では

(一)　狩野先生より蔵書の処分を託されたのは尊台岩波及僕の三人なる事　従て三人は共同に狩野先生に責任ある事

(二)　三人は処分の実務を大同洋行に托せる事　而して当初の談合は出来る丈有利に売り実費を差引いて残額を出来る丈多く先生に提供する事

右に基いて私は貴台に残金全額の提供を求めたのです　狩野先生は多分貴方の労に酬いるで

せう　併(しか)し之は此方から請求すべき筋合ではないと思ひます　尤(もっと)も大同洋行としては一つの取引として計算されなくては困ると云ふのなら　改めて私共三人と大同洋行との相談として話を進めてもよろしうございませう　さうすれば売上の何分といふ普通の標準に依(よ)り即ち歩合(ぶあい)を上げることにすればいゝと思ひます　夫(それ)には狩野先生の整理上の労力をも無視することは出来まいと思ひます　何(いず)れ之(これ)は岩波君とも相談の上きめたいと思ひます

孰(いず)れにしても利益金の処分に付ては尊台一人に於て処分する権利はありません　之(これ)は何処(どこ)までも三人の合意に依て決めねば筋が通りません　二十一二日頃帰ります　岩波君とも打合の上会合して万事を解決しませう　取急ぎ

吉野作造

四月十五日

石本老兄

河野与一

一九二五(大正十四)年六月十日付の手紙
四谷大番町十

一八九六—一九八四。哲学者。西洋古典語や主要外国語に精通、『ライプニッツ 形而上学叙説』『プルターク英雄伝』など、多数の名訳を遺した。
二十八歳の時の手紙。ライプニッツの『形而上学叙説』は、同年八月刊、同じく『単子論』は三年後の一九二八年五月刊。

昨日は却つて失礼致しました　お使ひの方によろしく願ひます
あとで気が附きましたが　原書の間に挟まつてゐた　河上肇氏の手紙が机のわきにのこつてゐます
とりあへずお返し致します
月火木と三日法政大学までは出かけますが何分歩くのが臆劫なのでお尋ねできません
今日　安倍能成さんから古い珍しいライプニッツの著作集が届きました　丁度翻訳のおすゝめを受けてから二年になりますから長引いてお約束に背くことにならうとは思ひませんでした
少しくどく註をつけすぎて案外大きなものになりました
単子論その他の小論文集は少しづゝ註をつけてゐますから都合よくゆけば七月中に出来上り

ます(本文はもう出来てゐるのです)

夏休から大部の「人間悟性新論」にとりかゝります　今日安倍さんから送られた本を手にして一寸(ちよつと)催促乃至(ないし)激励された気持になつたので　少し弁解がましくなりますがあなたにこれ丈(だけ)申しておく訳です

尚(なお)　形而上学の口絵に入る筈のライプニッツの肖像画のもとになるアカデミー版のライプニッツ全集第一巻そちらにお預けしてありますが　もし御用済ならば一応お返し下さい(京都大学のものです)

それから　その前に口絵の原画としてお預けした網目版の肖像はどうなりましたか

これ又お問合せ願ひます

最後に、今度の口絵にする写真版の種板は頂けないものでせうか、相当代価はさし上げるとしまして一体あれはどこの所有に帰するのか不案内なのです

いづれも急を要するのではありませんからお序(ついで)の時御返事願ひます

六月十日　与一

岩波様侍史

中勘助（なかかんすけ）

一九二五（大正十四）年七月六日付の手紙
神奈川県平塚町西海岸

一八八五―一九六五。小説家。岩波茂雄の一高以来の友人。夏目漱石門下。四十歳の時の手紙。『銀の匙（ぎんのさじ）』は、漱石の推薦により、一九一二年から一五年にかけて正・続編にわけて「東京朝日新聞」に連載。一九二一年に岩波書店から仮綴じ本の形で刊行されたが、二六年に全面的に改稿し単行本として刊行された。

とりいそぎ

「銀の匙」今やうやく書きあげて頁数を数へたところ途中百三十頁ばかり不足、どこをどう捜してもない、はつきりした記憶はないが、此間盗難にあつた手提カバンに入れておいてとられたといふよりほか考へやうがない。正月以来の奮闘で神経衰弱になつちまつたし、それでなくとも七月からはもう神経が妙になつて書くことができない（細かいことがわからなくなる）で、残念ながらこの十月頃まで待つてもらつて紛失の部分を補つて「銀の匙」をお渡しすることに願ひたい。

頁数は君の処の原稿紙で約五百五十頁、もとのよりはよほど短くなつた。さうしてよほどよくなつた、

七月六日
岩波茂雄様

中

安倍能成（あべよししげ）

一九二五（大正十四）年十一月四日付の手紙
bei Frl. Döbel, Mainauerstr. 2. Berlin-Friedenau

一八八三―一九六六。哲学者・教育者。夏目漱石門下。京城大学教授、一高校長を経て戦後は幣原内閣の文相、学習院院長を務めた。岩波茂雄の一高以来の友人で、終生変わらず最も信頼する相談相手であり、親身な批判者でもあった。岩波の没後、『岩波茂雄伝』（一九五七年）を著した。
四十一歳の時の手紙。一九二三年京城大学教授に就任後、ベルリンに留学、岩波茂雄への先便で、ルドルフ・オイケン協会へ一緒に寄金しようという提案をしていた。なお、日本を発つ直前の一九二五年七月、オイケンの『大思想家の人生観』を翻訳刊行している。

御はがき拝見、二百円たしかに頂戴した、手に入つたからはどんなに使ふか分らないよ。くやしければやつてこい、
君の様にえらくなるともう御親書はいたゞけなくなるらしいね、今の内に前にいたゞいたは

がきを大切に保存して家の宝としておかねばなるめえ

十一月一日　三ケ月の旅をすごしてベルリン著、もう葉も皆ちつてしまつた、北の国は冬の来るのがやつぱり早い、上野〔直昭〕夫婦、速水〔滉〕さん健在

非常な不景気で開業以来の苦き経験の由、逆境にゐては君はえらいから大丈夫だ、又少し風向がよくなると代議士にならうなどゝ野心を起す可からず、逆境岩波を反つて殺さず　順境はどふも君にいさゝか危険だ、知己の言としてうけ給へ、

しかし「憂きことの尚この上につもれかし」などゝ高言する人が、たつた二百円の分担について彼是いつたり、送金予防の言をなしたりするのはけしからん、「憂きことの尚この上につもれかし」を翻訳すれば「送金の申こみ尚この上に来れかし限りある身の金をさゝげん」といふことになるのを知らないか。言行不一致では偽善者と認めるがどふぢや。

君は小宮〔豊隆〕もいふ様に直覚的な嗅覚を有し、所信に猛信なることはえらいが、頭を使ふことが少し足りなくはないか。今思ひついたことを一寸あげて見る、

一、書物の広告にどふかして今少し新生面をひらいたらどふだ、西洋にはあんな厖大な新聞広告はなし、これはもう少し読者との連絡を親しくして、プリントでもくばるとか、月報でも出すとか、思想の広告をもう少し有効に使ふとかの方法を考へては如何、

二、経済叢書、独乙古典叢書　其外の叢書の計画はいゝが、どふもある頭株にそれをまかして

おいては仕事ははかどらず、その人選等にも情実が出来てつい自分の弟子を入れたりするものだ。往々は君の所に編輯局を設け、相当有為の若手を数人君の所の人としてかゝへ、色々さういふ計画をしたり、具体的の事務を進めたりする必要はないか。

三、出版については今まで手をつけられなかつた古書の系統的出版(これは斯道の人に相談する必要がある)、支那や朝鮮其他東洋の文化や実状に関する出版、兎にかく日本人　東洋人が自己を反省する材料又その批判等に関する出版を従来の西洋ものの外に志しては如何、

四、国民をして真に自国の現状を考へて奮起せしめるに足る様ないゝ意味の通俗的な廉価な書物の発刊(普通選挙だとか、公正なる小作料などの様なものをもう少しひろめて)　例へば日本の経済状態とか、世界現代の外交の形勢だとか、博物館の組織に関する日本と外国との比較とか、丁抹に於ける農村の讃嘆すべき組織だとか、其外いくらもあるだらう、三四十銭の本で内容のシツカリして、分り易い(これは六しいことだが)本を出すことは時代の要求を充すに足ると思ふ、

五、思想の八月号に小宮の伊太利紀行がのつてゐたが、あゝいふものは成るべく勉強してのせる様にするといい、阿部〔次郎〕の「遊欧雑記」なども兎に角あんな種類のもので阿部位ののをかけるものは少ないのだから、君がたのんで思想にのせることにしたらどふだ、阿部は君の友達だ、必しも原稿料が高くて広告を大きくするから改造にかくのではあるまい、君が

よくたのんだらやつぱり思想にのせるだらうと思ふ、思想は改造などとはちがふ、岩波書店にはかいてくれる人は雲の如くあるといふ様な高慢は、君と旧(ふる)い友達との間をへだてるよ、無論君ばかりがわるいのではない、友達の方もわるいの〔だ〕が、旧い友達とだん／＼遠ざかることは仕方のないことにしてもよくないことではないか、
もうこれ位にする、
今月一ぱいはここにゐる、しかしライプチヒとエナへ出かけ、オイケン先生にもあつてくるつもり。

十一月四日午後　能成

岩波兄

高村光太郎(たかむらこうたろう)

一九二六(大正十五)年四月七日付の葉書
駒込林町二十五

一八八三—一九五六。詩人・彫刻家。ロダンに傾倒。著書『ロダンの言葉』『智恵子抄』など。四十三歳の時の手紙。締切日を忘れていた雑誌『思想』への寄稿は一か月遅れ、同年六月号に「彫刻十個条」と題して掲載された。

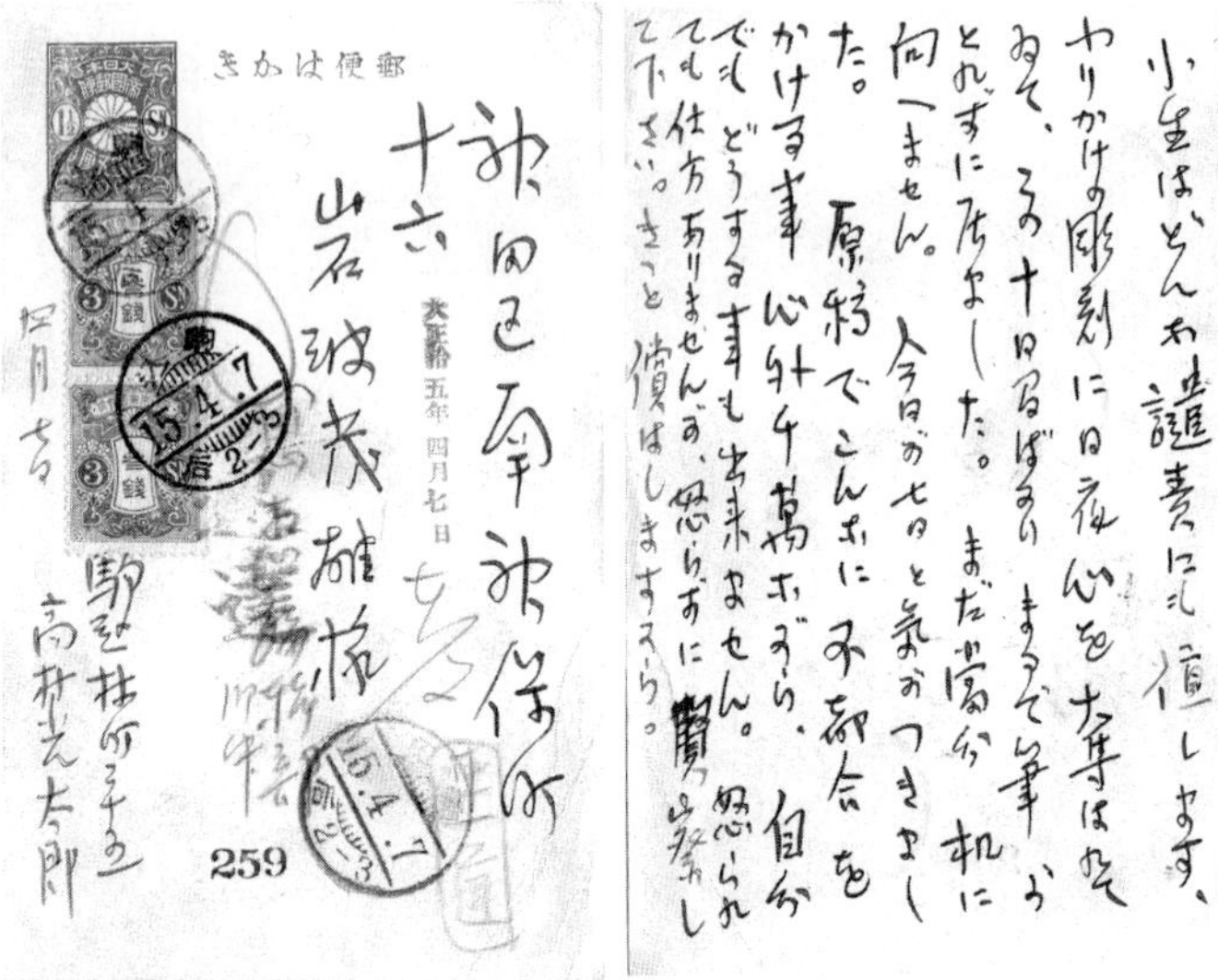

小生はどんな譴責にも値します、やりかけの彫刻に日夜心を奪はれてゐて、この十日間ばかりまるで筆がとれずに居ました。まだ当分机に向へません。今日が七日と気がつきました。原稿でこんなに不都合をかける事心外千万ながら、自分でもどうする事も出来ません。怒られても仕方ありませんが、怒らずに賢察して下さい。きつと償はしますから。

谷川徹三

一九二六（大正十五）年十月二十六日付の手紙
京都市田中関田町二十六

〔一八九五―一九八九。哲学者。京都大学で西田幾多郎に学ぶ。主著『感傷と反省』は、一九二五年三月刊行。昭和四年から三木清・林達夫らと雑誌『思想』の編集担当。

三十一歳の時の手紙。小林古径は日本画家。清潔な感覚で古典を近代化した格調高い作品を発表、安田靫彦、前田青邨と並んで日本美術院の三羽烏と言われた。この年、第十三回院展出品作品「機織」は、ヨーロッパ遊学後に新境地を開いた古径傑作の一つといわれる。〕

十月二十六日

昨日は失礼しました、また先夜は御馳走になりまして有難うございました、今日和辻〔哲郎〕さんにお会ひいたしましたところ、院展の古径氏の画をあまり感心なさいませんでした由、また和辻さんもこれに半分は同感なすつたとのこと、意外に思いました、おすゝめいたした責任もありますので、和辻さんにも私がいいと思つた理由を直ぐ申上げて置きましたが、一応あなたにも申上げて責任を明かにいたします、

私の第一感心いたしましたのは、あの画がかなり細い写生であり、また少しのボカシもない

明かな線を用ゐ、色も一躰に少しの思はせぶりの(奥深い感じを出さうといふやうな)色を用ゐてゐないのに、少しも平俗なところがなく、気品あり、古径氏独特の「漂ふもの」をもつてゐる点です、

ああいふ画は凡人が描いたら、平俗見るに堪えないものになるか、うまく行つても乾からびた深さのない(奥行のない)ものになつて了ひます、しかもあの画には少しも平俗なところがありません、女の着物でも顔でも極めて平凡に画いてゐながら実に品よく、しかもその品のよさが市井の風俗を写したことを少しも傷けてゐません(あの女がたとへば宮女のやうに見えたら如何に品がよくても駄目でせうが)

第二にはあの構図です、全躰を構成する線は主として直線であり、しかも直線から主としてなる機を二台何の奇もなく並べてゐながら少しも無味になつてゐません、私はあの画によつて日本の木造建築や木造器物の美しさの一面をはつきり見せられたと思ひました、単純にある建築を描いて何ともいへなく漂渺とした神秘な感を出したのは前に「阿弥陀堂」がありましたが、あれは全躰にもやのやうなボカシをつかつてゐました、然るにこれは全くボカシを使つてゐません、白昼の光線で描いてゐます、しかもその明白な線に――直線に――直線の交錯に何といふ柔く素直な清楚な感じが溢れてゐるでせう、これは曲線の柔さとは違つてゐます、曲線で柔味を出すのはやさしいことです、しかし直線でこれだけの柔さを出すのは難しいと思ひます、

唯今(ただいま)手許に写真もないので委(くわ)しく申上げられないのは遺憾ですが、ともかくあの画は立派な画だと思います、あの画の画格は支那の古い風俗画に迫つてゐると思ひます、浮世絵のやうに優しさや柔さや情味が画面にこぼれてゐないで（あるときには濫費せられてゐると思います）一つの奥行として底に優しさ柔さ情味がたたえてゐます、しかもその品のよさは無類です、

私は僭越ですが、誰が何と言つてもこの画の優秀を主張したいと思ひます

博物館の〔橋本〕関雪氏蔵品に和辻さんが感心されなかつたのは私は分ります、和辻さんはギリシャのものもペルシャのミニアトゥール（?）ももつといいものを見ていらつしやるからです、私は未だいいものを見たことがない許(ばか)りか　ミニアトゥールの如きは実物を始めて見たのですからあの程度のものでも感心するのです、ただギリシャのものは私は実はあまり感心しなかつたので、和辻さんが本物かどうか怪しいと言つていらしたのに対しても何とも申せません、

支那のもので私が感心した、「女俑」（狗を抱いてゐるもの）の一つ、馬の二三は和辻さんも認めてくださいました、

非常にゾンザイな書方をしましたがお許し下さい、

一寸責任を感じましたので申訳のみに、

谷川徹三

岩波茂雄様

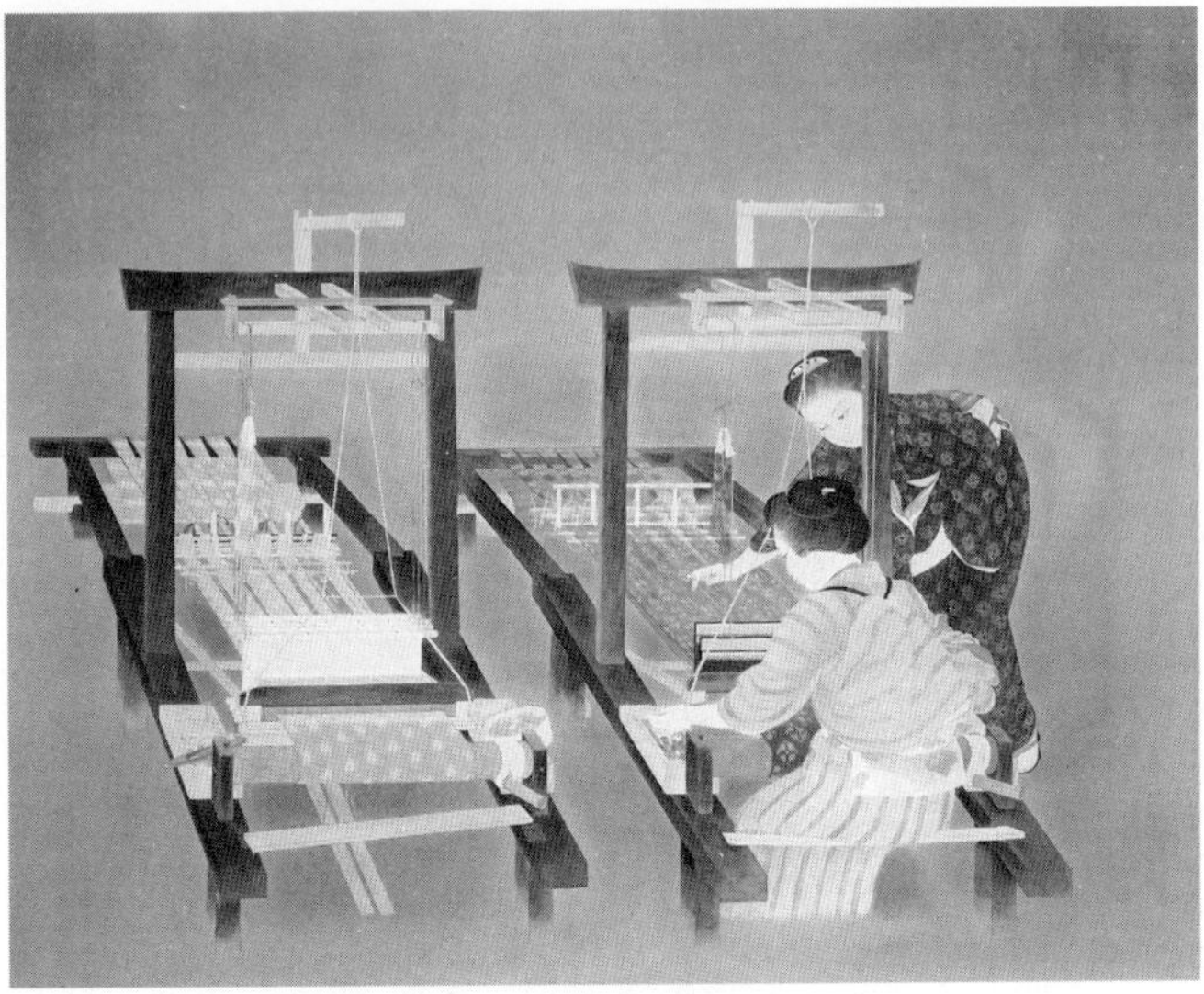

小林古径「機織」(東京国立近代美術館所蔵)

斎藤茂吉

一九二六(昭和元)年十二月二日付・十二月三日付の手紙
青山南町五ノ八十一　青山脳病院内

一八八二—一九五三。歌人・精神科医。伊藤左千夫に師事し『アララギ』創刊に参加、生涯その中心的存在として活躍。著書『赤光』など十七歌集、『柿本人麿』『万葉秀歌』など。

四十四歳の時の手紙。太田水穂の歌集出版について意見を求められたことに対する返答二通。茂吉の助言にもかかわらず、この企画は実現せずに終わる。

謹啓

○太田水穂君の歌風はアララギの模倣でない点に特色が有之候。小生は太田君の歌は到底駄目だと信じ居るものに有之、「風韻主義」などいふものは、例の「鶯の氷れる涙」の亜流に過ぎざるものに有之候。小生は堅くかく信じ居り候。

○しかし、歌壇より広く見渡して、斯る歌風があり候とて、別に邪魔にはなり申さず、若し、御都合がつく御事に候はば、御書店より発行下されて、世の批評を問ふことも無駄に候はざらんと存じ候。

○同じ信濃人でありながら、赤彦系統ばかり御世話様と相成ることいかゞとも存じあげ候ゆゑ、

兎に角、世の公平なる批評を受くることも大切と存じ上げ候。小生は太田君の論敵に候も、さういふ方面にては同情者の一人と存じ居り候。

○たびたび御馳走様に相成り実に感謝奉り候。心に深く思ひながら御礼御無沙汰仕り、失礼御ゆるし願上候

敬具

十二月二日

斎藤茂吉拝

岩波書店御主様

侍史

○なほ、阿部次郎教授に一寸御意見願上げ候

拝啓

前便にて失礼申上候。

○やはり水穂老人の御歌集は出版し下さる方、よろしからんと奉存候。これは和歌壇の歴史より見て興味ある事にも有之種々の流派が銘々、得意にて居り、それが、いづれ「時」の厳しき批評を受けねばならぬものと存じ候ゆゑ、小生等は小生等で得意、水穂君は水穂君にて得意、それに集まるものどもは、又エピゴーネン同志にて得意といふ有様

ゆゑ、せめて生きてゐる間ぐらゐは得意を許してもらはねば、「歌」などいふもの虚仮(こけ)じみて作り難く候べし。

赤彦君の「柹陰集」も御かげ様にて発行して頂きし事なれば水穂君のも一つ御願いたし候。

小生も明年より一転機のつもりその節は一巻是非御願奉り候。

右愚見迄　　　　頓首拝

3/XII夕　　　　斎藤生

岩波書店御主様

侍史

狩野亨吉(かのうこうきち)

一九二七(昭和二)年一月二十五日付の手紙
秋田県湯沢駅前中央館旅館

一八六五—一九四二。哲学者。岩波茂雄在学時の一高校長、その後京都大学文科大学長となったが、内藤湖南(ないとうこなん)招聘をめぐり文部省と衝突して辞任、以後、書画鑑定販売業を営みながら、江戸時代の独創的な思想の発掘・紹介を行なっている。
六十一歳の時の手紙。昭和二、三年頃、狩野亨吉は特に東北地方の古書探索に力を注ぎ頻繁に各地へ出張、岩波茂雄は資金その他で支援している。

拝啓　其後(そのご)瀧の川の絵本類購入可致(いたすべし)と存じ中介者に依頼致し候へ共　急々進捗の見込立たず然(しか)るに秋田県稲庭在旧家七山氏蔵書多分売払事に可相成(あいなるべき)に付(つき)一覧致置(いたしおい)ては如何との報に接し一昨廿三日夜行列車にて当地に参り候得共　積雪甚敷(はなはだしき)ため稲庭へは殆(ほとん)ど通行出来兼候次第にて　止(やむ)を得(え)ず当町及院内地方を漁り　一ト先(ひとま)づ帰京致(いたし)　折を見て再索を謀候事に可致存(いたすべくぞんじ)候右七山氏蔵書は三万冊を下らざる事今度始めて探知致(いたし)候　実に地方にては珍敷(めずらしき)蔵書家なれば関係者を励(はげま)し尽力致居(いたしおり)候間　遠からず物になるべしと存(ぞんじ)候　帰京の上精敷(くわし)く申上べきも　右一寸(ちよつと)御報告申上度如此(たくかくのごとく)御座候　匆々頓首

一月廿五日夜　　狩野亨吉

岩波茂雄様

東畑精一（とうはたせいいち）

一九二七（昭和二）年四月二十九日付の手紙
1015 Grant St. Madison, Wis. U. S. A.

一八九九―一九八三。経済学者。一九二六年アメリカに留学、後ドイツでシュンペーターに学ぶ。農業経済学の体系化に努める。敗戦後は農業総合研究所長やアジア経済研究所長などを歴任、政府の各種審議会の会長を務め、日本農政に大きな役割を果たした。著書『日本農業の展開過程』など。

二十八歳の時、留学先のアメリカ、マディソンからの手紙。岩波家に寄宿して通学していた妹喜美子（後の三木清夫人）が大学を卒業した知らせを受けて書き送られた。この年は三月に金融恐慌が始まり多くの銀行が倒産、その中で左右田喜一郎（そうだきいちろう）が頭取を務める左右田銀行も閉鎖を余儀なくされる。出版界は円本全盛期で、このブームに対抗する形で七月「岩波文庫」が創刊された。なお東畑精一が関わっている農業経済学会誌『農業経済研究』は一九二五年から岩波書店が発売所となっており、この年三月刊の第三巻一号は「小作法批判」特集号。

四月廿九日　東畑精一

岩波茂雄様

すつかり御無沙汰申しました、あなた様には益々（ますます）御元気で例の如く大活躍と遥かに存じます。桜ももう散つたことゝ存じますが、青葉益々しげく、日本の風光がここから想像されます。だが、新聞でよくわかりませんが、日本の財政金融の困難の状態を想像致しまして、なんとなく青葉の日本が木枯のそれの様に感ぜられてなりませぬ。年号がかわつても別になんとも思はぬ

ことですが、こんな事件には、心を重くせざるを得ぬのです。倒れた連中(と申しますと失礼であるが)は、だが、どうも平素の心掛けの悪そうな(左右田さんは別として)奴と思ふと、——残酷性を発揮して云へば——一種の解毒剤がかゝつた様にも思へて、あまり同情心も起りませぬ、たゞ、その間、直接の影響で他人の方に困難が漸透して行くのを恐れます。

こちらも冬から急に夏の如く相成り、天地青々、生々、心持甚だよろしい。しかし余り小ぽけなこの地では一年近くの生活に、いさゝか刺撃の乏しく相成りしを感じます。それに慣れて了つたのか、アメリカ式ラッシュも今はラッシュにもひゞかない。材料あつ〔て〕も□も喰ひあきた様になり。なんとなく、理くつぽい日本の方が、少々こひしくも思ふ。アメリカでは理論は、どうも駄目です。そんな高尚なことにやつす閑がないらしいです。私も、六月末から首府ワシントンに行きしばらくそこにゐて欧大陸にわたり、予定通り、来年早々には帰る筈にしてゐます。

さて、妹のことにつきましては、一かたならぬ御厄介に与りまして感謝に堪えません。おかげで、昨年九月以来半年以上も、御監督を願つて、小生は心から安心してゐることが出来ました。また結婚のことに関しましても、有難ふ存じます。どうか今後もよろしくあなたの真精神をふき込んでやつて下さい。母からも今日、妹も無事学校を出たとか申し、かつ、色々と御厄介に相成つてゐる旨申して参りました。一家を挙げて御礼申上げます。

雑誌の方も、色々と御配慮下すつて、先日受とりました特別号は立派になつてうれしう御座いました。なんとかして損失足けはお厄介に相成りたくないと祈つてゐます。何分にもすこし専門に分枝しすぎた勢か、どうしても売行きが少いのですから、いつもこのことが気に相成るのです。小林〔勇〕様や堤〔常〕様にも、この点あなた様より宜敷く御願ひ下さいませ。

（時々送られる新聞で、日本では一円全集が甚だ盛んなことを知りました。あの一円全集が予約以外にあつたら、更によいなあと思ひますが、御意見如何ですか。それと共にいつか御話のあつた岩波創業十五年紀念の、遠大な計画が日本の文化の発達のために、旧にも数倍した程度で成立せんことを衷心祈つて止みません。）

こちらに来て感ずること、色々御座いますが、自国の研究と云ふことが盛んなのは、なんとなく感心します。他国を全然知らぬと云ふのは、勿論排斥すべき思想的モンロー主義とも申すべきですが、僕達は今まで、あんまり外ばかりむいてゐたと思ひます。殊に震災以後の東京のアメリカニゼーションは如何です。こちらにゐる日本人が、たゞもう無やみにありがたがつて、米国様々と云ふ態度と似てゐる。米国で出来た物の成果を条件の異る日本に、そのまゝあてはめて、変てこりんな社会生活をこぢ上げてゐるのは、決して名誉なことではありません。ノーマルな米人が、たゞもう独りよがりになつて、欧州に遊んで英国で馬鹿にされ、仏国で、その

粗大を笑はれ、どいつに行つて、浅薄さをひやかされるとのことであるが、東京の有様もその様に思ふ。日本は真似がうまいのじやなくて、他国の長所をtranscendするのが、うまいのじやと云ふ議論をこちらで日本人の気焔として見たことがありますが、何もそうとも云ひたくて云へぬと思ふ。僕素(もと)より、頭かたく固陋日本にこびりつく訳がありませんが、もつと日本と云ふか、われ〳〵の生れた環境の分析が致したく相成りましたのは只今の心持そのものです。——外国に来てやつとそんなことが気付(きづ)かれたのかと云へばそれまでゞあるが、やつぱりそうです。思想問題の普遍性と連続性とは国別の如何によらず重要なことでしようが、なんだか個性的なものを見たく思ひます。

アメリカの個々の個人は個性がなさそうだ。何れ(いず)も合理化、スタンダジジェーションの大波の中にまきこまれて、何人でも同じ様なことを考へ、云つてゐる様に思へてならぬ。フォードの自動車何百万台同じ奴ばかりであると云ふに類するが、国全体としては、一個の個性を保つてゐる。ちやうどフォードが欧州で馬鹿にされつゝ、欧州に無きと同じかと思はれる。善悪の如何と別に、日本的なものを僕等がもつと強く意識したく思ふ。

先(まず)は右まで、御健勝と御活動を祈りつゝ、

敬具

石黒忠篤

一九二七(昭和二)年十一月二十二日付の手紙

一八八四―一九六〇。農林官僚・政治家。農林次官退任後、第二次近衛内閣の農林相、鈴木内閣の農商相を歴任。戦後も参議院議員として日本農政に隠然たる影響力をもった。

初代蚕糸局長時代の手紙。一九二六年、農民教育のため茨城県友部に農本主義者加藤完治を校長とする日本国民高等学校を設立、同校は後に満州移民推進の中核となる。岩波茂雄は創業二十年を記念して設けた感謝金をこの学校に贈っている。末尾の「江木」は岩波茂雄と一高同窓の江木定男。

岩波学兄　　石黒忠篤

前略　御無沙汰いたして居ます。友部の日本国民高等学校は御陰で加藤君が大奮闘でやつて居ます、私もちよい／＼行きます。此廿五日から来月廿六日まで満韓へ生徒を引つれて加藤君は出かけます。帰つて来て十二月廿九日に第一期生はつまり卒業する訳です。さて同校の経費は仲々かゝりますが寄附は来ません、此処会計方の小生は、加藤の要求との間にはさまれて閉口いたし居候、図書の購入に付ても無駄なものを省いて精良の図書丈けといたし度く考へて居ますが六かしいので困ります。貴店御刊行のものも佐藤信淵全集や佐々木〔佐々井信太郎〕氏の二宮尊徳翁研究の様なものを既に購入しましたが気象では藤原〔咲平〕君の雲を摑む話を備へた丈

けです、最近岡田〔武松〕先生の気象学を買ひ度く思ひましたが、動物図鑑を十五円で買ふてやつたので、金がありません、そこで此気象学の御寄附の御無心を致さうと考へた訳です、どうぞ願ひます。岩波文庫は大変世を益するよい御企です、私も古事記や万葉を本やで読む事が出来、学校へも古事記、国富論、ソクラテス丈けを備へました、余は追々備へます、之は御寄附願はなくても安いから買へます、願ふなら高いのを同じ冊数なら願ひ度いのです、虫が良すぎます？　岩波文庫に私は是非貝原益軒翁の「楽訓」を入れ度いと思ひます、私が翁自筆の木版本をもつて居ます、（之は世間に稀覯といふ本ではありません、相当あります）私は此本を以前から尊い書だと思ふて人にすゝめて居ます。校訂も何も要らぬ出版に容易な本と思ひます、私が推奨する理由は必要ならば何時でも申上ますが、採否を御決定になつた後又何時か、に致しませう。右御願　旁　申上度早々

昭和二年十一月廿二日

江木の娘も幸に一橋の猪谷〔善一〕教授に嫁しましたのは御同慶

末川博

一九二七(昭和二)年十一月二十三日・十二月二日付の手紙
京都市田中大堰町二十

一八九二―一九七七。民法学者。一九三三年滝川事件に際し京都大学教授を辞任。著書『権利濫用の研究』『法と自由』など。一九四五年立命館大学総長となる。

三十五歳の時の手紙。『六法全書』に事項索引と参照条文を付すのは、当時としては画期的な企画だった。この二通の手紙の後、末川博の下で態勢を立て直し、一九三〇年二月に「昭和五年版」として創刊。以後、三二年から、敗戦前後の三年間を除いて八七年まで、八八年からは「大六法」と書名を替えて九三年まで、毎年新法令の増補、法律改正による改訂を施し刊行を続けた。

謹啓

益々御清栄慶賀候

陳者過般御入洛の節御話ありし方針に従つて具体的に六法全書の件進行致さしめ度く準備にとりかゝり候処先づ仕事を手伝つて貰ふ人について支障起り閉口致し居候　といふのは小生の意中にありし三人の大学院の学生の内一人は此度大阪高等商業の方の教授になることに定まり他の一人は此冬から入営致すべきことゝなり候儘たゞ一人のみ残され候次第、他に心当りを探し見たれども何分此方には人少く適当の助手見出し難く当惑致し居候　折角やる以上完全を期

し度き希望なるに此有様にては到底実現むつかしく、昨日も越野村に安倍能成を訪ね種々談合致し候も之といふ策も無く閉口致し居候　最初河上〔肇〕より学生の給費に関聯して話ありし際には極く簡単に事項索引だけ作ることならば機械的にやれるやうに考へ居候も、折角やるとなれば関係条文も挿入し又事項索引も、主要法規全部に亘つて体系的に権威あるものを編み度く従て相当専門的智識ある助手を要することゝなり候に其の助手が恰も右述の事情にて得難き次第誠に閉口仕候　或は御地ならば比較的容易にさういふ助手が得られるにあらずやと考へ候が如何、若し例へば鳩山〔秀夫〕、穂積〔重遠〕、末弘〔巌太郎〕先生などの御尽力あらば仕事は容易に捗るやうにも考へられ候が如何、

先は右事情開陳御考慮を煩はし度如斯御座候、早速とりかゝつて来春迄にはと意気込み居候ものの助手の件にて行き詰り折角の御負恃に背き候こと誠に心苦しく候得共其辺御諒承願上候　敬具

十一月二十三日　末川博

岩波茂雄様

坐右

拝復

芳翰拝誦（はいしょう）致しました　御申越（おもうしこし）の御趣旨よくわかりました、河上さんよりも詳（くわ）しく御言伝（おことづて）を聞きました、私としてもあの仕事が法律に関係を有する多数の人達にとつて少からざる利益をもたらすことは信じて居るので御座ゐますが、前便にて申上げたやうな事情のために仕事が捗（はかど）り兼ねることを慮（おもんぱか）り或は東京の方ならば人を得ることが容易ではあるまいかと考へ一度御断り致しました次第ですが、御申越のやうな事情ならば今一度計画を立て直して見ることゝいたしませう。尤（もっと）も此前申上げましたやうに私が考へて居た助手の人達が都合つき兼ねますから改めて二三の助手を物色しなければならぬ関係上仕事が少しおくれるかも知れぬといふことはお含み置きを願はねばなりませぬ、此前お目にかゝつた時には来年の四五月頃迄にはやり遂（と）げて見る積（つも）りで居りましたが或は夏休暇中位かゝることになるかも知れませぬ、何（いず）れ年末迄には具体的に決定して御相談申上げる心積（こころづも）りで居りますから左様御諒承願ひます

先（まず）は右御返事迄　　匆々

十二月二日　　末川　博

岩波茂雄様

坐右

河上肇

一九二七(昭和二)年十二月十七日付の手紙
京都市吉田二本松

一八七九―一九四六。経済学者。個人雑誌『社会問題研究』主宰。一九二八年京都大学教授を辞職、政治活動に入る。三二年日本共産党に入党、三三年逮捕され、三七年出獄後は、『自叙伝』の執筆や陸游の評釈などに専心する。著書『貧乏物語』『資本論入門』など。

四十八歳の時、岩波文庫版『資本論』(宮川実との共訳)第一分冊刊行直後の手紙。十二月十二日付の前便で、『改造』十二月号で福田徳三が行なった批判に対する反論を『社会問題研究』の一冊として刊行するつもりなので、その発行を引受けてほしいと依頼、この二十五号だけ岩波書店発行として刊行された。なお資本論の翻訳は、一九二九年六月に第五分冊まで刊行したところで中断。訳者側と岩波書店との間で行き違いが生じ挫折する。

拝啓　両度のお手紙忝く拝見。「研究」(『社会問題研究』)に関する御厚意、それに伴ふ各種の適宜の御処置、いづれも厚く感謝いたします。

一昨十五日、友人大山郁夫君、我が大学において講演を了へ、同氏、恒藤恭氏、および余と、三人相携へて夕食のため構内の一部に属する楽友会館に赴かんとするや、大学正門を出づる数歩にして、黒布をもつてその顔を覆へる一怪漢のため、暴行を加へらる。彼は暴行を加へ

たる後、脱兎の如く吉田山方面に逃げ、その跡をくらませり。こういふヒキョウな態度が反動学者のそれによく似てゐます。此の如きの事態、すでに憤慨に値する上に、同夜、三条青年会館における民衆大会において、恒藤氏と共に演壇に立ち、

『吾々は労農党員ではありません、京都帝国大学の教員です。しかし今日の大山さんに対する暴行を目撃したものは、吾々二人にとどまるので、党の諸君から事実の証言を懇望されたため、こゝへ出て来たのです。これからありのまゝに事実を報告』

と言つただけで、その報告なる言葉のところで『中止』を命ぜられました。聴衆憤激、直ちに『解散』、三才の幼児を負へる若き婦人までが検束されゆく事実を、眼前に見て、私は、痩軀につゝむ何升かの血が沸騰して心頭に上ぼるの感を抱きました。

無産階級は、あらゆる方面から、たゝきつけられてゐます。彼等に味方する者は、官憲からは勿論、民間の無智の徒からも、あらゆる圧迫をうけてゐます。私は多年大学の恩恵に浴し専心学問を研究する機会を得たのでありますから、残生はその恩を社会に酬ゐねばなりません。五尺の痩軀、その生死安危の如きは、もちろん問ふところではありません。私は大兄が一個の出版業者として、その――御自身の思想的立場の如何に拘らず、吾々のために現に有力なる援助を吝まれぬことを感謝すると共に、今後もまた、吾々の良心――吾々が人類の将来を憂うる赤誠――にして大兄の認識するところとなる限り、依然として可能な範囲における援助を賜ら

んことを、切に希望せざるを得ません。

岩田〔義道〕君入洛、とくと話合ひました。明日は弘文堂の若主人〔八坂浅太郎〕入洛との事。文庫に関する委細は一両日中に、詳細な手紙で申上げます。マルキシズムに関する古典――当分古典的なものに限ります――を文庫に入れて頂くことは、吾々自身の事業と一致することであるから、吾々は決して労を煩ひません。可能なる限度における、現在の階段における、最善の訳本を提供するつもりでゐます。時期も可成(かなり)いそぎます。今日で講義を了へたゆゑ、これから「資本論」に専念とりかゝると共に、文庫に入るべき他のものゝことも、急速に決定するつもりです。

「研究」を引受けて下すつたことの御礼のため、不取敢

匆々不一

十二月十七日

河上　肇

岩波茂雄様

三木〔清〕さんにどうぞよろしくお伝へ下さい。電報忝(かたじけな)く拝受。いづれ手紙を差上げますけれど。

阿部次郎（あべじろう）

一九二七(昭和二)年十二月二十七日付の手紙
仙台市土樋二四五

一八八三―一九五九。哲学者・評論家。漱石門下。岩波茂雄の一高以来の友人で、一九一七年創刊の『思潮』(『思想』の前身)主幹を務めるなど哲学書出版の基礎作りに貢献した。『三太郎の日記』や『倫理学の根本問題』は旧制高校生の必読書と言われた。
四十四歳の時の手紙。岩波茂雄が阿部次郎に判断をもとめた原随園（はらずいえん）『ギリシア史研究』及びアリストテレス『アテナイ人の国家』の翻訳は、翌二八年の五月と七月にそれぞれ刊行される。

拝啓　先日は失礼した　原君の原稿まだ全般には眼を通さないが二三篇を通読して大体の見当はついたと思ふから私見の大要を報告する、
(一) 大躰に於いて出版に価する著述であると思ふ。今の西洋史学界にとつては幾分でも先駆的な刺戟となり得る業績を含んでゐる。少壮学者奨励の意味でも出してほしい。併（しか）し君のうちの従来の出版物中、上位に位するものほどには行つてゐない。先（ま）づ中位に位するところだらう。君のうちの出版物の下位に属するものよりはずつと出し甲斐（だがい）があると思ふ。君の店の現状をも

考慮に入れて、じみに算盤をとつてとん／＼に行く見込があるか、二三百円の損ですむぐらゐなら出してもいゝものだ。それ以上の損になるやうならすゝめない。その時には商売上の見込が立たないといふ理由で断つてほしいと僕は思ふ。これは原君の仕事が価値が少いからといふやうに響く言葉を取消すことの要求をも含んでゐる。

㈡　歴史哲学的に見て弱点があると云ふ意見には同感する。併しそれはほんの入口を少しなほせばいゝので原君の仕事の本領は其処にないから本領について評価されなければならぬ。実際史家の仕事の中から史学の本質を見出し、同時にそれ／″＼の史書の代表する時代の特色を見出さうとする同君の見当には賛成する。この点で日本の西洋史界に新しい問題を提出するに足ると思ふ。君の方で出してくれることにきまれば歴史哲学的の弱点を除去するやうに僕が原君に忠告して手を入れて貰つてもいゝ。或一篇は除去して集中に入れないことをも忠告したいと思ふ。

㈢　書き方が十分うまいと云へないといふ批評にも同感する。併しそれは不明瞭だといふのでもなければこなれてゐないといふのでもない。十分の幅を持つてその根本思想を展開させて行くだけの手腕がないといふのだ。僕をして忌憚なく云はしめれば君の店から出てゐる本の八分通りにはその批評が当りさうだ。原君に対しては固より将来より以上を望むべきものがある。併しその「若さ」の故に出版を扣へたがいゝといふ説には同感し難い。

㈣ 翻訳の方は正確か否かについては僕には判断がつかない。初めの方をのぞいたところでは訳文そのものゝ意味は十分通つてゐると思ふ。翻訳の態度の真面目なこともわかると思ふ。内容に立入つての批評は君の方から直接に石原〔謙〕に頼むなら僕から同君の方にまはすことにする。

㈤ 原稿は君の方から返事が来るまで僕があづかつて置く。原君の現住所がわかつたら一寸(ちよつと)知らしてほしい。

以上当用のみ、藤原〔正〕は昨日昼前に来て夜にたつて行つた。御歳暮たしかに拝受、難有(ありがと)う

十二月廿七日夜

阿部次郎

岩波茂雄様

猶 ㈠ 先夜あづかつた金額を忘れたから知らして置いてほしい。先夜は女中のチップも入れて百円払つた。

㈡ 近松全集追加もとつて送つてくれたまへ、

㈢ 古典保存会(七条)に僕の未納会費を立てかへて払つておいてくれ玉へ。十五円か二十円足らずだ。

藤原咲平　一九二八(昭和三)年二月八日付の持参状

一八八四―一九五〇。気象学者。寺田寅彦の後をついで東大教授、一九四一年から中央気象台長を務める。『雲を摑む話』などを著して科学知識の普及にも尽力した。

一九二八年第一回普通選挙に郷里の長野で藤森成吉が無産党から立候補、岩波茂雄は書店内に後援会を置いて支援した。この時藤原咲平四十四歳。同郷の後輩として後援会のカンパ要請に応じた上で、翌日岩波個人宛に届けた忠告の手紙。岩波の藤森支援は同じ選挙区の政友会候補憎しのためと周りでは見られていた。

少し出過ぎた話しとは思ひますが、
カントの哲学の中に
　他人を目的の為に利用すべからず
と云ふ事が有つたと思ひます、政友会に反対するが為に藤森氏を助けるでは、カントに背く事になりませんか、
藤森氏に援くべき点を見出されて、其上で援けられたなら藤森氏としても心から喜ぶ訳でせ

う、此程（このほど）の後援会の御書面で見れば、既に此点も充分御研究になつた様に思はれますから、幾分安心はして居ります

もう一つ、選挙に相当御尽力下さる事は喜こばしいが、岩波書店が日本に於ける使命は、一候補の擁立よりも更に大なるものが有りますから、資金等に於ても適度に止められ、書店には少しも影響のない程度に止められむ事を望みます、此辺も御ぬかりは有るまいとは存じますが、戦機が熱して来れば、案外の事が起り易いから　老婆心で一言申し上げます

二月八日　　咲平

岩波様

小宮豊隆（こみやとよたか）

一九二八(昭和三)年九月二十日付の手紙
仙台市北二番丁六十八

一八八四—一九六六。独文学者。漱石門下。「漱石全集」の編集に尽力した。敗戦後は東京音楽学校長を務める。著書『夏目漱石』『中村吉右衛門』など。

一九二八年は岩波受難の年。三月には店員のストライキ、七月改造社版「マルクス・エンゲルス全集」に対抗して結成された五社連盟版全集の企画の解体、八月『思想』休刊、小林勇（こばやしいさむ）退店、加えて、春に刊行開始した普及版「漱石全集」が告訴される、などの事件が続いた。この時小宮豊隆四十四歳。この手紙は岩波茂雄にとって心外だったらしく封筒表に「小宮に自分の心持が分らない生きた証拠」と書きつけているが、この直後、小宮豊隆と連絡をとりながら訴訟への対応に奔走している。

九月二十日夜

今日阿部〔次郎〕に会つて君の洋行の話をした。阿部は大不賛成だと言つた。今洋行するといふのは、もつとも苦しい又もつとも大事な時に、自分の店をにげ出すといふ事で、そんな事をしてゐたら、岩波書店は完全につぶれてしまはないとも限らないとも言つてゐた。僕も此説には同感である。此間会つた時にも今が時期であるかどうかはよく考へ〔る〕べきだといふ事を繰り返し君にのべたが、僕の意味したのも、実は阿部のいふ処のものであつた。それでもう一度此（この）手紙をかく。

君よく今の店の事情と、君が留守の間の店の状態とを考へて見たらどうだ。君が今君の店をとび出して西洋なんぞへ行くのは卑怯（ひきよう）だと思ふ。君の今の心持は苦しいに違ひない。いろんな

不幸が折り重なつてきてゐるのだから、どうにかしなければやりきれない気になつてゐるに違ひない事は重重お察しする。然しさういふ際に君がとび出すのは、どう考へても男らしくまともに不幸と戦はうとしない事、言はば責任転嫁の、女女しい所行であるとしか思はれない。第一堤〔常〕さんや堤さんの奥さん〔久〕や長田〔幹雄〕が、かういふ難関に、責任を持つて、あとをあづけられて、ちやんとやつて行けると思ふのか。たとひやつて行けるとしても、それは恐らく又堤さんやなんかを病人にするといふ事で——君が背負つて立つべきものを人に背負はせて、自分だけ息をつかうとする事ではないか。

　もうすこし熟考する事を希望する。第一、漱石全集が出きりもしない前に旅行し、全集訴訟事件がきまりもしない前にとび出し、しかも訴訟に負けたら夏目に金は出させようなんていふやうな事でも、僕には君の心持がよく了解出来ない。今度の事件でも僕は随分、時間も金も頭もつかつてゐる。君はその為にどれだけの事をしてゐるか。然かも今度の事件の大半の責任は君にあるといふ事を、君も知つてゐる筈である。

小宮豊隆

岩波茂雄様

長谷川巳之吉

一九三〇(昭和五)年十一月十八日付の手紙
麴町区一番町五第一書房(封筒印刷)

一八九三—一九七三。第一書房創立者。「反骨の出版人」として知られる。一九三二年、『ユリシーズ』の刊行をめぐって岩波茂雄とそれぞれの自社媒体を使って論争をおこなった。

三十六歳の時の手紙。「トルストイ全集」は、一九二九年から三一年にかけて全二十二巻が刊行された。

トルストイの製本は大変に大事を取つて巻見返しにしたものだと思つて感心してゐたのだが、然るに本日十二回の配本を受けて開いて見ると、巻見返しと思つたのは全くのいつはりで、これは製本屋にうまくごまかされたと思つた。念の為め前の配本を全部取り出して見ると皆な製本屋にごまかされてゐた事が判明したので驚いて此の手紙を書くのだが、君の方は気がついてゐるか何うか。此の製本法は製本中の最も最悪な急〈え〉ぐ破れる製本法なのだが、岩波の信用にもかゝはるから製本屋を呼んでうんと糾弾する必要があると思ふ。これではなんの為めに見返しの所へ手数をかけてキレをつないだのだか分らない。表紙と中味と本文とをつなぐ何物もないので背中の袋ばりも無意味になつてゐる。中味の背から表紙の方へ貼りつける紙でもあれば未だ持つが、これでは製本が持つ道理はない。

念の為めトルストイ全集の見返しを静かにはいで見給へ、僅か背中の山を叩いた一分にも足りない所にノリをつけただけである。予算がなくつて製本料が出せないものには又それ相当な丈夫な製本製法があるけれども、これは全く製本屋にうまくごまかされてゐる製本法だと思ふとひどく腹が立つたので君に此の手紙を書いた訳です。小生も以前第一書房を始めた頃上田敏詩集の初版の製本を此のトルストイ全集のやうな製本法でごまかされた事がある。尤もそれは直ぐ発見したので、読者に新聞広告をして無条件で製本をやりなほしたことがあるが。以来其の製本は責任上、製本屋に全部引取らして無代でなほさした事がある。斯ういふ不親切な仕事には君の所も断然罰則を加へてもよいと思ふ。

拾壱月拾八日　　長谷川巳之吉

岩波大人

為念書き添へますが右の一文は勿論君の処の犠牲出版たるトルストイ全集に就いての何等の苦情でもなく候　同業として製本術から考へて申上げる事なれば此段御了承御願上候。

久保栄

一九三〇(昭和五)年十一月二十五日付の手紙
市外日暮里渡辺町一〇四〇

一九〇〇―五八。劇作家・小説家。築地小劇場文芸部で劇作を学ぶ。小劇場分裂後、日本プロレタリア演劇同盟に参加、『プロレタリア演劇』創刊。一九三四年新協劇団を結成。四〇年八月逮捕され、新協劇団は新築地劇団とともに解散に追いこまれる。戦後は東京芸術劇場を創立。戯曲「火山灰地」「林檎園日記」や小説『のぼり窯』など。
三十歳の時の手紙。この手紙の前に、一九三〇年九月二十一日付薄田研二の紹介状をもって岩波茂雄と面談、カイザア翻訳出版の件で相談している。久保栄訳のカイザア『平行』は、一九三四年に岩波文庫として刊行。

拝啓、御手紙拝誦いたしました、いろいろ御配慮を頂きましたことをあつく御礼申上げます、さてカイザアの「平行」を訳了後、貴店編集部の審議を経て、相当の出来栄と御認定の場合、御採用下さるとの御文面に接しまして、非常に喜んでをります。貴店の厳選主義はかねぐ噂に承はつてをりますし、小生と致しましても、この機会にさういふ試練に耐へ得るや否やの力試めしを致しますことは、寧ろどんなにか望ましい事だと存じます

従つて微力の及びます限り、一言一句をも疎かに致さない苦心の訳文をお目にかけたいと存じます、そのため、多少、時間の余裕を頂きまして来月十日前後に脱稿の上、御届けいたしたいと考へてをります。いづれその節拝眉の上、さらに御願ひ申上げますが、不取敢、御返事申上げる次第でございます、

二十五日　　　　久保　栄拝

岩波茂雄様

一九三一—四〇年（昭和六—十五年）

一九三一・4　雑誌『科学』創刊
9　柳条湖事件（翌年3月満州国建国）
三二・4　「内村鑑三全集」刊行開始
5　「日本資本主義発達史講座」刊行開始
三三・3　日本、国際連盟脱退
4　雑誌『文学』『教育』創刊
12　「岩波全書」創刊
三五・5—12　岩波茂雄、欧米視察旅行
三六・2　二・二六事件起こる
6　「鷗外全集」刊行開始
9　「寺田寅彦全集」刊行開始
三七・7　盧溝橋事件（日中戦争始まる）
10　「二葉亭四迷全集」刊行開始
三八・2　矢内原忠雄『民族と平和』発売禁止
4　国家総動員法公布
11　「岩波新書」創刊
三九・9　第二次世界大戦始まる
四〇・2　津田左右吉の三著発売禁止（津田事件起こる）
朝鮮に創氏改名施行（朝鮮皇民化政策）
3　「鏡花全集」刊行開始
9　日独伊三国同盟調印
11　風樹会設立

岩下壮一

一九三一(昭和六)年十二月二十六日付の手紙(写真同封)
静岡県駿東郡富士岡村(御殿場駅在)神山復生病院

一八八九―一九四〇。カトリック司祭。救癩事業家。神学者であると同時に一九三〇年から御殿場にあるハンセン病者のための神山復生病院の院長に就任。四十二歳の時の手紙。この時期、岩波講座『哲学』に「新スコラ哲学」を、岩波講座『教育科学』に「基督教の世界観と教育」を寄稿している。なお、岩波茂雄は後に創業二十年を記念して設けた感謝金を岩下壮一のこの事業に贈っている。

恭賀新年

御丁寧な御手紙に多大の金円を添えて賜り恐縮千万存居候　不況の折とて一層難有厚く御礼申上候

兼て御約束の教育科学原稿近日差上可申、之に哲学の方のを加へ百八十枚の原稿料を同封写真のタンクに代へ病院へ寄附する積りにて起工致候処　多少目算違ひにて不足なりし処へ今回御寄附の百円也にて丁度予算通りの六百四十円也になりしは暗合か摂理か自分乍ら奇異の感に打たれ候　由て記念として之を「岩波タンク」と命名し、この奇縁を永久に伝へる積りに

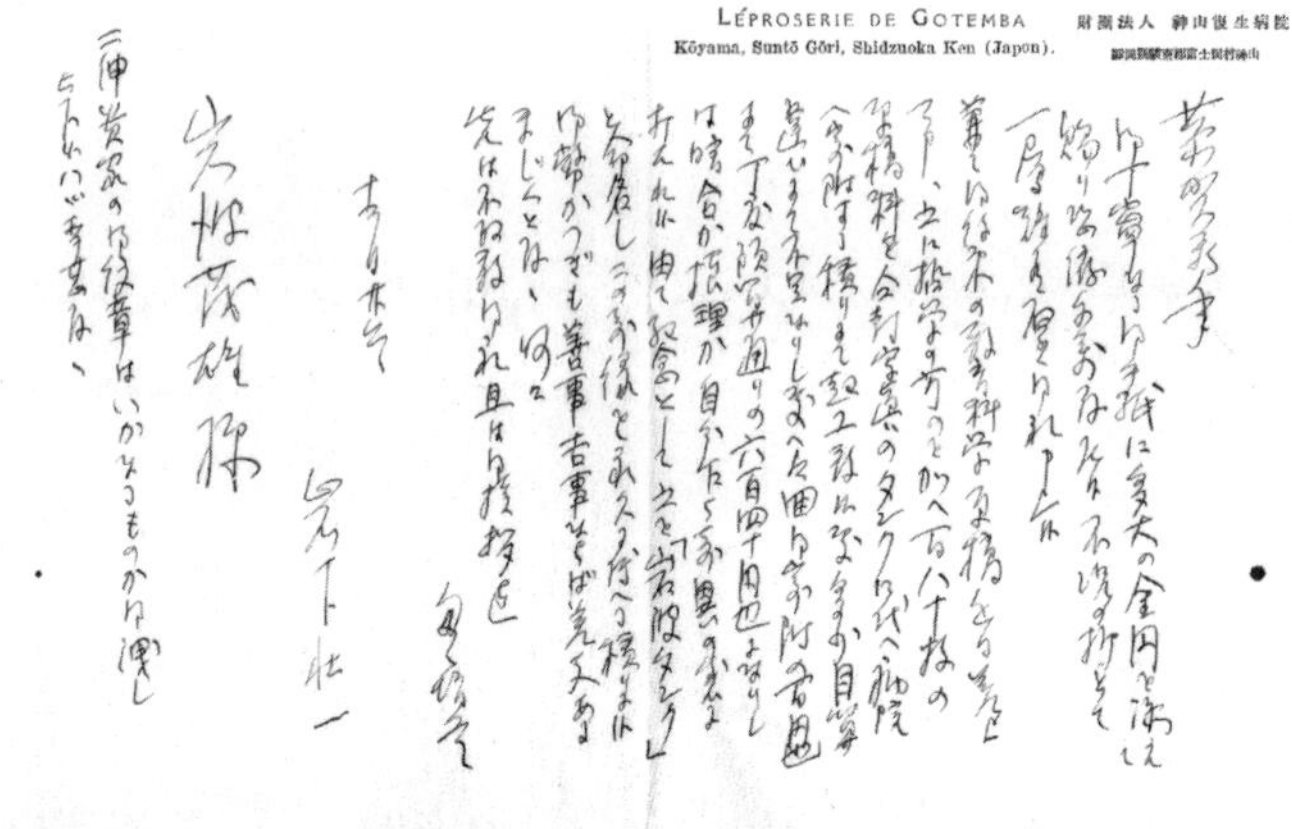

LÉPROSERIE DE GOTEMBA　財團法人 神山復生病院
Kōyama, Suntō Gōri, Shidzuoka Ken (Japon).　靜岡縣駿東郡富士岡村神山

候　御幣かつぎも善事吉事ならば差支（さしつかえ）あるまじくと
存候　呵々
先（まず）は不取敢御礼且（かつ）は御挨拶迄　匆々頓首
十二月廿六日
岩下壮一
岩波茂雄様
二伸　貴家の御紋章はいかなるものか御洩（もら）
し被下（くだされ）候はゞ幸甚存候

同封写真裏　「建築中の「岩波タンク」　復生病院百余名の一日の用水を（約八十石余）容るゝに足る，常に満水して非常時に備ふるもの也　復生病院内ベルトラン井戸の傍にあり」とある

児島喜久雄(こじまきくお)

一九三二(昭和七)年九月十八日の絵葉書
仙台(消印)

一八九七—一九五〇。西洋美術史家。レオナルド・ダ・ヴィンチの研究で名高い。著書『レオナルド研究』など。

四十五歳の時の手紙。岩波書店のマークは一九三三年に橋口五葉考案の「甕」から「種蒔く人」に変わり、十二月に創刊された「岩波全書」に最初に実施されたが、前年から児島喜久雄らに相談していたらしい。実現しなかった児島案は今では不明。児島喜久雄はその後、「岩波新書」の装丁を引き受けるに当たり、後で一切文句を言わないという条件をつけている。

マークは其後はどうしたか、いつかの矢代〔幸雄〕君の本のことを話した時君はレオナルドと言つて居たが今偶然あの本を見てなるほど君のいふのも尤(もつと)もだとおもつた、勿論(もちろん)あの本の正面に大きくついて居るのは本当の名高いレオナルドの図案で僕のやつたのは周囲の枠と裏面の中央の岩波の印の模様丈(だけ)である、最初の僕の計画ではレオナルドの大きな図案はつけるつもりでなかつた、あれは矢代君が淋しいからといつて後に加へさせたのである、

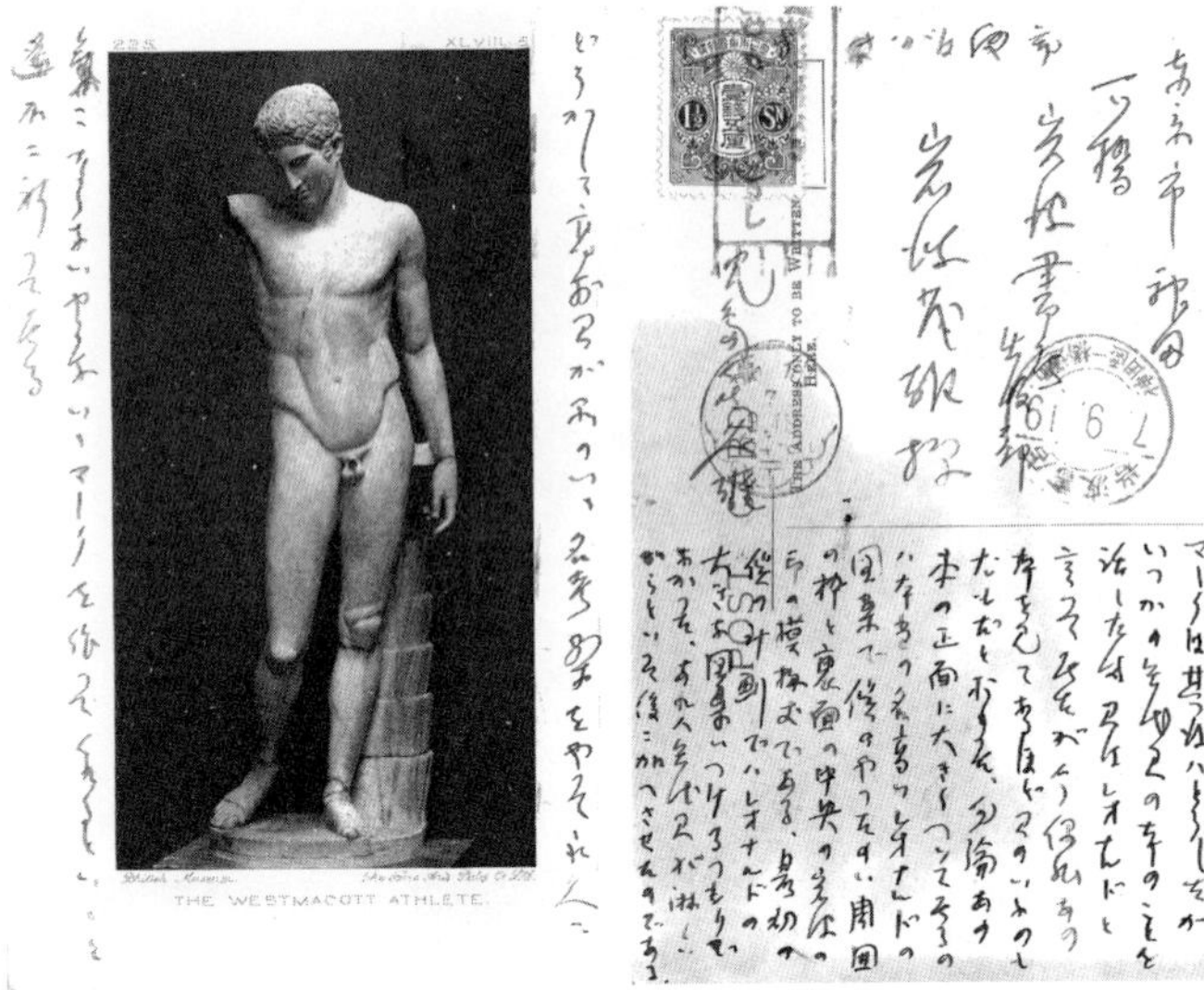

どうかして高村〔光太郎〕君が品のいゝ名考案をやつて永久に気にならないやうないゝマークを作つてくれるといゝと遥かに祈つて居る

児島喜久雄

和辻哲郎（わつじてつろう）

一九三三（昭和八）年一月五日付の手紙
京都左京若王子

〔一八八九―一九六〇。倫理学者。漱石門下。一九二一年の創刊から四四年の休刊まで雑誌『思想』の編集に係わる。文化史研究の上にも多大の業績を遺した。著書『古寺巡礼』『鎖国』『日本倫理思想史』など。四十三歳の時の手紙。見舞状で雑誌『文学』創刊号への寄稿を依頼され、返事を兼ねての年頭所感。前年末に刊行された『アララギ』二十五周年記念号への寄稿が間に合わず、お詫びの電報が同誌の斎藤茂吉「編輯所便」に紹介されている。「カカムトノココロハアレドアナクヤシヤミノツカレニヨドミハテタリ」。この手紙で列記されている三つの仕事は、翌三四年『人間の学としての倫理学』、三五年に『風土』および『続日本精神史研究』として刊行される。なお、二十周年記念の一つとして提案されている「ゲッシェン風の叢書」は、この年の十二月に「岩波全書」として創刊。〕

お手紙をありがたう。正月に頂いた長いお手紙の返事を書かうとしてゐる内、何だかもうお目にかゝれさうな気がしてつひのび〳〵にしてゐました。

今度の病気見舞のお手紙は一寸面喰（ちよつとめんくら）ひました。アララギの六号〔二十六巻第一号〕にあつた電報は斎藤〔茂吉〕先生の添削が加はつてゐる様です。「今大変疲れてゐて書けない」といふ意味の

歌を送つたので、病気といふ言葉は使はなかつた筈です。別に病気ではないが、昨秋はひどく疲労を感じて雑誌物を書く気分になれなかつたのです。

最も一昨年来かゝつてゐるものはボチ／＼進行してゐます。今、五百枚程出来ました。此頃では、どうももう一度書きなほさなくてはならない様な気分になつて来ましたから、先を書きつゞけると共に他方で初めから稿を改めてもう少し洗練して見やうと思つてゐます。今年一杯位でどうにかまとまりがつきさうです。八百枚位のものになるかと思ひます。落ちついてかういふ仕事が出来るのも主として大兄の御後援によるものと深く感謝してゐます。

この仕事に力を集中してゐるため、講座の原稿などにも力を注ぐことが出来なくて甚だすまなく思つてゐますが、どうにかこれを仕上げるまで御勘弁下さい。この仕事がまとまれば、また「思想」にもどし／＼書きます。ヨーロッパの風土に関するものをもう少し書けば、これまでのものと併せて「人間の風土性」と云つた様な本が一冊まとまると思つてゐます。また去年思想に出した「町人根性」の論文は僕の立場からの「国民道徳論」の一節なので、あれは一昨年の七月に書き上げたものです。(服部之総君の批評で見ると、あれは一昨年の九月から昨年四月までのファッショの流れを讃美したものとなつてゐますが、さうなると己れも予言の能力があるのかと苦笑しました)。この国民道徳論も引きつゞいてまとめて置きたいと思つてゐます。

差し詰めこの三つの仕事が小生の眼中にあるのですが、これらを仕上げる事が出来れば、第一に感謝したいのは大兄だと思つてゐます。かういふ仕事も実は大兄の仕事の一部をなしてゐるので、大兄なくば恐らく生れ出ることのないものの一つだらうと思ひます。大兄の仕事が大兄自身の考へられてゐられるよりも広くひろがつてゐる事の一つの証拠として一寸申上げる気になつたのです。

さてさういふわけで、今、力を外に分散させたくないので、文学の創刊号のも多分書けないでせう。ほかのものを書かうとすると、どうもひどく骨が折れるのです。去秋以来頼まれてゐて、東京帝大新聞に「青丘雑記」の紹介を四五枚ほど、この正月にやつと書きましたが、こんな短かいものでもひどく時間と精力がかゝりました。以前物が気軽に書けた時の事を思ふと自分でも不思議です。此頃は自分の力のほども解つて来ましたから、この非力を補ふためにはせめてそれを集中して力一杯の仕事をして置かうと思ふ様になりました。

◇

紀念出版の一つとして一寸考へたのですが、哲学講座は中々力の入つた論文も集まつてゐるので、あれをゲッシェン〔岩波全書のモデルとなったドイツの叢書〕の様な体裁で、(岩波文庫の内の一つの特別な部門としてもいゝわけですが、) 叢書になほしたらどうでせうか。なほ哲学講座の他に前の世界思潮講座からも拾へるものがありませうし、自然科学の方の講座にもいゝものが

ありませうから、ゲッシェン風の叢書はわりに容易に成立すると思ひます。(日本文学講座や世界文学講座はよほど選択がむづかしいでせうが。)講座は或は再版の方が店にとつて有利な場合もありませうが、読む方から云つても、保存の上から云つても叢書の方が便利です。一つ考へて御覧になつては如何。

いづれまた御面晤(めんご)の上　　匆々敬具

一月五日　　哲郎

岩波大兄

侍史

池田亀鑑（いけだきかん）　一九三三(昭和八)年一月十日付の手紙

一八九六―一九五六。国文学者。『源氏物語』の文献学的研究に大きな業績を挙げた。著書『古典の批判的処置に関する研究』など。少年小説の作家としても知られる。

三十六歳の時の手紙。岩波講座『日本文学』の編集協力に引き続き、四月に創刊される雑誌『文学』の編集協力を依頼され、創刊号の準備に意欲を燃やしていた。なお、和辻哲郎への依頼はすでになされ、断わられていた(和辻哲郎からの手紙参照)。

新年おめで度(た)く存じます。

「文学」創刊。小生の意気では目下の講座の会員数よりも三千は多く読者をとるつもりで意気込んでゐます。単に研究発表機関、論文集にあらずして、国文学界のフレッシュな問題の提案者であり、又これが解決者であつて、常に学界の尖端をきつてリードして行く決心です。

小生を大いに活躍させていたゞき度いと思ひます。ついては第一号に和辻氏の論文がぜひいたゞき度い。どんなことがあつてもいただき度いですから、本日只今即刻、岩波さんから依頼状を出して下さい。御願ひ申します。

十日　池田生

岩波様

恒藤恭(つねとうきょう)　一九三三(昭和八)年六月十六日付の手紙
京都市左京区下鴨森本町六

一八八八―一九六七。法哲学者。一九三三年、滝川幸辰(たきがわゆきとき)教授に対する文部省の罷免要求に端を発したいわゆる京大滝川事件に際して辞表を受理された六教授とともに京大教授辞職。戦後、大阪市立大学学長を務める。著『法の基本問題』など。

滝川事件に憤慨した岩波茂雄が書き送った激励の手紙に対する礼状。この時四十四歳。岩波書店は同年十一月、恒藤恭ら辞職教授たちによる『京大事件』を緊急出版する。

拝復　東北への御旅行の途中から御送り下さつた御激励の御言葉を感激のこゝろをもつて拝誦いたしました

仰せのごとく百千の議論も結局一の正しい行動に若(し)くものではありませぬ

当初からの主張の精神のゆびさすまゝに邁進いたしたいと思つてゐます

御懇情をあつく感謝いたします　早々

六月十六日あさ　恒藤恭

岩波茂雄様

柳瀬正夢（やなせまさむ）

一九三三(昭和八)年九月二十日付の手紙
牛込区富久町一一二

一九〇〇―四五。本名正六。洋画家・漫画家。プロレタリア美術運動に参加、一九三二年、治安維持法違反で逮捕される。一九四五年五月新宿駅西口の空襲で爆死。
入獄中に夫人が死去、一時出所中に書き送られた手紙。この時三十三歳。

大変ごぶさた致しました、
昨夜から雨が降り続いてすつかり冷々と秋らしくなりました、
愚妻が生前いろ〳〵御世話をかけたり御無理を言ひ通したことゝ存じます、
最後の面会だつたかその前だつたかに岩波へ書物（ホン）のお礼状を出してゐないといつて大変叱られました、
今近世絵画史論を読ませて貰（もら）つてゐる処です、挿画が不許の理由で差入（さしいれ）られなかつたのですが漸（ようや）く許されました、大分私達の視野とは違つてゐますが、大変教へられ為になつてゐます、
先月末愚妻の危トクで五日間執行停止で出所しました、

キンシンの身でなければお立寄して種々のお礼を申述べる筈でしたけれど自由の身でなくて其意を得ず失礼してしまひました、

愚妻についてはお世話のなり初めからとう〳〵最後に消えて行く迄因エンの深い帝大の一隅でした、

殊に小百合さん〔岩波茂雄次女、小林勇夫人〕夫妻には留守中の家庭について骨身にこたへるありがたい心尽しをおうけしました、愚妻も安心して他界したことゝ思ひます、

子供達にとつて悲しみと喜びの交々そして更に悲しみを深めためまぐるしい瞬日だつたと思ひます、再入所の私も不眠の数日の後のウツロな自分でした、苦悩を仕入に出て行つたやうなものでしたが、最近漸く落付いてきたやうです、マツタク意気地ない仕末です、

子供達も悲しい記憶を時間に消して行つてることゝ思ひます、昨日子供達の手紙がついて小百合さんおばさんの来訪とオクリモノのことが書いてありました、ヒドクなづきこんでゐるやうです、

種々たまつてゐるお礼をのべるつもりでこの手紙をかきました、気温が急に冷へるやうですが充分お体大切に、そのうち何か面白い手紙を書直します、

九月二十日

牛込区富久町一一二　柳瀬正六

美濃部達吉

一九三五(昭和十)年三月二十三日付の手紙
東京市小石川区竹早町百二十四番地

一八七三―一九四八。法学者。天皇機関説を唱えて天皇主権説の上杉慎吉と論争。一九三五年、軍部右翼の攻撃を受けて貴族院議員辞任を余儀なくされ、『憲法講話』などの主著は発禁となった。

岩波茂雄は天皇機関説問題に憤激し、「朝日新聞」に「危険思想」と題する一文を投稿したが不採用となる。美濃部達吉にその件について報告し激励する手紙を出していた。

御手紙拝見　御厚情深く感謝いたし候　折角御起稿被下候に掲載せられざるは遺憾に候得共正しき言論に対する暴力の脅威甚しき今日の世相に於ては誠に不得已次第と存じ候
不取敢御礼申上度　草々頓首

三月廿三日

達吉

岩波老台

追而　小生は如何なる迫害に対しても一歩も譲らざる覚悟だけは固く致し居候　御安堵被下度候

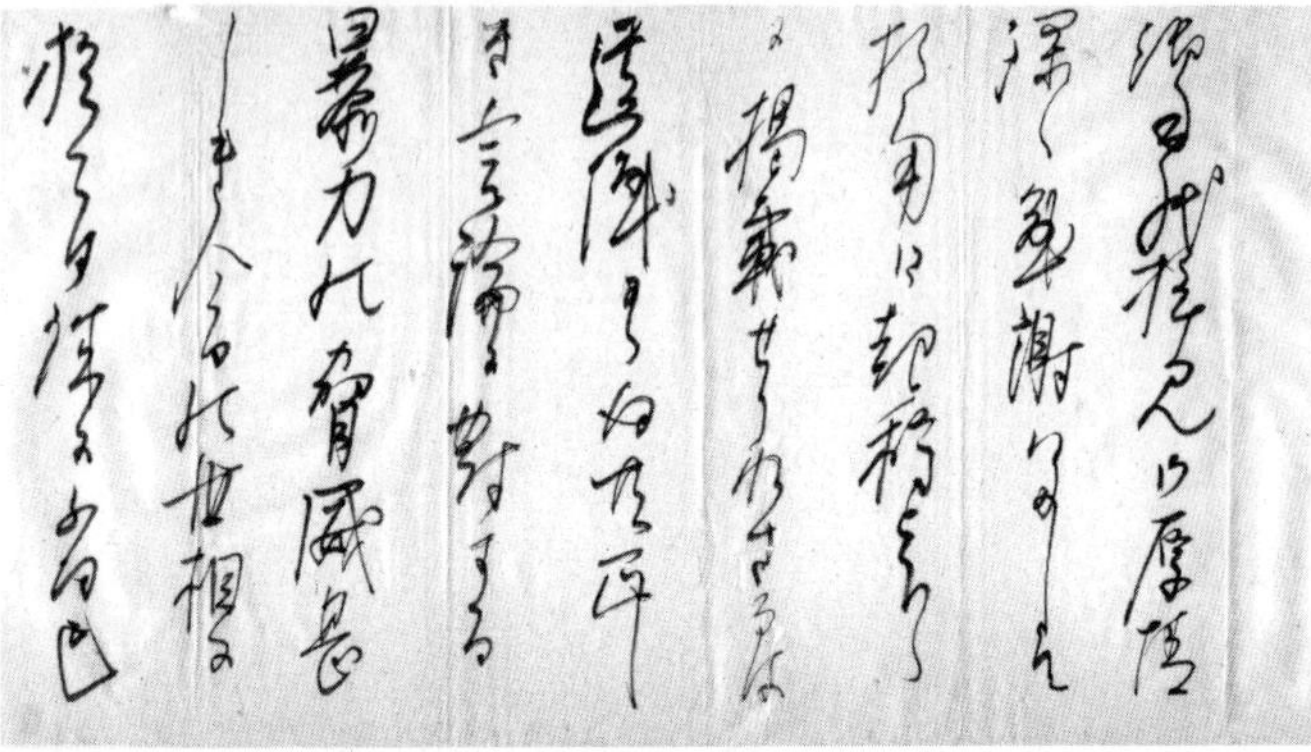

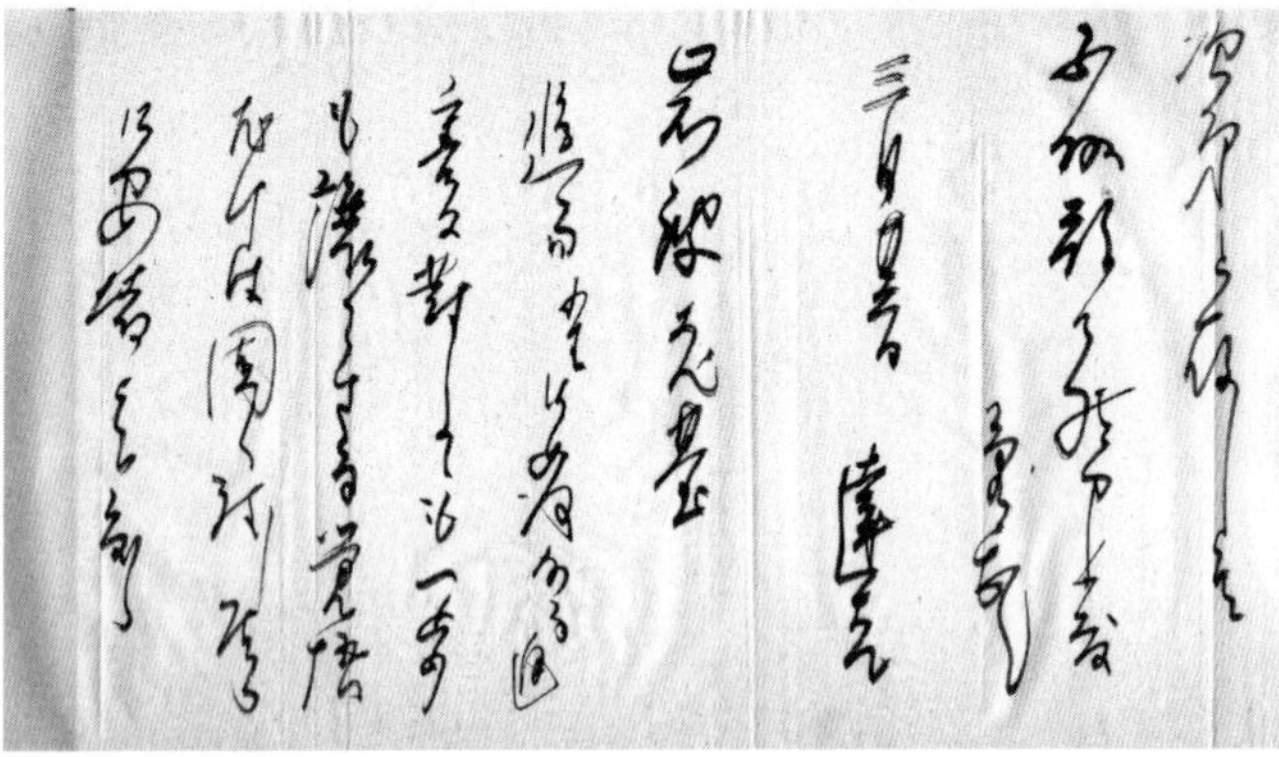

寺田寅彦（てらだとらひこ）　一九三五（昭和十）年七月三日付の絵葉書

一八七八―一九三五。物理学者・文学者。夏目漱石門下。数多くの優れた科学随筆を遺した。雑誌『科学』編集会の後、会場だった神田学士会館の絵葉書を使って書き記された手紙。欧米旅行中の岩波茂雄に岩波書店に託して送られた。寺田寅彦五十六歳。この年十二月三十一日死去、岩波茂雄が帰国して一週間後だった。

「科学」の会で諸先生方が集まつて居ます、梅雨晴の星空の下に神田下谷の青や紅の照明の連なる光景を学士会館の三階の窓から眺めながら、「科学」を月二回に出すか出さんかといふ問題を論じてゐます、実に蒸暑い晩でま〔あ〕ります、窓下の街路で爆竹をパン〳〵鳴らしてゐるものがあります

御健康を祈ります

七月三日　寅彦

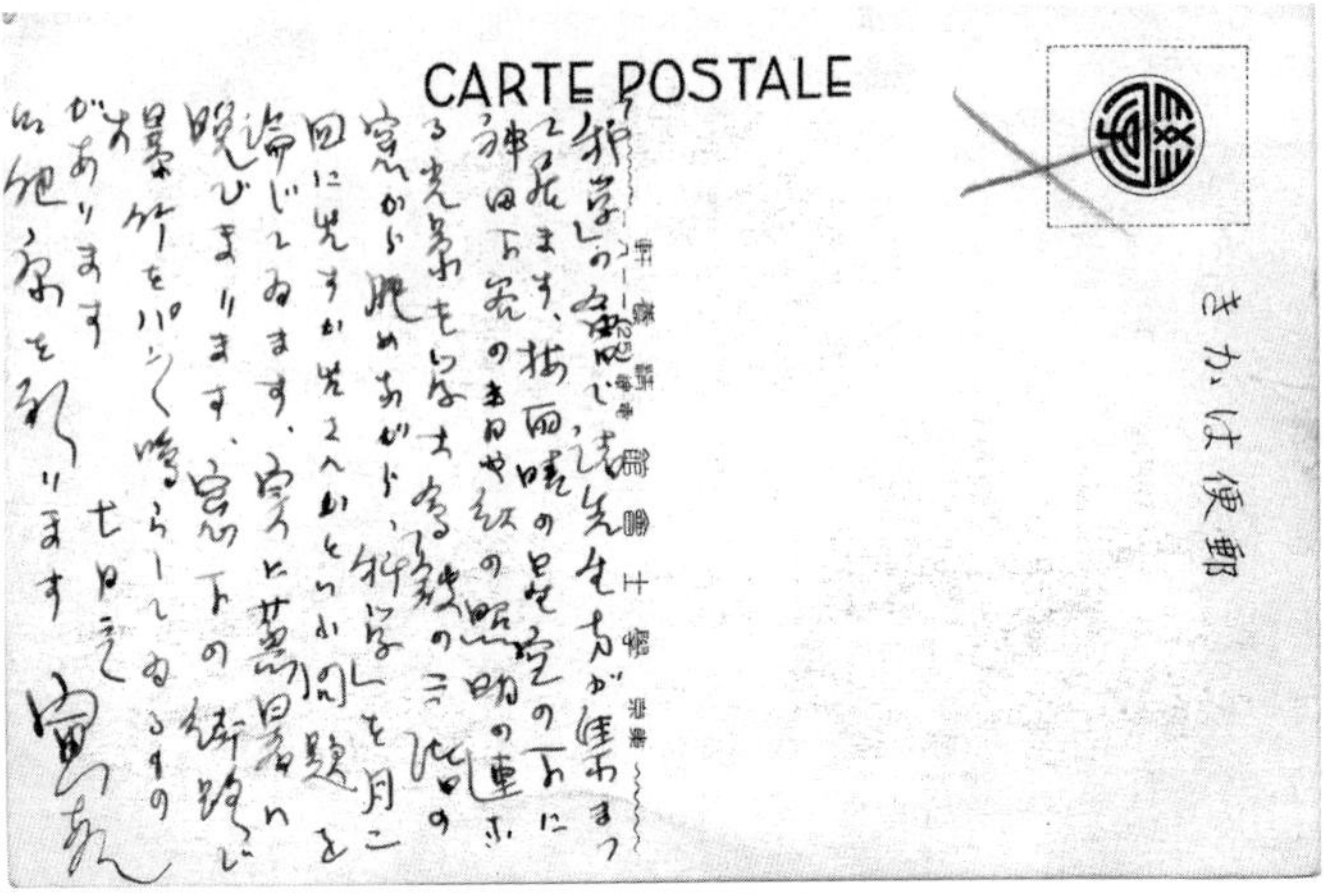
CARTE POSTALE
郵便はかき

松方三郎（まつかたさぶろう）

一九三五(昭和十)年十二月十六日付の手紙
京橋区銀座西八丁目九新聞連合社(封筒印刷)

一八九九―一九七三。ジャーナリスト、登山家。一九三四年に新聞連合入社以後、中国各地の総局長、満州国通信社の理事長を歴任、戦後は共同通信社の編集局長を務めた。登山や美術を愛好し、その方面の著書、訳書がある。

一九三五年、岩波茂雄は九か月余にわたって欧米を旅行、帰国後各方面に挨拶状を送ったが、それに対する返事。松方三郎連合入社の翌年、この時三十六歳。

御帰朝の御通知有難く御礼申します
又瑞西（スイス）からは山の御便りに接し恐縮に存じます　ソヴィエト聯邦や瑞西の御土産話など折に触れてうかゞひ度（た）く考へて居ます
日本は残念乍（なが）ら一向変り栄（ば）えなく、五年一日の非常時、それに近頃は富士にケーブルカーをかけるの尾瀬ケ原を水力のダムで水びたしにするのと正に百鬼夜行、此の秋は之等（これら）の鬼退治に骨を折りましたが　仲々難物です、何（いず）れ又、右御礼旁々（かたがた）

十二月十六日

松方三郎

岩波茂雄様

任(イン)文(ムン)桓(ハン)

一九三六(昭和十一)年二月二十日付の手紙
京城府光化門通一四八　独孤様方

一九三二年、六高から東京大学法学部に進み、三谷隆正の紹介で、岩波書店に非常勤の形で勤務。三五年卒業して朝鮮京畿道庁に入る。岩波茂雄は前年四月二十七日郵船靖国丸で横浜を出帆して欧米旅行に出発、十二月十三日に帰国。

一年に近い御外遊、御清栄にて終らせられ、山の様な御収穫を以て芽出度(めでたく)帰朝せられ、心からお慶申し上げます。昨年五月朝鮮へ参りまして、落着かず、旅心で下宿に居ります時、突然御外遊の船中よりの御芳書拝読致しまして限りない孤独感に打たれたので御座いました。其後外遊先へなりと様子報告申上度(もうしあげたく)、御旅行先の所など問合せましたが、返信を得ず、一途に御帰朝の日をお待ち申し上げて居りました。

二月十日から約十日間の予定で南鮮地方へ出張に参りまして、昨日帰庁致して見ますと、机の引出に素晴らしい御土産品があり、愈々御帰朝遊ばされたのかと、夢の様に「ロンドン」の金文字、大きなサイズ、黒く光る釉を見乍ら、外国の臭を頬を紅らめて嗅いで見ました。

本当に有難う存じました。御記念に一生大事に使い度いと存じて居ります。

下つて私は御仁庇の御蔭に依り無事に学窓を巣立ち、希望、危惧、決心等複雑な気持で、故土を踏みまして以来、茲に運命的でありました一年間を殆んど、然かも無事に過すことが出来、心中感謝致して居ります。勿論役人生活に対する多少の、亦時々感情的に起こります相当強度の不平がありますが、全然之を放擲したい様な気持は一度も起こりませんでした。私が愈々こちらへ参ることに決定致しました時、人間は進退出所が一等大事だ。辞める時はきつぱり辞めて良い、唯それにはそれ相当の理由がなければならぬ、と仰せられた御訓は常に念頭に置き、心から役人生活に良心的苦痛が伴ふ時は先生の御訓通り進退を明白にする覚悟は持つて居ります。

最初役所へ参りますと、別に大した仕事もありませんでした。七月頃から雇員講習会の講師を命ぜられ、これは骨身をしまず相当熱心に準備してやりました。受持科目は民法で御座いましたが、御店の全書中の民法を大いに良い本だからと紹介してテキストの様に使ひました所、京城府内のが品切で内地から取寄せる有様で御座いました。それから追々と仕事の量も殖えま

して、近頃では忙しいと言ふ程では御座いませぬが、相当色々なことをやつて居ります。上司並に同僚連との折合等も決して悪くはないと自身では信じて居ります。唯いつも、何をしてゐても東京がなつかしく恋しく思ひ出されます。

闘争心と申しますか、詰り精神力は次第に衰へます様な気が致しますので最もこの点を恐れて居ります。学生時代の様に断行、邁進と言ふ気力が出て参りませぬ様で、此の点大いに修養努力を要すると存じて居ります。

乱筆で、嬉しさも手伝ひましたので大変順序もなく長く書きまして御見づらいことゝ存じ上げ恐縮致します。

今日は、末筆乍ら

御清栄に御変りの御座いませぬ様伏して祈り上げ失礼致します。

奥様始め御家内御一同様にも宜しく申して下さいませ。

御閑御座いますれば洋行談少しでも御洩らし頂ければ此の上なく幸甚かと存じます。

二月二十日　　任　文　桓

岩波茂雄先生

侍史

小泉信三

一九三六（昭和十一）年六月十六日付の手紙
北品川三ノ三二三

一八八八―一九六六。経済学者・教育家。慶応義塾塾長。敗戦後は皇太子の教育にあたる。著書『価値論と社会主義』『リカアドォ研究』『共産主義批判の常識』など。

一九三六年六月に岩波書店から刊行開始された「新輯定版　鷗外全集」第一回配本を手にしての手紙。小泉信三は、この全集の内容見本に「森鷗外の前に鷗外なく、また鷗外の後に鷗外なし」ではじまる百字余の推薦文を寄せている。この時四十八歳。

拝啓

鷗外全集決定版愈々御刊行大賀の至りに奉存候　小生は少年の時より鷗外漱石両先生の作物を愛読して年を経て渝らず、此の両文豪と時代を同うして生れたることを喜ぶ念は昨今に至つて愈々切なるを加へ候折柄此両巨匠の全集が相並んで貴兄の手に依て刊行せらるゝを見て衷心感喜に堪へざるものに候　たゞ鷗外先生の作品に至ては漱石先生の其に比すれば甚だ入門に易からず、「坊ちゃん」「猫」は何人も一度び巻を手にすればまた之を措くを忘ると雖も「舞姫」「即興詩人」の如き、鷗外先生の作中最もポピュラアなるものと雖も猶ほ之を読んで其

妙処に到らんとするには若干の忍耐と修業とを要すべし。鷗外全集の普及は漱石全集に比して余程困難ならんと想像致候　併(しか)し乍(なが)ら人をして此全集を読ましめ、我読書界の水準を引上ぐることは蓋(けだ)し岩波書店の信用と力とを以てせざれば能(よ)くすべからず　実に貴店の大なる使命の一と存じ候　多年の愛読者として小生は全集申込者の一人にても多からんことを希ひて已まず、別して貴店の御奮発を希(こいねが)ふものに御座候

漱石先生の作品を味(あじわ)ふには手引を要せざれども、鷗外先生の作品の妙味を会するには多少の解説を要すべしと存(ぞん)じ候　此辺も御工夫御命じられ度(たく)切に祈るところに御座候

右全集の刊行を祝し、併(あわ)せて希望開陳致(いたし)候　匆々不一

十六日　小泉信三

岩波茂雄様

吉野源三郎

一九三六(昭和十一)年九月二十四日付の手紙
(東京・牛込・矢来　新潮社)　日本少国民文庫編輯部

一八九九—一九八一。編集者。一九四五(昭和二十)年雑誌『世界』創刊に尽力、初代編集長を務める。予備将校として召集中に治安維持法違反容疑で収監。出所後、一九三五年から新潮社「日本少国民文庫」の編集に携わっていた時期の手紙。この時三十六歳。翌三七年同文庫の一冊として自ら『君たちはどう生きるか』を著し、同年、請われて岩波書店に入店する。

岩波茂雄様

吉野源三郎

だいぶお涼しくなりました。

今夏はわざ〳〵御招きにあづかりながら、その後全く寧日なきまゝ、つひ御礼を申しあぐる機会を失し、御無沙汰に打過ぎましたが、相変らず御健闘の御様子、衷心よりお慶び申しあげてゐます。

私共の文庫も幸に江湖の支援を受け既に八巻を刊行いたしました。最近第九回配本として恒藤恭氏著「人間はどれだけの事をして来たか」㈠を世に送ることゝ相成りました。今まで出しましたものも、世の類書に比較いたしますと、いさゝか自信がございますけれど、何と申し

ましても時日に制限のある仕事とて、自ら省みますと遺憾の点が少なくございませんでした。たゞ、今回のものだけは、比較的編輯者として満足を感じつゝ日本の年少者諸君に贈ることが出来るやうに存じますので、別封を以つて御手許まで御送付申しあげることにいたしました。御披見の上、編輯上の事柄につき、忌憚（きたん）なき御高評をいたゞけますならば、幸甚至極に存じます。

内容は大体、岩波文庫に入つてをりますコフマンの「人類史物語」（『世界人類史物語』）と同じでございますが、コフマンのものはやはり西洋の年少者を読者として予想してをりますのに対し、恒藤氏のものは日本の読者を予想し、材料の配列、取捨等を決定し、文章もずゐぶん推敲されてございます。日本人の手で、日本の少年少女のために、人類史の遥かな展望を与ふる書が世に出ましたことを、小生は単に自分たちの仕事などといふ見地をはなれて喜ばしく存じてをります。書籍出版の仕事にもかゝる心境のあることを初めて感じましたまゝ、少々自慢らしく聞えますのも憚（はば）からず、粗簡進呈いたしました次第です。笑つてお読み捨て願ひます。

以上。

高群逸枝（たかむれいつえ）

一九三七(昭和十二)年五月五日付の手紙
世田谷区世田谷四ノ五六二

一八九四―一九六四。女性史家・詩人。著書『母系制の研究』『招婿婚の研究』など。『母系制の研究』執筆に精魂傾けていた頃の手紙。一九三六年『大日本女性人名辞書』刊行後、平塚らいてうと朝日新聞記者竹中繁子の発議で「高群逸枝著作後援会」が発足。岩波茂雄もカンパ要請に応じている。この時高群逸枝四十三歳。

　このたびは不束（ふつつか）な身に過分の御同情を賜はりお礼の言葉も存じません。お蔭様にて、当座の資料も求められました。又、病苦と戦ひます気力をも与へられましたことを感謝いたします。御恩は深く銘記いたしまして、初志の一途を辿るつもりでございます。つきましては、まことに身勝手なお願ひでございますけれども、今後もおみすてなく末永くお見守り賜はりますやう、ふしてお願ひ申上ます。追て竹中様よりも御報告書お差出し下さるやう承りました。つゝしみて御挨拶申上ます。

吹く風と野辺とのみなる一角に飴色の月漸く昇れり

五月五日　いつ枝

岩波先生　御玉机下

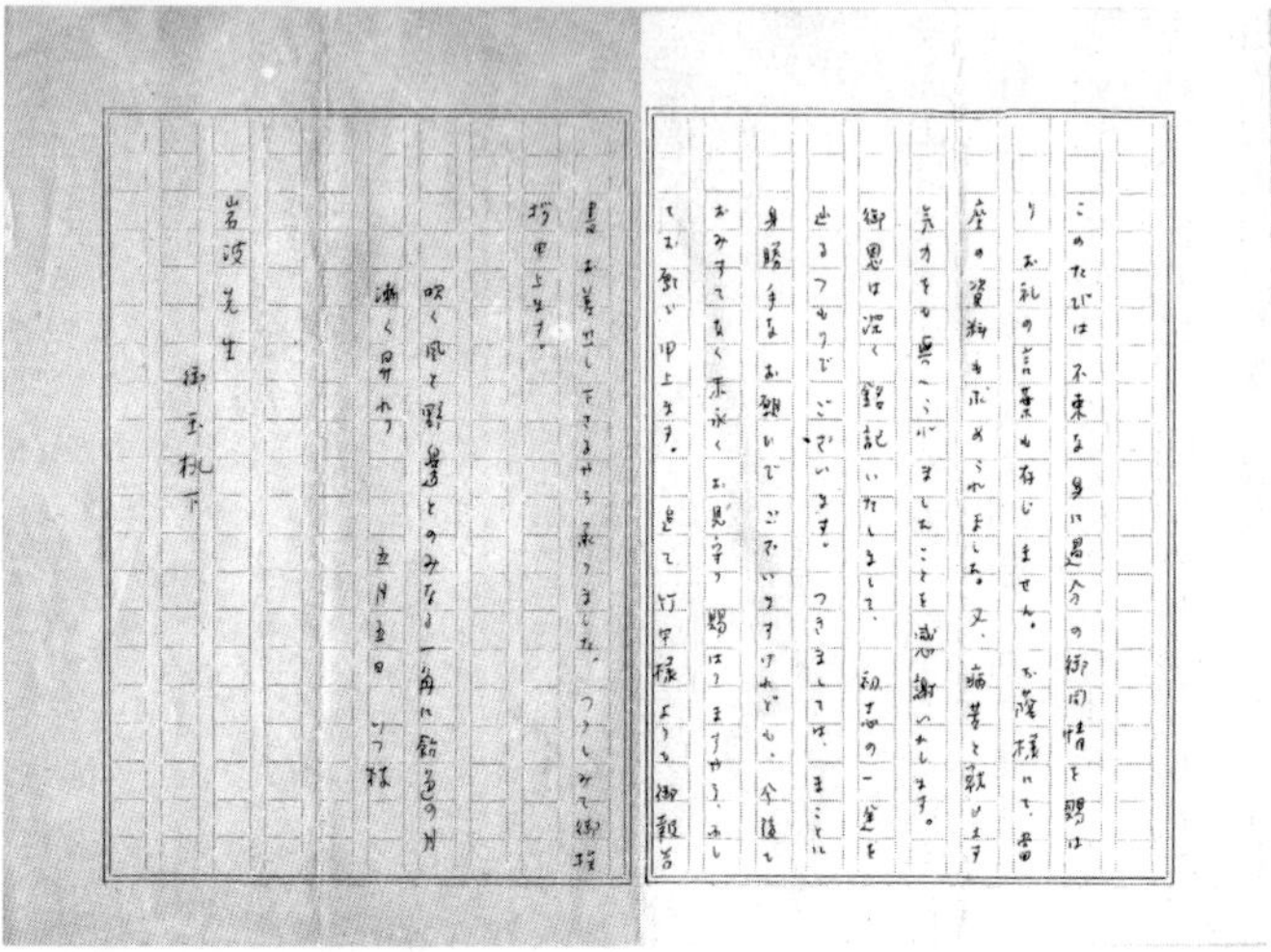

このたびは不束な身に過分の御同情を賜はりお礼の言葉も存じません。お蔭様にて、書座の資料も求められました。又、癩者と致します気力をも与へられましたことを感謝いたします。

御恩は深く銘記いたしまして、初志の一途を辿るつもりでございます。つきましては、まことに身勝手なお願いでございますけれども、今後もおみすてなく末永くお見守り賜はりますやう、ふしてお願い申上ます。　追て竹中様よりも御報告も差出して下さるやう承りました。つゝしみて御挨拶申上ます。

吹く風も野暑とのみなる一角に銘色の月
漸く昇れり

五月五日　りつ枝

岩波先生

御玉机下

中野(なかの)重治(しげはる)

一九三八(昭和十三)年一月十一日付の手紙
淀橋区柏木五ノ一一三〇

一九〇二―七九。小説家・詩人。プロレタリア文学・戦後民主主義文学の代表的作家。著書『歌のわかれ』『むらぎも』など。

三十五歳の時の手紙。一九三一年日本共産党に入党、三二年に逮捕され、三四年執行猶予で出所したが、三五年十二月から執筆禁止となっていた。この手紙での提案は実現せず、同年五月、知識階級職業紹介所の斡旋で、東京市社会局調査課千駄ヶ谷分室の臨時雇に就職する。なお、出所後の三五年一月、岩波文庫で『レーニンのゴオリキーへの手紙』を刊行している。

突然手紙を差上げますが、何卒お読み下さる様お願ひ申します。お願ひは二つありまして、第一は出版の件、第二は私個人の問題であります。

第一の件といひますのは、次ぎのやうな本を、あなたの所から出版して頂きたいと申す事であります。それは、仮りに、「明治大正(或は現代)文学論文読本」とでも名づけるべきものであります。明治大正期の、既に故人となつた作家達を見ますのに、そこに一つの系列がありま

して、彼等は、自身作家であると共に、それ〴〵の時期、それ〴〵の文学流派の指導的論客でもありました。透谷の「人生に相渉（あいわた）るとは何ぞや」は、愛山との論争といふ点を越えて、「文学界」の群れの方向標であつたと同時に、明治文学が一度は通らねばならなかつた門を、自ら率先してくゞつた先達の姿そのものであつたといふ意味で、明治文学史そのものゝ一つの飛躍点だつたと考へられます。同じことは、子規の「歌よみに与ふる書」についても言へると考へます。鷗外と逍遙との、理想・没理想論についても、後のものとしては、石川啄木の「時代閉塞の現状」、有島武郎の「静思を読みて」などについても同じ事が言へると私は考へます。さうして、之等の文学論文を――この間に私は、二葉亭、独歩、樗牛、抱月、漱石などを入れて考へたいと存じますが――一貫して読みますと、そこに明治大正のわが文学史が生きた姿で生育して来てゐるのを感じます。これらのものは、後の人の纏（まと）めた文学史でありませんから、多少の予備知識乃至注釈を必要としませうが、自ら作家であり文学的開拓者であつた人達のものですから、一方から見れば歴史的資料であるにも拘（かかわ）らず、文学史の本流が、いはゞ芸術的可視性を具へて我々に与へられるのを私は感じる次第であります。なほ之等の論文の特徴として、そのすべてが、一方では認識論乃至哲学の世界へ、他方では、通俗に謂つて人生乃至社会生活の世界へ関係してゐることを挙げたいと私は考へます。その点で、もしかういふ本が編まれるならば、それは本流乃至源についての生きた文学史となり、同時に、文学論文の模範となるか

と存じます。どういふ作家のどの論文を収めるかといふ事については、又例へば芥川龍之介時代までを入れるべきかといふ事などについては、色々と変つた手順があらうかとも考へますが、私一個の考へとしては、すべて故人のものに限りたいと希望して居ります。

さて、最初に右のものを考へ、之が中等学校上級生以上の人々に非常に広く読まれるやうにあり度いと考へたのですが、次ぎには、では略々同じ事が、哲学、自然科学、その他の領域にも試みられるのではあるまいかと考へ、さうすれば、さういふ、一つの叢書のやうなものが可能なのではないかと考へた次第であります。

但し、文学以外の方面については私は門外漢でありますから、可能とは考へますが、どういふ人々、どういふものがあるかは、全く解からない次第であります。たゞ、かういふ出版は、あなたの所でやつて頂き度いと、私としては、その点に力瘤を入れて希望して居る次第であります。さうして、仮りに文学論文読本だけが可能であつたとしても、之は非常によい出版であり、又一般に楽しい出版である様に考へるのであります。自分の思ひ付である為めに、知らずに自分で誇張して感じるのかも知れませんが、一読書子として気強くおすゝめしたいと考へる訣合なのであります。

次ぎには第二の件でありますが、之は全く突然のことであり、私個人のことでありまして、全くのお願ひの件なのであります。それは、私を、あなたの所で、文学者としてゞなく、使つ

て頂けまいかと申す事であります。この事については、昨年秋頃からお願ひして見ようと考へて居た所ですが、事情は謂はゞ私の目論見を乗越えて、私のお願ひが遅れたのでもありますが、お願ひせざるを得ない状態に立至つた訣なのでもあります。御承知かと存じますが、最近、文筆家としての私の仕事が一応打切りとならねばならぬ様な事になりまして、――之に就ては、所謂執筆禁止の事が、その内やゝ緩和されるといふ内務省関係の人の言葉もあるにはありますが――私として何とか生計の道を得たく、色々に考へました末、この手紙を差上げる次第なのであります。

私に出来ます事は、書物や雑誌の編輯及びその手伝ひ(之は、文学、美術、哲学などに就てのしらべ物を含みます。)、翻訳(之はドイツ語だけですが)、それから印刷物の校正であります。校正の方は、日本文はすべて、欧文はドイツ語だけが出来ると存じます。漢文は――日本文に就いてもですが――原稿が古文書そのまゝでなく、今の人の筆写である場合は、一通り正確に出来ようかと存じます。なほ以上の事に関する限りは、肉体的にも相当の激務にたへ得ると信じます。

さて、もし私をお使ひ下さるとすれば、以上の中、或はその他の、どういふ仕事でも無論結構なのでありますが、特殊の責任ある編輯、広告文など以外の特殊な文章の執筆などは、なるべくならば避けたいと希望するのであります。それは、お使ひ下さいとお願ひする原因の一つ

が、所謂執筆禁止の事に関係して居る以上、あなたの所での私の仕事が何かの色眼鏡を通して見られ、その結果、あなたの所へ少しでも御迷惑をおかけするやうな虞れのあることは、絶対に避けたいと考へますからであります。なほ、お使ひ下さる場合の形式については、一人の勤め人として通勤する様な形が望ましいのですが、それでなく、何か仕事を与へて下さるといふ形でも、勿論結構なのであります。なほ、私の一種の経歴上、私の身の上その他についての身元保証人とも申すべきものを立てる事も結構でありまして、その際は、充分あなたの方の御承認を得られる人を立て得ようと信じます。

以上、全く突然のお願ひを長々と書きました。かういふ事が初めてゞありますため、失礼にあたる事は勿論、あるひは滑稽な書き方までも致したかとも存じますが、その点は何卒お許し下さる様お願ひ致します。若し何かをお訊ね下さるやうでしたならば、時日場所の御指定に従つてお伺ひ致します。かういふお願ひを突然に差出しましたことについては、幾重にもおわびを申します。

一月十一日

中野重治

岩波様

天野貞祐（あまのていゆう）

一九三八(昭和十三)年二月二十八日付の手紙
京都市下鴨下川原町四十六番地

一八八四―一九八〇。哲学者・教育者。敗戦後、一高校長、第三次吉田内閣文相、独協大学学長、自由学園理事長などを務める。

五十三歳の時の手紙。一九三七年七月に刊行された『道理の感覚』は時代の良心として広く世に迎えられていたが、著者からの刊行停止要請を受けて、翌年三月十五日絶版とする。

拝啓

今日京大配属将校より「道理の感覚」における軍事教練に関する点につき話があり(この将校は河村大佐と云ひ非常に立派な人物で私も平生好意をもつてをる人ですのでよく懇談しましたが)、私は自説は譲りませんが、然し大佐が実際問題として学生が私の著書を熱読する結果軍事教練に支障を来す恐れあり、職務が遂行出来ぬといふのは大佐の立場としては誠に無理ならぬことと考へられ、之を大学の問題とせず大佐と私と二人の間の話合とし度いと言ひます故私は大佐に対し適当の処置をすると答へました。私はこの点につき考へてみましたが　私は他より強ひられることは欲しませんが　然し大佐が実際問題として困るといふのは尤もに思はれますので自発的に止めに致し度く、そのことを貴兄へ御願ひいたし度いと思ひます。一部削除

といふことも考えられますけれども結局絶版など命ぜられるよりは此際（このさい）進んで自ら止め度いと考へるのであります。生憎（あいにく）にも第四刷を出されし所にて御迷惑相すまぬことに思ひますが何とぞ御諒承下され度く御願申上げます。

実は大佐も諸方より投書が来たりなどして困るといふ話で、どうか大学に事を起し度くないといふ大佐の考に同感されますので右の如き態度に出たいと思ひます。出来るだけ早く御返事をいたゞき度く、もし電報にても頂ければ仕合せに存じます。私もいづれは大学も止めねばならぬ時も来るかと覚悟してをりますが、さし当つては右の処置に出たいと考へるので御座います。御願用まで。

匆々

貞祐

岩波大兄

御座右

二伸　なほこのことは大佐と私の外は落合〔太郎〕君に話せしだけにて出来るだけ内部のことにしてをき度く、いづれ総長、西田〔幾多郎〕、田辺〔元〕氏には話しますが其他の誰にも話しません。大兄におかれても其点御顧慮願上げます。其他に対しては私は都合あつて止めたと答へてをき度（た）い考で御座います。

長与善郎（ながよよしろう）

一九三八(昭和十三)年七月十六日付の手紙
目黒区下目黒二ノ一九一

一八八八—一九六一。小説家・劇作家。『白樺』同人。理想主義的な作風で、悲劇的な人間の運命を描いたが、晩年は円熟した心境を示す。小説『青銅の基督』『竹沢先生と云ふ人』、自伝『わが心の遍歴』、戯曲「項羽と劉邦」など。

四十九歳の時の手紙。「岩波新書」創刊の話を聞いての企画提案。長与善郎は、一九三三年から明治大学で東洋思想を講じており、この申し出は五か月後、岩波新書『大帝康熙』となって実現する。

其後（そのご）久しくお会いしませんが御変（おかわり）なく御元気の事と存じます。扨（さ）て先日或者から一寸（ちよつと）新しい叢書のことにつき話を洩れ聞きましたが、私に何を書かしたらよいものか見当がつかぬとの御心持らしく、それも御無理のない事と思います、先日実は文化協会といふ所から原稿紙七十五枚ばかりのパンフレットで「文化の問題」といふものを執筆発行し東西芸術の境地の比較論みたやうなものを書き、田辺〔元〕氏からはほめて貰（もら）いましたが、そんなものを中心にして、もつといろ〳〵の方面から東西精神文化の比較のやうなもの、又日本と支那文化との相違などを纏（まと）めて見たいと云ふ気は宿願として持つてゐます　もしそんなものでも出して頂ければ、それは

叢書でなくともどういふ形式でも結構嬉しいと存じます、現在明治大学ではさういふものを課題にして講義してゐるわけで勿論(もちろん)小生は専門の学者ではありませんが、昔からそのテーマには深い興味をもつて常に考へ、自分式に研究考察してゐる一家見に多少の自信はもつてゐるものです、

目下実は金に困つてゐて、もしお願い出来たらそんな事を未来の担保にでもして三万円拝借願へないものかと窮余の策として考へてゐる次第です、つまり前借のやうになるわけですが、如何でせうか、

右誠に心苦しく申し出たくない事ですが、ご一考を煩はしたく御返事を待つ次第です、

長与善郎

岩波茂雄様

原稿の方はお話次第でいつでも早速纏めるやうにします、いろ〳〵新聞雑誌に執筆したものも溜まつてゐますから

矢内原忠雄

一九三八(昭和十三)年七月二十二日付の手紙
目黒区自由ヶ丘二九二

一八九三―一九六一。経済学者。植民政策・国際経済論の権威。無教会派のクリスチャンとしても著名。戦後は東大に復帰、総長を務める。著書『帝国主義下の台湾』『余の尊敬する人物』など。
四十五歳の時の手紙。速達便でその日のうちに届いている。前年末、大学内外から反戦的であるとの攻撃を受け東大教授辞職に追い込まれた。この年二月には著書『民族と平和』が発禁となり、発行者として岩波茂雄も警視庁に取り調べを受けている。

拝啓　暑中御障り御座なく候や　伺上候
さていつか警視庁に喚ばれし「民族と平和」の問題、此頃になつて検事局より喚び出しが有り昨日出頭仕候　係は古橋〔浦四郎〕といふ若い検事に候　取調は警視庁にて聞かれし様の事にて午前十時より六時半迄(但し昼食時間一時間)かゝり今日も九時半に出頭致すことゝ相成居り今日中に調書作成の筈に候　右の次第にて或は貴台に対しても出頭せられ度き旨通知が参るやも知れず　誠に御気毒にて申わけ無之儀に御座候へ共　万一御出頭と相成場合には暑さの候には有之　時間のかゝらぬ様簡単に相済む様願候　私は明後日より旅行に出ることゝ相成居り或はその前に拝眉の機会を得ざるやも知れず候につき取敢ず速達便にて右御知らせ申置候、

古橋といふ検事は無愛想な人物に御座候も威嚇的といふほどにも御座なく候、近頃になりて右件の係となられし様に察せられ候、つまり始め右書を問題とせし時の検事とは別の人の様に思はれ、「民族と平和」も「之は昨日読んだのですが」などと言はれ候、

私としては鬼が出ても蛇が出ても覚悟の前の事に御座候も貴台に対しては本当に御気毒にて御迷惑を相かけ何とも恐縮千万、言葉を知らず候　敬具

七月廿二日　矢内原忠雄

岩波茂雄様

八坂浅太郎（やさかあさたろう）

一九三八（昭和十三）年八月二十三日付の手紙
京都市田中西浦町四〇

一九〇一―七六。弘文堂創業者八坂浅次郎の長男。一九二五年東京大学政治学科を卒業、弘文堂に入社。二八年父の後を継ぎ社長となる。
一九二八年、改造社版「マルクス・エンゲルス全集」に対抗して、希望閣・同人社・弘文堂に岩波書店と叢文閣が加わって五社連盟版全集を企画したが、聯盟各社の足並みの乱れなどで挫折。この時の負債は結局岩波書店と弘文堂の二社が負担することになったが、弘文堂内部の事情によりその分担分の一部も岩波が立替えていた。負債返済を告げる十年ぶりの手紙。

拝啓
其後（そのご）は長らく御無沙汰申上げました　益々（ますます）御清祥にて邦家文運の為に御精進の御事を心より御祝福申上ます
扨（さ）て聯盟版マルクス・エンゲルス全集刊行が挫折致し申してより今年を以つて満十ヶ年になりました　其節（そのせつ）は後始末の事に付き種々御高配に預りまして御厚志の点を深く感謝申上げてゐる次第であります　当時聯盟の他の三人の方々の負債分を貴方と微力なる私とが等分に即時に負担してゆく事が出来ずに今日に及んだのでありますが漸（ようや）く本日別送振替預金払ひを以つて金七阡五百円也を御送り申上げました　御査納の程を願上げます
当時の聯盟の全負債がいくらあつたかは明確に記憶がありませんが総額約弐万五阡円であつ

て貴方と私とが五阡円宛は支払を了り　あとの三人の方々の負担分壱万五阡円が残つてゐたのだと思つてゐますのでその半額金七阡五百円を御送付申上げたのであります　一応御調査御精算の上何分の御報告を煩し得ば幸甚に存じ上げます　右金額を以つて尚不足するかを恐れるからであります

長い間誠に御迷惑を御掛け致しまして非礼の段幾重にも御許しの程を願上げ度く存じ上げます

十年前当時二十八歳の若輩でありました私を非常に御引立下さいました事を今深く感ぜざるを得ませぬ　たゞ刊行会の精算の場合色々の御言葉に拘らず当時即刻にその応分の費用を御支払出来なかつた事は要するに自分の未熟にしてそれ丈の腹が無かつたといふ事に帰します

併し乍ら自分の無力無迫力を以つてしても時日をかける事によつてこの負債を返却す可しと決心してその節手紙を以つて中上げた様に仮するに時日を以つてせられん事を懇願した次第でありました

爾今五ヶ年間即私二十八才より三十三才迄の間謹慎の生活を続けた積りでありました　一方貴方名儀の下に毎月定期に金若干を貯へて最近に至りました　その金に多少差引はありますが、本日御送りした金員の中核を為すものは額こそ少なけれ右の貯蓄であります

然る処私の三十三才頃から家父が不治の病を持ちました為私の謹慎生活中に拘らず私自身が

家業を統率するか否かの状態が起りました　その節私は貴方に対する負債の償（つぐな）はれざる場合に於て自ら若干人と雖（いえども）その主となつて事業を経営する資格が果して許され得るであらうかと心中省みざるを得ませんでしたが　現実がかく差（さ）し迫（せま）つた今日　誠意に立ち誠意に殉ずる抜差（ぬきさし）ならぬ決意ならば或は認容され得べしとの決定の下に事業経営の任に当る事に致したのであります　此（これ）は或は社会や貴方に対する償ひを静中に於てせずに動中に具現せんとする心的転換とでも言ひ得ませうか

　前述の如く今年今秋を以つて早くも十年の経過をみたのであります　当初私の心中に於きましては少なくとも五ヶ年以内若（も）し万一不能の場合は十ヶ年以内に御弁済申上げる予定でありました　その弁済の終る迄は貴方に対して一切の交通を遮断してたゞひたむきに心の問題として自らに鞭（むちう）つてゆく決心を致しました　途中弁解の辞を連らね辞令的挨拶をして時効を中断するが如き態度は自己を卑屈にするかと考へました　一挙誠意を現実化するに如（し）かずと為したからであります　十年間の一切の沈黙はおそらく貴方に対し奇異の感を抱かした事かと存じ上げます　如上の気持を御了察願へれば有難い仕合（しあわせ）に存じ上げます

　辿々（たどたど）しく冗漫の言を書き綴り御清見を煩した事を御詫（おわび）申上ます

　数日来秋風が立ち初めて参りました　貧児旧債を思うの感深きものがありました　漸くにして今こゝに貴方に対する感謝の念を実際化してやゝ肩荷の降り来たるを感じます　併（しか）し何分に

も未熟者であります　何卒今後共宜敷御指導の程を願上げる仕儀であります
情余つて想足らず　文中不備多々御海容を願上ます
何れ東上の節改めて拝眉の上万々申上げ度いと存じ上げます
先は粗紙を以つて失礼乍ら御礼旁々要用御報申上ます　　敬具

八月二十三日

八坂浅太郎上

岩波茂雄様

御侍史

古屋正四

一九三八(昭和十三)年十一月二十七日付の手紙
満洲国黒河省神武屯　中山部隊大村隊

検閲済印の押された軍事郵便。十二月六日に届いている。本書簡中の「ホト、ギス」は「アララギ」の誤解か。一九一五年から四一年まで、岩波書店は『アララギ』の発売所。

拝啓

一面識も無い兵隊からの手紙で失礼な奴と御思ひのことゝ存じますが最後まで御読了御願ひ致します、

寒さ漸く厳しき折柄益々出版報国に御邁進のことゝ存じ上げます、当地もいよ〳〵寒気厳しく零下廿度を越してゐます、小生等は常駐地神武屯から約十里の璦琿に来て警備して居ります、こゝは黒竜江に面したる町で清朝の末葉璦琿条約が締結されたる処として知名です、然し今はさびれて居り只四通の道路と数多の廃屋とによつて盛時の俤が偲ばれるのみです、

陣中では今短歌や俳句が流行して居ります　皆がやりだしたので小生も戦友やつはものなどのまねをして作り始めました　然し駄作ばかりで俳句といふものを研究したいといふ熱望に駆られて居ります　今日手紙を出した理由はその御批判を仰ぎたくてです　俳人を知つて居たらと思ひましたが誰もありませんので岩波ではホト、ギスといふ雑誌を出して居るので御願ひする訳です、

陣中作であり乍らそれらしい感じの作がつくれません　又無理につくると如何にもまづくて人に見せられぬやうなものばかりです、

以下によいと思ふやうなものを二三書いておきますから是非共御批判下さい

焚きし兵去りて淋しや野火の跡
消し置きし焚火のあとに野分かな

雉打ちや満童と共に荒野行く
湯豆腐に暖とりにけり物見台
哨兵は枯木の雉を眺めけり
敵兵のかくれし丘に夕陽さす
分屯や小犬あんかにうす明り
迷ひ犬後つきにけり雪の道
雪の道馬糞一つがくろ〳〵と
雪の道橇つまずけり馬の糞
弔楽の音きこゆなり橇の上
黒竜の氷くだきて風呂の水
橇の上二十何度が鼻をきる
橇過ぐる豆腐屋のこへ朝の町
　水汲みの橇に驚き雉二つ
まだ始めて一ヶ月にしかなりませんし句作のおもしろみを解し始めた位で児戯に等しいものです、この道を研究したいといふ欲望で一杯です　甚だ厚顔の御願ひですがホトヽギス一部御恵送下さるやう御願ひ致します、

郵便局もないので不便ですがこのあつかましい御願ひを御宥恕下さい
末筆乍ら御店の愈々御隆昌ならんことを国境の涯より祈つて居ります
草々
十一月二十七日
古屋正四
岩波茂雄様

石原莞爾

一九三九(昭和十四)年二月二十七日付の手紙
但馬城崎温泉内湯三木屋別荘

一八八九―一九四九。陸軍中将。日蓮信者。関東軍参謀時代、柳条湖事件から「満州国」建国に至る関東軍による侵略行動を主導した。

中国との戦争拡大に反対して東条英機と衝突し参謀部辞職、東亜連盟協会結成に奔走していた頃の手紙。この時五十歳。前年十月に創刊された「岩波新書」のクリスティー『奉天三十年』などの寄贈を受けての礼状。なお、一九三五年に同書の内容を紹介した衛藤利夫『満洲生活三十年――奉天の聖者クリスティの思い出』が刊行されている。

拝啓

先日奉天三十年頂戴致し候ところ実は先年衛藤氏の満洲生活三十年を一読致せし為め今日迄其儘（そのまま）に致し居り候　今度二三日の旅行に携帯　真に感激新（あらた）なるもの有之（これあり）　此処に重ねて厚く御礼申し上候

せめて〔満州〕協和会会務職員が協和主義の伝道者となつて呉れたなら新東亜建設の曙光も見得るならんにと嘆息禁じ難（がた）き次第に御座候

新書の数冊皆誠（まこ）とに面白く拝見　御事業を感嘆するにつけても満洲青年に適切なる読物を速（すみやか）に提供したき情一層切々たるもの有之候　敬具

二月二十七日　石原莞爾

岩波茂雄様

拝啓
　昨年夭三十年頂戴仕、
　とうとう實は多年衛藤氏の
滿洲生活三十一年を一讀過
するのみにて今日迄を送り申候
今や二度の旅行に控へ申

更に書懷斗似てもの有之
にわかに尽くし難く
せめて拙本今一册宛職党か協和
主家の行者と申つて号れたも
卸　奉呈趣設の曙光もに
得らんこと噴息禁し
難き次第に候

弁青の壽母皆様に御
あらん折り一葉を朱葵す者
つけても満州青年に捷
切なる読書を達に提供し
たる清一層めでたなもし
たり度候

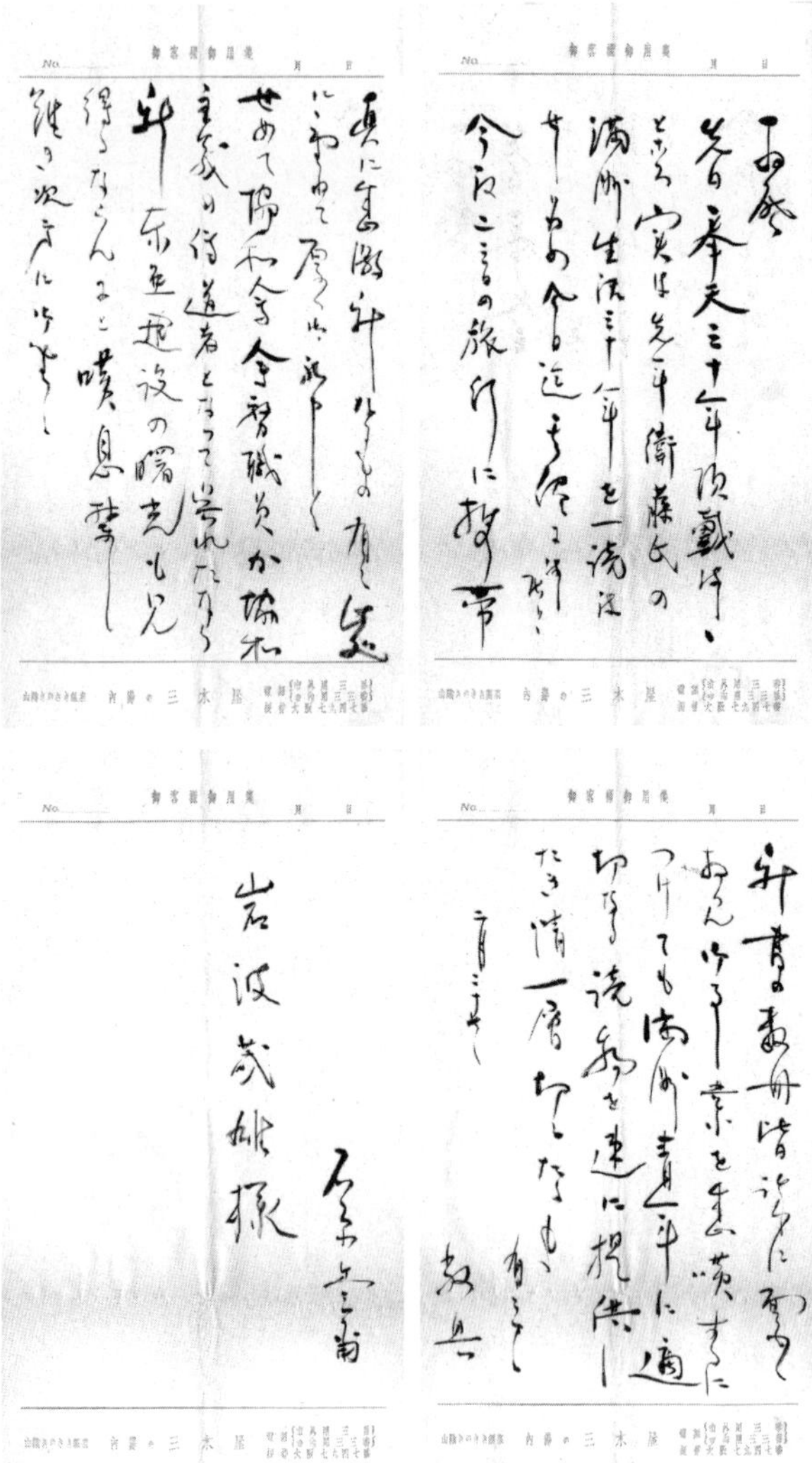

　岩波茂雄様

野上豊一郎(のがみとよいちろう)・野上弥生子(のがみやえこ)

一九三九(昭和十四)年八月八日付・八月九日付(同封)の手紙

野上豊一郎　一八八三—一九五〇。英文学者。夏目漱石門下。能楽の研究家としても知られる。戦後、初代の法政大学総長を務めた。著書に『能の再生』、翻訳に『お菊さん』など。

野上弥生子　一八八五—一九八五。小説家。同郷(大分県臼杵)で、後に結婚する野上豊一郎を通して夏目漱石に私淑、作家活動に入る。著書『海神丸』『迷路』など。

一九三八年秋から約一年間、二人で第二次世界大戦前夜のヨーロッパを旅行する。ナチス政権下のドイツ各地を旅行した後、パリから書き送られた手紙。この時、豊一郎五十五歳、弥生子五十四歳。三週間後に大戦勃発。この旅の記録は野上弥生子『欧米の旅』上下にまとめられ、一九四二年と四三年に刊行。本書簡は全集未収録。

一九三九年八月八日　巴里にて

野上豊一郎

岩波兄

お変りありませんか。日本はます〱右へ〱と行つてるやうに聞くが外国へ来てゐて故国の事を考へて見ると寒心に堪へないやうな事がいろ〱ある。手紙では委曲は尽(つく)せないからあ

んまり書かないが、僕等は二十三日間ドイツの各地方を旅行して昨夜当地に戻つて来た。ドイツはフランクフルト・アム・マインを振り出しに、ハイデルベルヒ、スツッツガルト、ミュンヒェン、サルツブルク、ヴィーン、ブダペスト(ウンガリア)、ニュルンベルク、ライプチッヒ、ドレスデン、ベルリン、ケルン、ボンといふ順序で歩きまはつた。ベルリンに十日ゐて、その間にワイマーへ一日、ハルツへ二日ドライヴして来た。全体を通じて君も御存じの通りの土地であるから説述を要しないが、今日のドイツといふものについて、日本で、又ロンドン、巴里で聞いてゐたのとはちがつて、「持たざる国」と云つても程度の問題で、物資は相当に豊富であり、人間(ドイツ人)もそれぞれの程度で生活を娯しみ、宿屋はどこも一ぱい(大がいドイツ人)であり、カフェやレストランも一ぱいであり、サルツブルク、ニュルンベルク、ハルツなどの避暑地では電報でも打たないで飛び込んで行つては容易にホテルの部屋がとれない程の状態である。ドイツの労働者、農民は決して貧乏でなく、殊に南ドイツは御承知の通り、自然は美しく、山林は多く、小麦は殊に今年は非常に豊作ださうで、旅行者として見て歩くと、いつ戦争が始まるか知れないといつたやうな空気は少しも感じられない。併し、ミュンヒェンでも、その土地でも、芸術祭とか何とかいつて催しがあるのが、すべてナチの統制下に行はれ「旗鼓堂々」たるものである。そんなお祭りも興味がないわけではないが幸か不幸か出逢はなかつた。ベルリンのすべてのレストランには「ユダヤ人入るべからず」の札が「堂々」と貼り出してあ

り、公園には二種のベンチが場所を区別して置かれ、一方には「ユダヤ人用」とあり、他方には「ユダヤ人掛くるべからず」とある、我々の如きユダヤ人に害悪の実感を持ち合せない人間には随分ひどいと思はれる。併しその「ユダヤ人用」の方のベンチに腰かけて新聞をよんだり煙草をふかしたりしてゐるユダヤ人もある。僕の友人がそこを写真にとつたからいづれお目にかける事が出来ると思ふ。

巴里へ帰つて見ると、今月の末が一つの「危機」だと云つてる人がある。今、問題はダンチヒと東京だ。こゝで「危機」といふのはダンチヒの事で、之(これ)はドイツが小麦の刈入がすむとやるのだといふ説もある。小麦の刈入は毎年ポーランドの労働者を大量的に使用してやつてゐたが、今年は一人も得られないから、青年、学生の労働奉仕でやつてるさうだ。それは国民として大事な季節だから、それがすむまでは戦争は起らないと穿(うが)つたやうな事をいふ人がある。併しヒットラー以外誰にもわからないのださうだ。ヒットラー・ユーゲントや三十以下の人間は新しい統制的教育を受けてるから戦争に「夢」を持つてゐるらしいが、その上の年頃の人間は大戦の苦い経験を持つてるから避けたい気があることは確からしい。イギリス、フランスは元よりさうだ。併し、止むを得なければ戦ふといふ決心がすでにイギリスにもフランスにも漲(みなぎ)つてゐるやうだから、爆発したら悲惨な情勢が忽(たちま)ち展開されるだろう。考へて見ると噴火山の上を歩いてるやうなものだ。我々の国はその中に捲き込まれる事なく、巧妙に健全なコースを取

つて行く事を切に思ふよ。

僕等は今月の中旬には一先(ひとま)づロンドンに帰り、英国での用事をすまし、見残したものを見、最近の英国と英国人を観察して、九月二十七日サザンプトン出帆のブレーシでニューヨークに渡るつもりである。それからアメリカにどの位ゐられるかは主として経済的条件に拠るのであるが、成るたけ金のかからないやうにして成るたけ多く見て来たいと思つてゐる。

今日パリのギャール・ド・ノールで偶然にも椎名〔純一郎〕君の弟〔其二〕に逢つた。君の話をした。しきりになつかしがつてゐた。

次に用事に移ります。

以前に朝日に托して送金して頂いた上に重ねておねだりする事は避けたいと思つたが、滞在が予定以上に長くなつて(本来ならば七月頃は日本に帰つてゐる筈だつた)殊にまだ少しでも長くネバッテ見て来たいと思ふので、現在持つてる以外に用意して置きたく、家内からもおたよりしたやうに、此前の君からのお手紙の言葉に甘へて(といつて日本からの送金は、殊に北野〔吉内〕君が外国へ来てゐる今日、再び朝日に頼むのもどうかと思ひ)、ローマ滞在の朝日支局長前田義徳(ヨシノリ)氏に事情を話し、同君が快く承知して百ポンド立て替へてくれたので、君の方から百ポンドだけ(日本の金で)前田氏の家(母堂のゐる家)へお届けを願ひたく、それで僕等は一時的に前田氏に借りて、結局は大兄に借りることになるわけで、此度(このたび)の外遊は大兄に負ふ所非常

に多く、衷心(ちゅうしん)から有り難く思つてゐる次第で、その返還方法その他についてはいづれ今年中には帰国するからその節までお待ちを願ひます。尚(なお)家内からその事(前田氏宅へお届けの件)についての具体的な方法を申し上げます。

堤〔常〕さんにもよろしく。他の諸君にもよろしく。

弥生子

岩波様

これまでの私たちのつまらない生活にも、なにか取(と)り柄(え)があつたとすれば、金銭の点で他人に御迷惑をおかけしないでどうにか生きて来た、と云ふ事でした。それが此度は根本から覆され、重ね〴〵御厚情にお頼り致しますことが、なんとも心苦しく、申わけなき事に存じます。しかしおかげで殊にこの際は到底踏み出して来られなくなつた外国を見せて頂いたことを心から有り難く存じ上げます。野上より申し上げました前田氏より借用の百ポンドは、誠に御手数でございますが左記へお届け下され度(た)く存じます。

淀橋区上落合一ノ四八九(電、落合長崎三四六)

岡本一之助氏

これは前田夫人の御実家で、そこへ御届けする約束になつたのでございます。何分ともよろしくお願ひいたします。野上よりお知らせ致しました如く来月末にアメリカへ渡りますが、こ

の土地は又恐しく物価が高いとのことで、殆ど素通りになるであらうと存じます。米大陸横断の費用は周遊キップに払ひこんでありますが、汽車も四五日を要し、どうしても寝台を必要といたしますとのことで、サンフランシスコにつくまでどうにかガソリンのつゞく算段につとめをり、ドイツ旅行も悉く三等で押し通しました。たゞ残念千万に存じましたのは、ベルリンからスカンヂナヴィアの三等旅行を計画いたしましたところ、七八日の駆け廻りでも四十ポンド以上はどうしてもかゝると聞かされ、終に残念ながら中止致しました。それと今一つの残念はキューリ夫人の娘さんのジョルヂオ・キューリ夫人と、キューリ夫人伝を書いた妹さんに逢へなかつたことでございます。来いと云ふ電話のかゝつた日に外出してをり、その明けの日私たちはドイツに立つキップが買つてあり、夫人は大学の授業が終つて田舎へ行かれるので、どうしても都合がつかなかつたのでございます。このジョルヂィオ・キュリ夫妻は二人ともノーベル賞を取つた人で、お母さんのキューリ夫人に劣らない方であり、旦那さんはソルボン〔ヌ〕の教授、夫人はお母さんの残したキューリ研究所の教授で、ブルム内閣の時には大臣の椅子についた方でございます。雄一郎氏〔岩波茂雄長男〕、雄二郎氏〔同次男〕がこのお二方のことはよく知つてをります。旦那さんのジョルヂオの方にはお逢ひしましたが、若い温雅な立派な学者でした。戦争の話になりました時、

『人類はまだ若いから、いろいろな過失を起すこともあるだらう。しかしそれに依つて失

望してはならない』

と云ひ、日本のことについても、

『あれだけの事をする後には、屹度文化の方にも何か強力なものがあるに相違ない』

と云ふ中々分つた、同情のある見方をしてをりました。私はヒットラーにもムッソリーニにも逢はなくとも、この家庭だけは是非訪ねたかつたのでした。今度の旅行中の最大の損失と口惜しがつてをります。

しかしこれも考へれば贅沢な失望でございませう。あなたはボンにお出でになりましたか。私共はそこでベートヴェンの生れた家を訪ねました。まことに些やかな三階で、彼の生れたのは小さい屋根裏で、天井のつかへさうな粗末なところでした。そこで七つの時のはじめての音楽会のプログラムや、十才の時には収入の途を計るために教会のオルガン弾きをしたと云ふ、粗末なそのオルガンや、また三十二才からツンボになつて、以来使用したと云ふ大きなラッパやヒシャクの形をした聴音器を見て胸一杯になりました。取り分け買物の計算をした一枚の紙片には、バタが幾ら、チーズが幾ら、肉が幾らと書き出し、仕払つた分に×がしてあります。そばにある多くのシンフォニーを書いた同じ書体で、そんなこま〳〵した買物が書き並べてあることも、彼の貧しい生活をまざ〳〵見るやうで、感銘に堪えませんでした。この家でも、シューベルトの家でも、又ワイマーのシラーの家でも、あのゲーテの家でさへ今から考へると実

に粗末な、簡素な生活であつたと存じます。それ等を見て、私たちも決して貧乏に負けず、その中からこそ立派な仕事を生み出さなければならないのだ、と云ふ覚悟を新(あらた)にしたことでした。いろ〳〵と自分の考へのみを書きつゞけましたが、この頃の日本は如何でございますか。時々大使館などで新聞を見る度(たび)に深い心配に打たれます。いろ〳〵な外国を見て、日本のよさ、優れた点が分かるだけ、これをどうにか正しい成長と発達を与へ度(た)い願望が燃え立ちます。しかし私のこんな気持を卒直に発表さしてくれることが出来るでせうか。その事を考へると、日本へ帰つての仕事が今から案じられます。

　雄一郎ちゃんのケンサのことはどうなりましたでせう。ずいぶん気になつてをります。今頃は皆様北軽井沢と存じます。あの高原を思ひ出すと帰り度くなります。茂吉郎〔野上家次男〕も休みで今頃は燿三〔野上家三男〕と共にあちらへ参つてをります事かと存じられます。いづれこれも亦御世話に預かつてをります事でせう。ほんとうに有りがたく存じます。

　ドイツにも、イタリーにも今は何一つすぐれた文学的作品はない、と云ふ有様ださうでございます。何より先(ま)づ箇性を尊重する作品に、箇性を没却した統制を強ゐられるとすれば、なんにも書くことはなくなる筈(はず)でございます。人の真似も、よいところは幾ら真似してもよいが、こんなところまで日本が独伊の真似をして貰(もら)つては困ると存じます。

　申上げ度いこと、お話いたし度きことが山ほどございます。くれぐれも御健勝を神かけて祈

り上げます。

昭和十四年八月九日午前　モン・パルナスの仮寓にて

奥様、雄一郎雄二郎両君、末子ちゃん〔岩波茂雄四女〕、その他小林〔勇〕さんのお宅にも山崎〔文勇〕さんにも小平〔吉男〕さんにもくれぐ〵よろしく願ひ上げます。皆様に御無沙汰のみで申わけなく、なにも帰家の上と存じてをります。

念の為岡本氏宛名刺を封入します　いづれ堤さんに御厄介になる事と存じます　よろしく

中村吉右衛門（なかむらきちえもん）

一九三九（昭和十四）年九月十六日消印の絵葉書

一八八六―一九五四。歌舞伎俳優。初世。三世中村歌六の長男。一八九七年吉右衛門の名で初舞台。六世尾上菊五郎とともに、菊吉時代を作る。

この時五十四歳。この年九月の歌舞伎座公演、宇野信夫作「通俗黄門記」で水戸黄門を演じている。

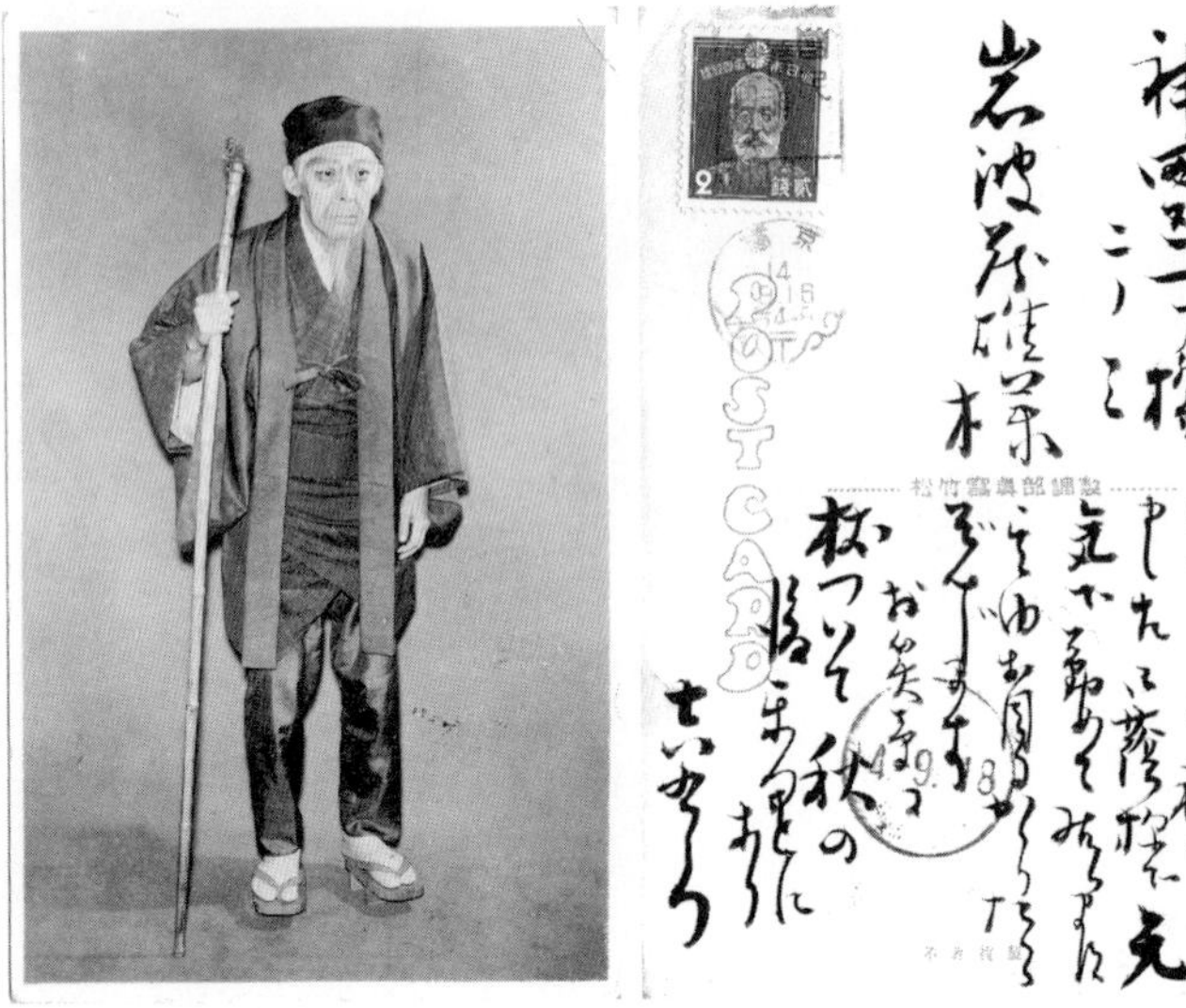

先日は失礼いたしました　御蔭様で元気
で勤めて居ります　其内お目にかゝかりた
くぞんじます
お笑草に
杖ついて秋の後楽里にあり
吉右衛門

谷崎潤一郎

一九三九(昭和十四)年十月二十一日付の手紙
兵庫県武庫郡住吉村反高林

一八八六―一九六五。小説家・劇作家。第二次『新思潮』同人。著書『痴人の愛』『春琴抄』『細雪』など。一九三五年からとりかかった『源氏物語』の口語訳(いわゆる「谷崎源氏」)は四一年に完成する。五十八歳の時の手紙。一九四〇年三月に刊行開始される「鏡花全集」の編集委員会の案内に対する返事。この手紙の後、二十三日付速達葉書で出席可能になった旨連絡している。

拝復

故先生の全集出版之事貴店に於て御引請下さいました由まことに喜ばしく存ます　何卒何分ともに宜敷御願申ます

小生源氏刊行中は引続き多忙にて何事も皆様にお任せいたし申訳なく存じて居ります

二十四日も御招待にあづかり有難く存ますが果して出席出来ますかどうか　二十三日中に上京致した上で電話か速達にて御返事申上ます

匆々

十月廿一日　谷崎潤一郎

岩波様　侍史

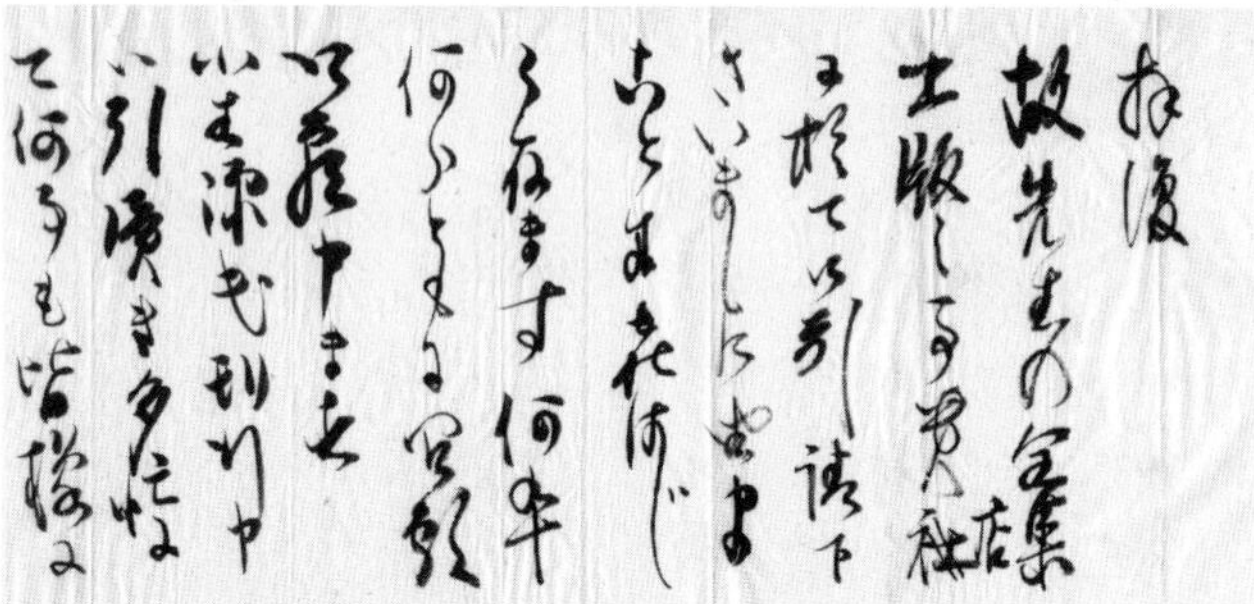

拝復
故先生の全集
出版しますが貴店
に於て御引請下
さいましたに就ては
私共も安心はじ
め存ます 何卒
何分とよろしく願
[illegible]申ます
[illegible]到りや
い引受多忙な
て何事も皆様に

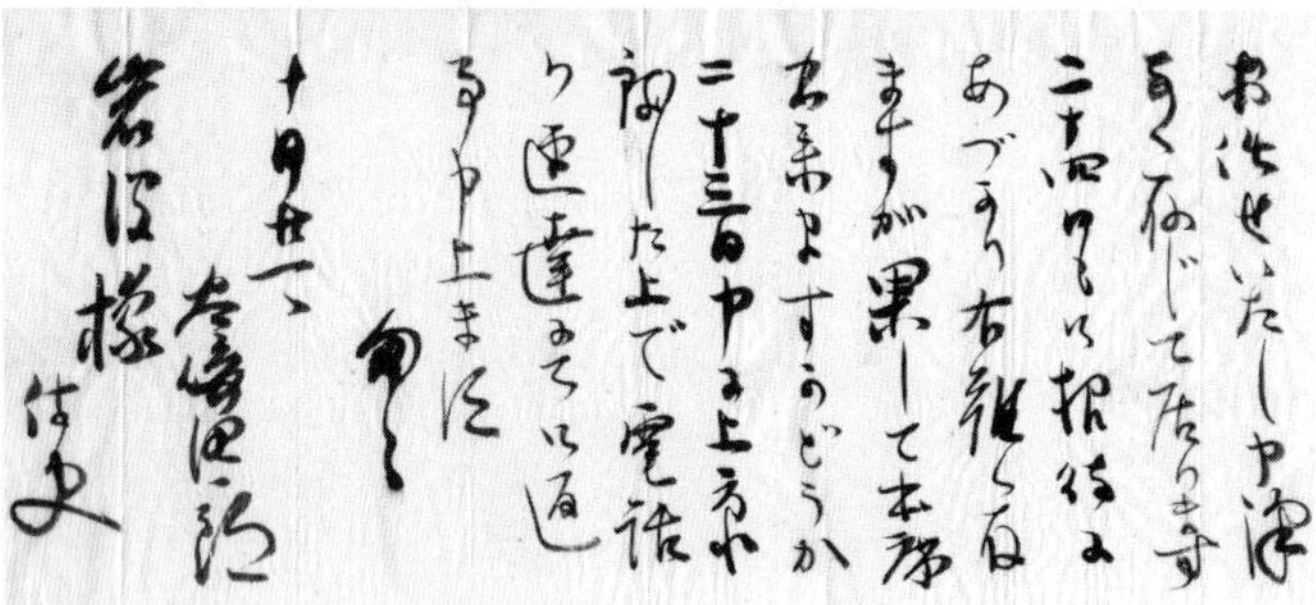

お任せいたし申度
尊く存じて居ります
二十四日には招待に
あづかり有難く存
ますが果して参上
出来ますかどうか
二十三日中に上京の
上でした上で電話
で通達いたし返
事申上ます候
頓首
十月廿一日 [illegible]
岩波様 侍史

久野収(くの おさむ)

一九三九(昭和十四)年十一月二十二日付の手紙
大阪市東淀川区大隅通七九　昭和高商内　支那経済研究所(封筒印刷)

一九一〇―九九。哲学者。京都大学卒業後、中井正一らと雑誌『世界文化』、ついで新聞「土曜日」創刊。治安維持法違反に問われ、二年間獄中生活を送る。

二十九歳の時、出獄直後の手紙。保護観察処分を受けながら、敗戦時まで大阪の昭和高等商業学校に嘱託として勤務する傍ら、岩波茂雄の私的な相談者として編集活動に協力している。

岩波茂雄様

御無沙汰申し上げて居ますが益々(ますます)御健勝のことと存じます。

先日御話を介して伺ふを得ました御熱意は私の気持をどれ程力附けて呉れたかわかりません。我が国に真の学問の伝統を確立するために微力乍(なが)らも全力を捧げる決意を一層強く固め得て何か新しい気力が湧いて参りました。

その操志の故(ゆえ)に、その独立と自尊の故に、その開拓者的魂の故に、我々青年の最も頼母(たのも)しい先達であられたあなたからあの様な温い激励の御言葉を戴いたことは深く私を感激せしめて居ます。

どうか何時までも何時までも学問と青年の真の味方として活動をお続け下さいます様に。私達も御厚誼に報ひて、日本の学問を、日本の知性を必ず世界史の伝統の上に確立せずには措かない積りであります。その為には如何なる苦しみも敢て厭はぬ覚悟は所持して居ります。その歩度はおそく、外見は華かさから遠いものであつても、我が国の知性と生活をして、真の近代精神の上に立たせること、ここに総ての事柄がかかつて居る様に思はれます。そしてかかる近代精神の誕生地は西欧であつたことも否認し得べくもない事実であります。凡ゆる方面からするこの仕事の遂行こそは真の明治の精神の後嗣者達の光栄ある責務であり、系譜の継承であります。

私達はこう云ふ自覚に基いてこれから努力を続けて参ります。後嗣者の為、温く強い御叱正を戴ければどんなに嬉しいか知れません。

十日ばかり前こちらへ移つて参りました。あまり、前途があるとも言へない位置なのでありますが、許される間、自己を鍛へ、養ふことに全力をつくし、ぼつぼつ自己の本当の仕事の前提を築いて行きたく考へて居ります。その期間が一年になるか二年になるか解らないのでありますが何とかして頑張つて行く積りであります。

年末には帰鎌する予定で居ります。

その節はどうか亦御面会下さいます様御願ひ致します。

御清祥を切に祈ります。

十一月廿二日

久野収拝

小林英夫

一九三九(昭和十四)年十一月二十八日付の手紙
京城府新堂町三〇四ノ二四一

一九〇三―七八。言語学者。ソシュールの「一般言語学講義」を『言語学原論』として一九二八年世界に先がけて翻訳・紹介したことで知られる。著書『言語と文体』など。
四十歳の時の手紙。ソシュール『言語学原論』の改訳を終えての挨拶状。改訳新版は翌年三月刊行された。同書は更に一九七二年、『一般言語学講義』と書名を改め新版刊行。

岩波茂雄先生　侍史

今春は大いに御馳走にあづかり浜作の料理の味が忘れられません、ソシュール『言語学原論』出版に関しましては一方ならず御援助を賜はり御蔭様で漸く校を了へることを得ました、殆ど本年一杯の仕事でございました、物が大物すぎて微力の私には少々荷重に存じますが、全力をつくし、やる丈のことはやることの出来たのは愉快に存じます、校正にあたりましても終

始気持よく充分の暇をかけさして頂きまして、不測の誤植を僅少に致すことができました、翻訳は人のを拝見する時は文句のみ附けますが、いざ自ら手を下してみますと思はぬ難関にぶつかりなか〳〵思ふやうに参りません、どんなに手を尽しましても定訳と称しうべきものに致すには初版では絶対に不可能、まづ第三版位でやゝ見るべきものになるのではないかとの感を深う致しました、『原論』は言語学書として曾て現はれたもののうちで最も重要な、殆ど聖書的価値を持つてゐます著作とて、泰西においても我国においても専攻者必読の書、又他学の徒にとりましても、言語学とは何かといふことを直ちに明示する此上なき良書ゆゑ充分普及されたく存じます、それゆゑ私の希望としましては、これは貴店の方針と全く一致することでございますが、できる丈部数を多くして、単価を安くしていたゞきたいと存じます、

岩波文庫や新書については、我々読者は如何ばかり恩恵を蒙つてをるか存じません、只最近北海道帝大新聞に紀之国屋書店主が書いてゐますやうに、岩波アカデミスムが悪く固まらぬやう警戒して欲しいと存じます、殊に文学物の翻訳にあたつては、教壇的に走り、一般読者には全く不可解な文字の羅列に終つてをるやうなものもまゝ見受けられるのは残念千万に存じます、先日一寸そのことにつき長田〔幹雄〕氏に書面を呈上いたしました、

いつぞや朝鮮の林檎をおほめになりましたことを記憶してをりましたので、先日当地の丁子屋といふ店から、国光印苹果一箱お送り申上げました、途中腐敗のおそれの為紅玉の味を御覧

に入れることが出来ず残念に存じますが、国光は香りで賞味していたゞきます、尤も今年は雹害で余り上等ではないやうでございますが、

拙筆御判読願上げます

京城にて

昭和十四年十一月廿八日

小林英夫

長谷川万次郎(如是閑)

一九三九(昭和十四)年十二月十五日付の手紙

東京市中野区上の原町六

一八七五―一九六九。ジャーナリスト、評論家。新聞記者を経て、大山郁夫、櫛田民蔵らと雑誌『我等』創刊、文明批評を展開。著書『現代国家批判』『現代社会批判』『日本ファシズム批判』など。

六十四歳の時の手紙。この頃、日本文化についての考察に専念、一年前に岩波新書で『日本的性格』を執筆刊行している。この手紙での如是閑案は実現しなかったが、戦後、「大日本史料」と「大日本古文書」の復刻は東京大学出版会が担当、岩波書店は東京大学史料編纂所の「大日本古記録」の新刊を担当することになる。

拝上　先日は失礼、その節申さんと存じて時間なくて御別れしたが、本日小林〔勇〕君が見えた故一寸申したが、実は帝大史料編纂で長年かゝつて出してゐる「大日本史料」(今は百数十冊出てゐる)と「大日本古文書」(今は百冊近く出てゐる)とを貴下のところで覆刻することは出来ぬでしやうかといふことの御相談なり　大学の許否はわからぬが予算不足のやうに聞いている故少しでも印税になれば許すのではあるまいか、とにかく両書は今は中々手に入れ難く且つ値段も高く(一昨年頃は史料は七八百円、古文書は五六百円だつたが　今は双方で二千円近いのではないか)実は小生自身大に痛感したので、今出てももはや小生の間には合はなくとも世間助けとなるのではないかと思ふ、是非何処かでやるべきです　文字も大きく組もあらい故つめれば冊数も減るし編輯の労も少く(多少改良補正の要はあらん)比較的その点世話がないし　たゞ例の紙の問題だがそんなことは小生にはわからない　とにかくあゝいふものが民間の貧学究には高根の花で昔の「相伝の秘書」見たやうになつてゐるのがいけない　是非何処かでやつて貰ひ〔たい〕のです　それに今一つその計画が貴下のところであれば原本を小生が時々借りられる便もあらんかと存じ是非貴下に願ふ次第　又やるやらぬは本を求めてから考慮するといふことにして下されても本の拝借は出来相故それも一つ御願申したいことは小林君に申して置いたが、そのやうに動機には利己利他混在のことは始めから白状します　従つて何もかも強いてとは申さぬが(申したところでやらぬことはやるまいが)真面目に御考慮願ひたいのです　何れ拝

顔を得申したけれど不取敢右迄　草々

長谷川万

岩波大兄

侍史

夏目伸六

一九三九(昭和十四)年十二月二十五日付の葉書
中支派遣斎藤(弥)部隊　鳥海部隊佐瀬隊

一九〇八—七五。夏目漱石の次男。一九三七年応召。四〇年中国から帰還後、文藝春秋社に入社。戦後は随筆家として『父・夏目漱石』等を著す。
三十一歳の時、中支からの軍用葉書。

拝啓、昨日小包戴きました。御忙しいところをわざ〳〵ありがたう御在ました。その外毎月送つて下さる図書と云ふ雑誌、あれがくる度あの表紙を見、その解説を読むのが楽しみです。兎に角雑誌と云つては講談本程度の物が殆どですから、あゝした雑誌は大いに自分にとつてありがたく思はれるのです。今日はもう二十五日、今年もどうやらこの儘暮れ想です。そして又

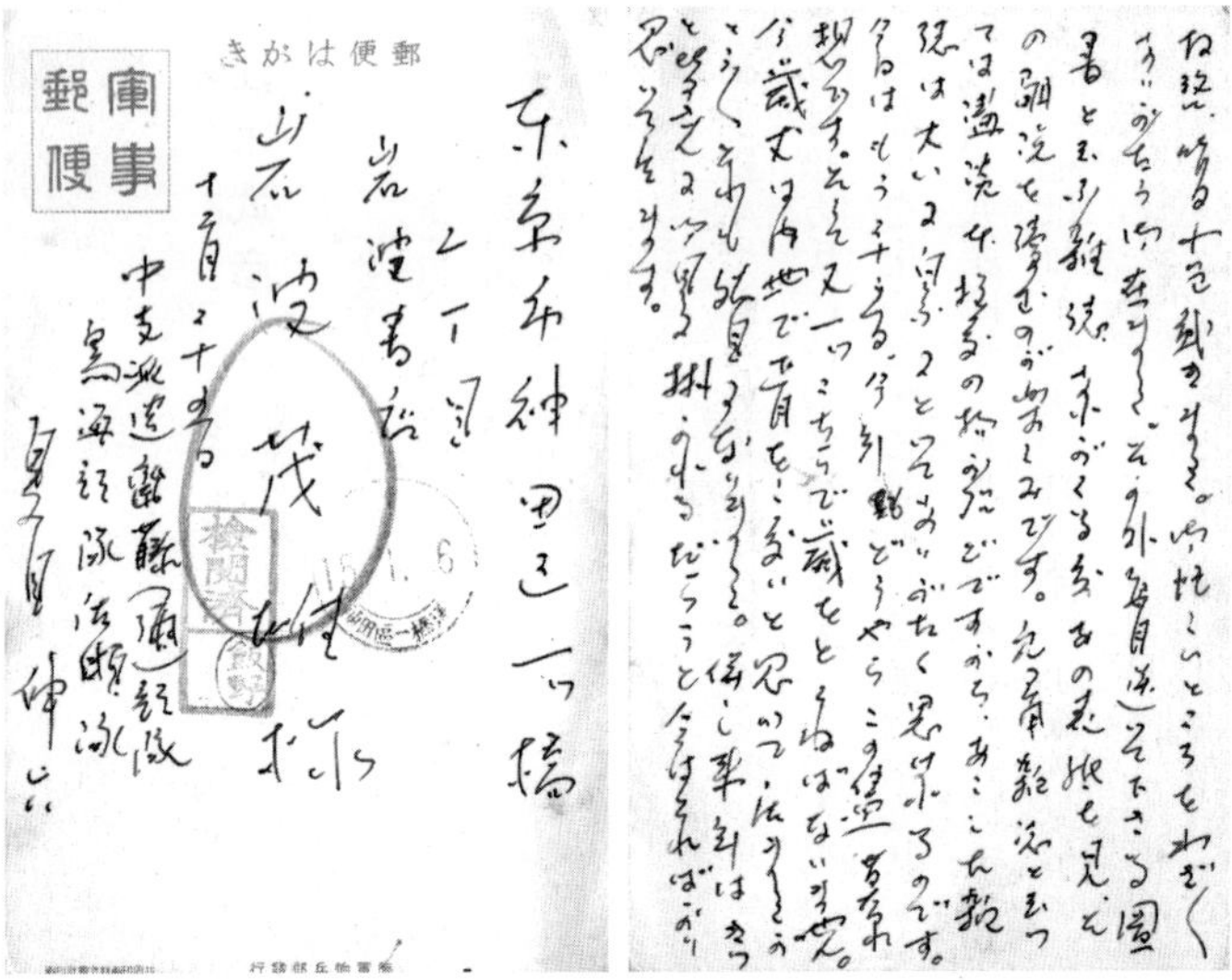

一ツこちらで歳をとらねばなりません。今歳丈は内地で正月をし度いと思つて居ましたがとう〳〵それも駄目になりました。併し来年はきつと皆さんに御目に掛かれるだらうと今はそればかり思つて居ます。

江木武彦

一九三九(昭和十四)年頃の手紙
同盟通信社 30 Hsi Tsungpu-Hutung, East City, Peking(封筒印刷)

一九一〇―九八。一高以来の友人江木定男の次男。同盟通信記者として王克敏政権下の北京に滞在中、東京に戻る上司の松方三郎に託して届けられた。岩波茂雄は江木定男が一九二二年に亡くなった後、遺族の面倒を見、相談相手となっていた。江木武彦は戦後一時社会党の文化部長を務めた。

御無沙汰致しました、
御手紙を出したいとは思ひながらも、事実の書けないものは仕方なしとしてやめてました、これは松方氏に持つて行つて戴くので本当の事を書きます、
当北京を中心とする諸般の状態は治安状態すら未だ成らず、心細い限りです　北京の四郊等敗残兵、共産匪等で充満、折々銃声が聴える位で、万寿山等危なくて、遊覧客も非常に減りました、他は目茶です、日本流の小乗的見解に加えて　馬上剣を以て而も満州国時代の関東軍の如く統一したイデオロギーも有せず、特務部とか云ふ奇妙なる組織をもつて政治をしようと云ふのですから、不愉快にも何も御話にならない程です、

臨時政府の王克敏なども政府部内の支那人官吏よりの評判も極度に悪く　又彼自身の自己主義的な性格から推して　その地位の妥当なりや否や考へさせられます、臨時政府内の青年官吏の中には質の好いのが少しは居るので、それ等と協力、真に文化的締結？でもしたいと努力してます、こちらの軍人どもは威張る事のみを知り、心を開いて、共に国策に尽すの念に乏しい事、おびたゞしいです、

伯父上様も暇がおありでしたら、是非一度この惨状を見に居らつしやい、臨時政府の要人連も相互に喧嘩ばかりして大切な仕事は実に目茶々々です、支那を解らず而も支那人を使ふ事すら(日本人すら信用して使へないのですから)出来ない連中にのさばられる北支の将来こそ心配に堪へません、早く確りした信念ある人間が来て政治すべきです、

では、これで止めます。又書きます、

武彦

岩波伯父上様

P.S.　御体御大切に　御奮闘の程を

金素雲（キムソウン）

一九四〇（昭和十五）年三月十七日付の手紙
中野区新井町六四九　山口方

一九〇八—八一。翻訳家・随筆家。韓国釜山生まれ。一九二〇年来日。二九年『朝鮮民謡集』を翻訳刊行して注目される。

一九四〇年三月八日、岩波茂雄は出版法違反の容疑で著者津田左右吉（つだそうきち）とともに起訴される。そのお見舞いの手紙。この時金素雲三十二歳。四月には河出書房から朝鮮現代詩集『乳色の雲』刊行。岩波文庫の『朝鮮童謡選』『朝鮮民謡選』は、いずれも一九三三年に刊行されている。

岩波茂雄先生　侍史

拝啓　日頃は御無沙汰申上げてをります　昨冬は小著のことに就（つ）き御心遣ひいたゞきましたこと厚く御礼申上げます　あれは河出書房といふのに渡りまして四月初旬頃書物になる筈でありります　こんな時節ですから一切註文めいたぜいたくは言はず先方の都合通りに一任いたしました　御報告までに申添（もうしそ）へます

過日の新聞紙面で御災難の趣きを知り早速にも御見舞さし上げたい心持でしたが何をどうお慰め申上げてよいか言葉もなく本日まで延引いたしました　成るべく面倒なしに片づいてくれ

ゝばよいがと蔭ながら御祷りしてをります　一種精神的な所得税とでも申しませうか　多かれ尠(すくな)かれ足に搦(から)みつく茨(いばら)は避け難(がた)い時代となりました

朝鮮では苗字が変る、言葉が無くなる　朝鮮文の新聞が潰(つぶ)される等いよ〳〵差迫(さしせま)つた空気がみなぎりこゝ一二年騒然としてゐます　文化の本質をすら疑はねばならぬほどの事態ですが私達はたゞ目に見えぬ宇宙の摂理ともいふべきものを信じ生きることに飽(あ)くまで希望をつないで生く他はありません　繰言(くりごと)を申上げましたが御聴棄(おききす)てをねがひます

先月末京城からこちらにまたまゐりました　四月初旬過ぎ一旦京城に帰り五月頃またまゐります　年内に朝鮮郷土叢話四巻を終へて来春から国訳朝鮮語辞典に取りかゝる予定でありますこれは約十二三年で完了の筈(はず)でござゐます

ひとしほの御自愛念じ上げます

三月十七日

金素雲拝

中谷宇吉郎

一九四〇（昭和十五）年五月三十一日付の手紙
札幌市南四条西十六丁目

一九〇〇—六二。物理学者。寺田寅彦に師事して実験物理学を専攻したが、一九三〇年北大助教授に就任してから雪の結晶・人工雪を研究、氷雪学を拓く。随筆家としても名高い。三十九歳の時の手紙。『冬の華』は一九三八年刊行。『続　冬の華』は甲鳥書林から四〇年七月刊行。

拝啓　先日上京の際は御馳走になつて誠に難有う御座いました　其の後御元気のことと存じますが猶一層の御自愛を祈ります　私方も御蔭様で一同元気でをりますから御放神を願ひます　ところで一寸御了解を願ひたいことがあるのですが　実は小生の第二随筆集を纏めてをきたいと思つてゐましたのですが　四月一寸小林〔勇〕君に其の意向を漠然とつたへて見たところ御店の方では大分紙に難渋してをられて名著でも品切になつてゐるものが沢山ありその増刷も思ふにまかせぬやうな御話だつたもので　小生の全くの道楽の為に出す本などは御遠慮申し上げる方が至当だらうと思つてゐました　ところが幸ひ甲鳥書林といふ素人の本屋が少し紙を持つてゐるから小生の本を出してやると申して来ましたのでその方へ頼むことに致しました　本そのものは誠につまらぬもので「岩波書店」の格から言へば紙の問題に拘らず御遠慮申し上げるのが至当なのですが、縋つて御了解を願ふといふのは却つて思ひ上つてゐることにもなるか

も知れませんが　平素御懇意を願つてゐる関係上一言御挨拶を申し上げます
ところで本の名前ですが、それも色々考へましたがどうも良い名前が見付からず結局「続冬の華」といふことにしました、「冬の華」を御厚志によつて御店から出して頂いたのに「続冬の華」を名もない店から出すのは一寸失礼かと思ひますが、どうも外に良い名前が見付からないのでその点も御了承を御願ひ致します
小生六月十四日には又上京、三四日滞在致しますから又御目にかゝりゆる〳〵御話致し度と存じてをります
とりあへず要用のみ匆々申し上げます

五月卅一日

中谷宇吉郎

岩波茂雄様

山本安英（やまもとやすえ）

一九四〇(昭和十五)年八月二十四日付の手紙
東京市渋谷区千駄ヶ谷四丁目五九二

一九〇二―一九九三。女優。築地小劇場で「新劇の聖女」と呼ばれる。築地小劇場分裂後、丸山定夫（まるやまさだお）らと新築地劇団に参加。戦後はぶどうの会を結成、木下順二作「夕鶴」の公演回数一千回を達成する。

一九四〇年八月十九日、村山知義（むらやまともよし）・久保栄（くぼさかえ）ら、新協劇団と新築地劇団のメンバー百名余が治安維持法違反で一斉検挙、二十三日、両劇団は解散を余儀なくされる。その翌日に書き送られた手紙。この時山本安英三十三歳。岩波茂雄は創業二十年を記念して設けた感謝金を贈るなど、山本安英の活動に物心両面にわたる支援を続けていた。この頃、築地小劇場の舞台に新しい幕を贈ることにし高村光太郎にデザインを頼み、布地の手配などを始めていた。

岩波先生
先日は色々とありがたうございました。

久しぶりにお目もじ出来て本当に嬉しう存じました。いつも〳〵御親切に御心にかけて頂き、何と御礼の申しやうもございません。

母達からもくれ〴〵もよろしくとの事でございます。この困難な時代の中での岩波の只今のお仕事は、本当に私達の心から感謝しなければならないものでございます。

お大事な御身ですし、先生もどうぞこの上共御自重下さつて毎日を益々（ますます）お元気でおすごし下

さいますやうに。

　さて、今朝の新聞でもう御存知の事と思ひますが、新協・新築地共に解体を致しました。長い間のあつい御支援に対しては、とてもここで御礼を申し述べられるものではございませんし、いづれお目もじの上として、今日はとりあへず御報告だけを一寸(ちよつと)申し上げる事に致します。

　新聞では、それ〴〵の代表者が招致されて、自発的解散といふ事になつてゐますが、実は十九日の朝から、両劇団のメムバーの主だつた所は全部やられて居ります。私の方の新築地は、信州へロケーションに行つてゐるので大分たすかりましたが、それも帰りますと改めて呼び出される事になつて居ります。

　古いところで無事だつたのは私の方の丸山定夫さんと、私との二人だけ位の模様です。私は一年十ケ月許りも病休してゐた為らしく、その代り新聞社の人々につけ廻されたので、ずつと今日まで籠つて居りました。

　今後は新体制に副つた演劇をといふ事になる訳ですが、勿論(もちろん)芸術の仕事がかうした事で折れるといふことはありませんし、今後は益々(ますます)元気に、新しい形で歩みを進めるつもりで居ります。

　新築地結成以来十二年、旧築地の時代を入れて十七年間の運動を憶(おも)へば、やはり心淋しいものがありますが、又考へやうによつてはいよ〳〵これからとも思へますし、何にしてもしつか

りやつてゆくつもりで居ります。どうぞこの上共何かと御援助、御教導の程お願ひ致します。幕のこと、まだ松田〔条太郎〕さんが帰りませんが、私としては先日も申し上げましたやうに、こんな状態の時ですし、只今は一時お見合せ頂いて、又いづれといふ方がよろしいやうに存じます。先生の御身に、万一、何か御迷惑がかゝつてもいけませんし、松田さんがかへりましたら、私の意見としてよくお話をして見るつもりで居ります。二、三日うちには帰ると思ひますので、先生もお会ひの節はよろしくお願ひ致します。

右の次第で、このところ一寸(ちょっと)仕事も休みになりますので、御都合のおよろしい折に大磯の方へお供させて頂きたいと存じます。

お電話ででも前日にお打ち合せ頂ければ、鎌倉の方へでもお迎ひに参上致します。

(四谷、五五八四)鈴木さんといふすぐ前の家で取りついでくれる事になつて居ります。

御身体どうぞ御大切に。

八月二十四日　　山本安英

一九四一―四六年
(昭和十六―二十一年)

一九四一・11　津田事件公判始まる
12　真珠湾攻撃（太平洋戦争始まる）
叢書「少国民のために」創刊
四二・5　津田事件第一審判決（執行猶予付有罪）。ただちに双方控訴
11　回顧三十年感謝晩餐会
12　「本居宣長全集」刊行開始（六冊で中絶）
四三・11　情報局の命令で出版界の企業整備統合始まる
四四・3　『教育』休刊（用紙割当て受けられず）
10　『思想』休刊
11　津田事件控訴裁判、時効により免訴
12　『文学』『科学』休刊
四五・3　岩波茂雄、多額納税者議員補欠選挙に立候補して当選。貴族院議員となる
5　店員小林勇、治安維持法違反の嫌疑で検挙
8　ポツダム宣言受諾（敗戦）
9　岩波茂雄長男雄一郎没
岩波茂雄、長野で脳溢血で倒れる
三木清獄死
9―10　『思想』『文学』『科学』再刊
四六・1　雑誌『世界』創刊
2　岩波茂雄、文化勲章受ける
4　岩波茂雄没

安部磯雄

一九四一(昭和十六)年一月九日付の手紙
東京市牛込区新小川町二ノ一〇　江戸川アパート百七号

一八六五―一九四九。政治家。キリスト教社会主義者。一九〇一年幸徳秋水、片山潜らと社会民主党結成、二日後に解散させられる。日露戦争で非戦論を唱える。一九二四年石川三四郎、島中雄三らと日本フェビアン協会創立。二六年社会民衆党(のち社会大衆党)結成、委員長に就任。七十五歳の時の手紙。前年の一九四〇年、斎藤隆夫の反軍演説に対する懲罰に反対して社会大衆党を離脱、同志と新党結成を図ったが禁止された。

拝呈　平素は御無音に打過ぎ申訳ありません　御承知の如く私は去る十二月に衆議院議員を辞することにいたしました　これには種々理由がありますが　大分以前に私共十人の同志は斎藤問題のため社会大衆党と分離して国民勤労党なるものを組織したのでありますが　これは或人々の誣言により て赤党として解散されたのであります　いよ〳〵新体制となりても私共は依然として冷遇されて居たのであります　私は兎に角として他の九名が全く政界から疎外されることは如何にも残念でありますから種々尽力の結果私共議員倶楽部に入会が出来るようになり

ました　これで一段落となりましたので私は老年でもありますから此際(このさい)政界を隠退することに決心いたしました　過去に於ける選挙毎(ごと)に多大の御援助を賜はりましたことは終生忘れることの出来ぬことであります　茲(ここ)に改めて厚く御礼申上ます

右手にリューマチを病んで居りますため運筆意の如くならず御推読を願上(ねがいあげ)ます

昭和十六年一月九日

安部磯雄

岩波茂雄様

倉橋文雄（くらはしふみお）

一九四一（昭和十六）年四月十日付の手紙
中野区千光前町一〇

一九一六―八三。社会経済史学者。敗戦直後、歴史学研究会の再建に尽力。法政大学法学部教授。著書『産業革命』など。

一九四一年、歴史学研究会（歴研）の機関誌『歴史学研究』の発売所は岩波書店に移るが、そのきっかけとなった手紙。倉橋文雄はこの時二十五歳。蛍雪書房のあとの発売所に交渉していた出版社から、受験教育をも配慮するよう編集方針の変更を求められ、危機感を募らせた会員の倉橋文雄が、教育学者の父惣三の紹介で急遽岩波茂雄に相談、この後、研究会と書店との正式な交渉が始められる。岩波書店は同年九月から四四年十二月の停刊まで同会誌の発売所、敗戦後四六年六月の復刊から五九年三月まで発行所となった。

昨日は御多忙中にも拘（かかわ）らずお会ひ下さいました上、長時間に亘（わた）つて未熟な私の話をお聞きとり戴きましたことを厚くお礼申上げます　父も大変恐縮致し呉々（くれぐれ）もよくお礼申上げてくれと申して居ります　又、歴史学研究会の進むべき道につきまして種々御懇篤な御注意を戴きまして誠に有難うございます

早速、会長三島〔一〕氏、幹事長鈴木〔俊〕氏他三、四の幹事達にお話の次第を伝へましたところ、会の性質につきまして御理解あるお言葉を賜ひましたことを一同心から欣（よろこ）び、すぐにも会の首

脳者が伺つて重ねてお願ひ致したいと申して居りました

昨日も申上げましたやうに、歴史学研究会は、初め若い学徒ばかりの同志的結合から出発しましたため、今日なほ未熟、不整頓な点が多々ございますが、会及び会誌の活動は相当に活潑でございまして、その意気が旺んであると共に、価値、品位のかなり高いことを狭いながらも世に認められて参りましたし、日本の歴史学の進歩のために、些か努力して参つたと自ら信じて居ります

それが、此の度の話の如き形で文検受験生目当ての雑誌の中に吸収せられ、申訳けのやうな存在となつてしまひますことは残念の極みでありますと共に、平素、歴史教育、一般啓蒙の重要性は充分に認めて、従来もそのために一層の努力を致すべきだと考へて居りましたにせよ、あの仕方では歴史教育の真の向上に資することにもなり得難いであらうと思つて居ります　あまつさへ、かの道をとりますことは、恐らく会誌、延いては会自体の破滅をやがて導くのではないかとも憂へて居ります、多少とも価値ありました、そうして将来益々価値を高からしめたいと思つて居ります会及び会誌を自ら進んで潰すことは歴史学の進歩のためにとるべからざる道であるから是非とも存続させるべきで、そのためには苦痛も隠忍し自重して行かねばなるまいとの気持もかなりございますが、醜態をさらして而も早晩瓦解する可能性が強い位ならば、むしろ今日唯今玉砕するに如かずとの意向が有力でございます　この間の可憐な事情と悲愴な

空気を御諒察下さいますやう一重にお願ひ申上げます

私としましては、この際、会及び会誌の危機が救はれ、同時にその将来の発展への道が拓かれるための最善の方法は貴台の御援助に俟つことでありますと信じまして、父に話しました上、一応独断を以て昨日お願ひ出ました次第でございますが、私より事後報告を受けました諸氏も、種々なる顧慮から御遠慮致して居りましたものゝ、もとより思ひは同じでございました

幸ひにして御同情を賜ひ得まして天下の岩波書店が義侠的にお引受け下さいますれば、会員一同の欣びはこれに過ぐるものなく、会及び会誌を益々価値高きものとするために、挙つて倍旧の努力を致す所存にございます　そうして会及び会誌に対する天下の信用を高めますことにより、当初書店におかけすることになりますべき御迷惑を漸次減じて行きたいものと望んで居りますが、又、それは大いに見込みのあることゝ考へて居ります

なほ、昨日、事務的説明と致しまして、従来、会では、書店側より編輯費名義で毎月六〇円、その他に原稿料四〇円(合計一〇〇円)を受取つて参つたと申上げ、またお手許に差上げました説明書にも左様書いたのでございますが、これは私の思違ひで、金額は

事務費及び部会例会会場借用費　二〇円

原稿料　四〇円

合計六〇円でございました　お詫び致しますとともに訂正申上げます　序(つい)で乍(なが)ら現在の会費納入の不成績は徴収方法の不徹底、書店の領収手続きに対する不信用とも相当関係がございまして、それらの点が改善されまして、会費納入が充実致しますれば、会員数が現在の状況にありましても、書店側の申します現在の欠損毎月約百円の大半は解消致す筈(はず)のことを繰返して申上げます

重ねて昨日のお礼を申上げますとともに、何卒会の性質とその現在の立場を御諒察の上、私共の身勝手なお願ひを御受納下さいますやう伏してお願ひ申上げます

倉橋文雄

四月十日

岩波茂雄様

津田左右吉（つだそうきち）

一九四一（昭和十六）年七月十六日付・九月一日付の手紙
群馬県北軽井沢法政大学村

一八七三―一九六一。歴史学者。一九四〇年一月、『神代史の研究』など、記紀研究四著作により、出版法違反として出版者岩波茂雄とともに起訴され、一九四二年有罪判決を受ける。控訴して一九四四年免訴。

六十七歳の時、いわゆる津田事件裁判の公判を控え、北軽井沢の別荘にこもって上申書を執筆していた頃の手紙二通。特別弁護人は、結局和辻哲郎に依頼する。両書簡とも全集未収録。

拝啓
不順の時候ですが御変りが無いことゝ存じます、弁護人のことについて種々御配慮下されてゐること、栗田〔直躬〕から申してまゐりました、万事然（しか）るべく御願申上げます、肝心の本人たる私がこんなところにまゐつてゐて、御忙しい貴方に何事もおしつけてしまつてゐるやうな有様で、甚（はなは）だ恐縮ですが、さう願ふより外に致しかたがない事態でありますので、恐縮ながら御願ひ致してゐる始末で御座います、何卒御ゆるしを願ひます、
公判では学問と学問の研究法とを判事にわからせるやうにすることに主力を置きたいと思ひ、その意味でできるだけの努力をするつもりで居ります、こちらでもそのための準備を致して居ります、

なほかねてから申上げようと思ひながら申上げずに過ぎて来たことでありますが、私の連坐として御迷惑をかけた上に、何もかも御厄介になつてゐて、私としては甚だ心苦しく存じて居ります、いろ〳〵考へてはゐますが、すべては事件の決着後にゆづりまして、只今のところは、何も申上げずに、一切お世話になつてゐる次第で御座います、御好意に任(まか)せすぎる感じを私としては致してゐますが、これ亦御宥恕(ゆうじょ)を願ひます、

御礼かた〴〵御願まで　匆々　敬具

十六日　津田左右吉

岩波様

御許

拝啓

先日は失礼致しました、其後、例の上申書を書いて居りますが、わかるやうに書かうとすれば、どうしても長くなりますので、段々脱稿が遅くなり、十日過ぎまでかゝるのではないかと案ぜられます、大体そのころに書き上げたい予定で居ります、従つて帰京は十五六日頃になるかと思ひます、

先日渡部〔良吉〕君に委細申して置きましたが、もと〳〵学問の問題でありますから、公判ではどうしても学問的空気のうちに法廷を導入してゆかねばならぬと思ひますし、また私一個人のことではなくして学界全体の死活問題でありますから、そのためには、法廷に学問的空気を造つてゆく意味に於て、又た学界の総意を裁判所に宣示する意味に於て、特別弁護人の必要があり、学者の方面からの上申書の必要があると存じます、このことについては予て南原〔繁〕氏に意見もあり企図もあるので、種々心配せられ、私の方にも手紙で申越されたこともありますから、甚だ差し出がましく恐縮でありますが、一度同氏と御会見御相談下されゝば幸甚に存じます、御都合によつては堤〔常〕さんに御願致したいと存じます、なほ前述の主旨は有馬〔忠三郎、弁護人〕氏にもよく諒解して置いてもらひたいと存じます、時日はどん〳〵たつてゆきますので、何となく気のせかるゝまゝ、右御願申上げ度いと存じます、失礼の儀はおゆるしを願ひます、

敬具

九月一日　津田左右吉

岩波様

机下

二白

多数連署の上申書の外に、個人としての特殊の上申書については白鳥〔庫吉〕先生の御

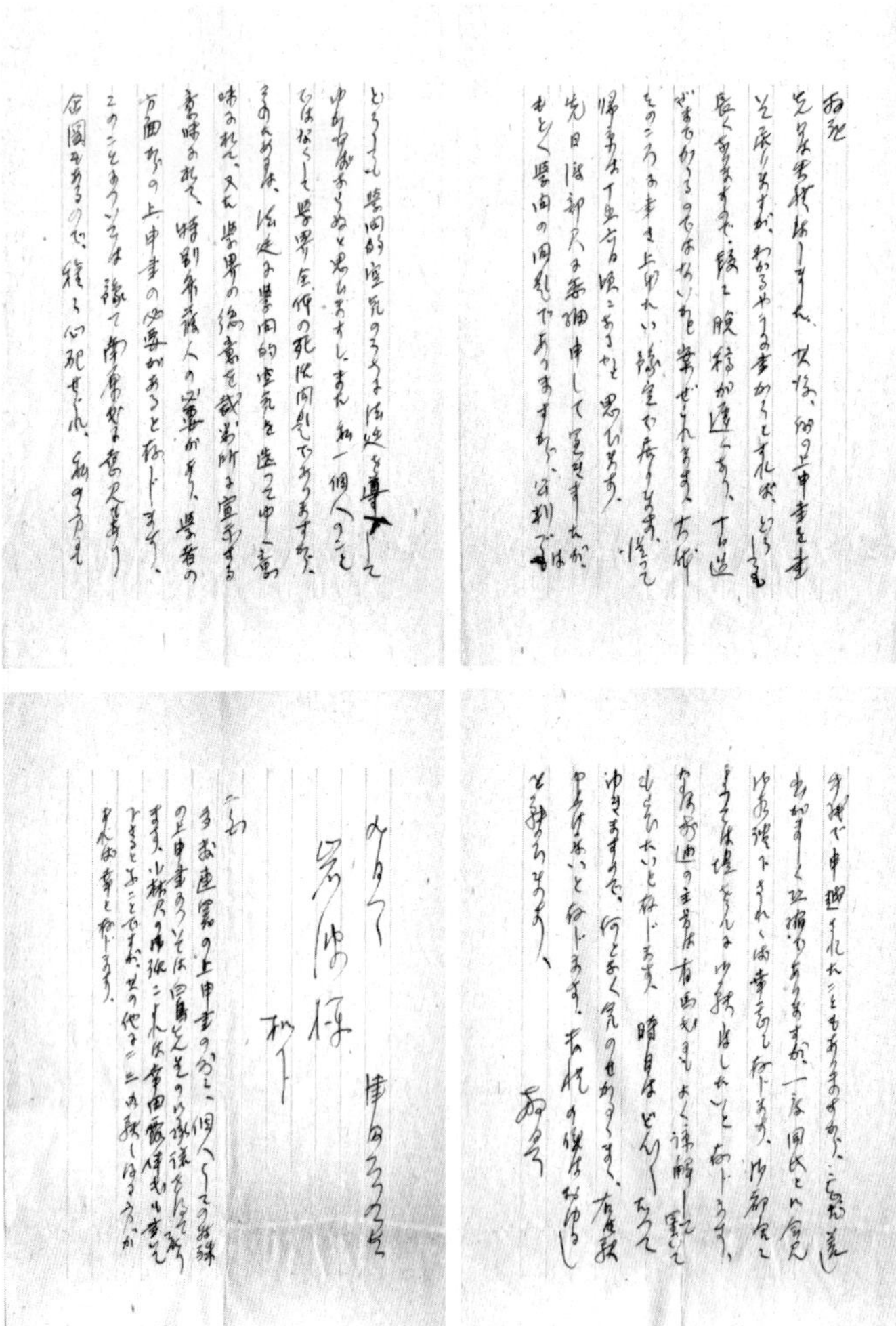

拝復
先日来御無沙汰致しました。此度、例の上申書を書き了りましたが、わかるやうに書かうとすれば、どうしても
長くなりますので、殊に脱稿が遅くなり、大分
ご迷惑をかけるのではないかと案ぜられます。大体
そのころに書き上げたい予定で居ります。従って
帰京は十五六日頃になるかと思ひます。
先日海野氏に依頼申して置きましたが
もともと学問の問題でありますから、公判では
どうしても学問的空気のうちに法廷を導いて
ゆかねばならぬと思ひます。これは私一個人のこと
ではなくして学界全体の死活問題でありますが、
そのためには、法廷に学問的空気を造ってゆく意
味において、又た学界の総意を裁判所に宣示する
意味において、特別弁護人の必要があり、学者の
方面からの上申書の必要があると存じます。
このことについて[illegible]南原氏も意見があり
企図せられるので、種々心配せられ、私の方も
手紙で申越されたこともありますが、この点差
[illegible]もありますが、一応同氏とも会見
御承諾下されゝば幸甚と存じます。[illegible]氏と
[illegible]少数派[illegible]ないと存じます。
[illegible]通の主旨は[illegible]もよく諒解して
もらひたいと存じます。時日はどんどんたつて
ゆきますので、何となく気のせかれます。右[illegible]
申上げたいと存じます。[illegible]の御健康を祈り
[illegible]ります。
敬具

[illegible]
津田左右吉
岩波様
机下

二白
多数連署の上申書の外に、個人としての特殊
の上申書あつてはどうか[illegible]先生の[illegible]を得て
ます。小林氏の[illegible]に木村[illegible]
下さるとよいことですが、其の他に二三の熟しい方が
出来れば幸と存じます。

承諾を得て居ります、小林〔勇〕君の御話によれば幸田露伴氏も書いて下さるといふことですが、其の他に二三御願し得る方があれば幸と存じます、

内山完造（うちやまかんぞう）

一九四一（昭和十六）年九月二十三日付の手紙
上海北四川路底　内山書店（封筒印刷）

一八八五―一九五九。内山書店主。一九一七年以降、上海で書店を経営、郭沫若や魯迅をかくまうなど、日本と中国の知識人を支援した。一九四七年帰国、神田神保町で内山書店を開店。著書『花甲録』（自伝）など。

五十六歳の時の手紙。岩波茂雄は開店二十周年記念事業の一として設けた感謝金を日中文化交流への尽力に敬意を表して贈っている（一九四三年）。

岩波先生

拝啓

御無沙汰申して居ります　お障（さわ）りありませんか　私もお陰様で無事に働らいて居ります　御安心下さい

扨(さて)最近のニュースを一つお送りします

事変前迄中支には医学校が

上海　東南医学院

　　　同徳医学院

　　　同済医学院

杭州　医薬専門学校

鎮江　江蘇医政学院

南昌　江西医学専門学校

上海　震旦大学医学院

南通　南通医学院

長沙　湘雅医学院

上海　聖約翰大学医学院

上海　上海女子医学院

上海　上海医学院

上海　南洋医学院

南京　金陵大学医学院

漢口　大同医学校

等がありましたが　此中で前頁の六校と南通医学院とは教科書は東京同仁会が漢訳出版せる物を使用して居りました処が　此次の事変で此七校閉鎖の止むなきに到りまして　以来今日迠有名無実的でありました処が　此中東南医学院と同徳医学院の二校が今日再開しました(日本の息きはかゝつて居らん様です)　九月開校と共にボツ〳〵ですが再び私の方で扱ふて居ります同仁会出版日本医学の漢訳本が其教科書に撰まれて只今僅かに弐種でありますが売行が目に見へて来ました　学生の数が両校合せてドノ位イ居るか未だ解りませんが　全く売行きが止つて居つた日本の漢訳ではあるが　明らかに原書も訳書も日本出版である物が教科書として再び売れ行きを見るに至りました事は誠に面白く思ふて居ります　如何に抗日排日に奔走して居る人々でも日本医術に対して其実力を否定する人はありません　其実力こそ再び今日の状態に於いても此れを教科書として採用したのであります(或は黙認であつても)　吾等は何んとそもそも其実力の培養が先決問題であります　新聞などに発表したら多分故障がはいつて中止になると思ひますから断じて発表は出来ませんが　文化の移植とか交流とかは矢張り

　言へば出来ないが言はねば出来る

と云ふ金言の通りであります　黙々として文化は移植され交流する事と思ひます　日本書籍が事変后其実力によつて再び支那人の手に読まれる様になつた口切りと思ひます　自ら愉快の禁

じ難きものありニュースとして御報申します　同志の方々へ発表を止めて御しらせ下さる様御願申します
先は御無沙汰の御詫び旁々申上候

内山完造拝

神近市子

一九四一(昭和十六)年十二月二十三日付の手紙
本郷区森川町一一七　蓋平館

一八八八―一九八一。婦人運動家。「東京日日新聞」記者時代、恋愛問題で大杉栄を刺して二年間服役。出獄後、文筆活動。一九三五年から『婦人文芸』を主宰。敗戦後は、衆議院議員となり、売春防止法制定に尽力。

五十三歳の時の手紙。一九二八年に発表された窪川(佐多)稲子の『ストライキと女店員』は、当時から同年三月に起こった岩波書店のストライキに材をとったものと一部でいわれていた。なお神近市子は前年、岩波新書でタイクマンの『トルキスタンへの旅』を翻訳している。

岩波茂雄様

過日は熱海では大変御世話様にあづかり有難う存じました。楽しい思ひ出になりました。

昨日窪川稲子さんに会ひました。古垣〔鉄郎〕氏の御口添へもあり私もその積りに致して居りましたのであの時のお話を致しましたところ窪川さんは意外のやうでした。

岩波氏は偉大な出版業者と平生から好意と尊敬とをもつて窃かに見てゐるもので問題の小説は全く自分が巌松堂の争議に関係した部分から描いたものであなたに関係はしてゐないといふことでした。何れにしてもあなたにその点ご了解願ひたいとの事、これは御会ひ下さつてお笑ひ流し下されたく、窪川さん何時でも出て来るといふことでございますから御都合のよい日御指図願上げます　二人で参上致します　春にでもなりましたら忘れずお呼び出し願上ます

年末何かと御多忙のことゝ存じます　御自愛のほど切に祈上げます

十二月二十三日　　神近市子

窪川（佐多）稲子

一九四二（昭和十七）年一月十八日付の手紙
群馬県伊香保　古久家

一九〇四—九八。小説家。一九二八年中野重治の勧めで『キャラメル工場から』を発表。その五か月後発表の『レストラン洛陽』と『彼女等の会話』（後に『ストライキと女店員』と改題）の二作品によって小説家としての地位を確立。プロレタリア文学を代表する女流作家。

三十七歳の時の手紙。一九二八年発表の『ストライキと女店員』が岩波書店の争議をモデルにしたという風評を否定し、誤解しないよう要請した手紙。その後、岩波茂雄の返事で、岩波がその作品を読んでおらず、怒ってもいないことが分かり、佐多稲子は作品集からの切り抜きを送っている。一九二八年は出版不況に見舞われた年。岩波書店だけでなく三省堂や巌松堂などでも争議が起きていた。

拝啓
お目にかゝりましたこともございませぬのに突然お手紙差上げまして失礼お許し下さいませ
お寒さの折からお障りなくいらつしやいませうか　おたづね申上げます
昨年の暮に神近市子様にお目にかゝりましたとき承りましたことで　あなた様としてはお笑ひ話のやうになさいましたことゝ存じますので事更にお手紙書きますのも如何かとためらはれてをりましたが　これをも何かの御縁と思召し下さればと存じてこの手紙差上げます
神近様のお話に岩波様があなたを恨らんでいらつしやるといふ言葉でお話出しになりびつく

りいたしました

巌松堂の争議のことを書きましたときのことなどのことで全くおもひがけませんでした　あの争議のときは私はあそこの争議場へまゐりましたり人々の話など聞きましてあのやうなものを書きましたが　お宅の方のことを書き入れたとおぼしめしとのことでこれはお思ひちがひのこと丶存じます

お宅のことを聞くやうな機会もございませんでしたし　巌松堂の争議のことだけ争議をしてゐる人々に聞いて書きましたことでした　今でもあの店の前を通りますとき　こ丶では私の本は売つて呉れないだらうなど丶ひとりよがりの苦笑をいたしますこともございます

あなたの方へ差しさはりのあつたとは夢にもおもいませんことでした

お笑ひすまし下されば幸せに存じます　また私のことでどなたかゞお願ひのお話をなさいました　そのこともわたくしとしては初めて耳にいたしますこと　あはせてこれもびつくりいたしましたがこれはどなたかゞ私への御親切からなさりましたこと丶存じますので　知らぬこと丶は申しながら失礼いたしました　いろ〱と思ひがけな〔い〕こと承りましたのでそれ以来心にか丶つてをりました

仕事のためにひとりこんなところにをりましてつひお手紙したゝめる気持ちになりました　お忙しいところをわづらはし恐縮に存じます　お近づきの御縁にして頂けますれば仕合(しあわ)せでご

ざいます
こちらは大分寒さもきびしうございます　この月いつぱいをりますつもりでございます　お寒さおいとひ下さいませ
かしこ
十八日
窪川稲子
岩波茂雄様

西田幾多郎（にしだきたろう）

一九四二(昭和十七)年五月二十二日・十一月三日付の手紙
京都市左京区田中飛鳥井町三二・鎌倉市姥ヶ谷五四七

一八七〇―一九四五。哲学者。「西田哲学」と呼ばれ、日本近代の思想界に圧倒的な影響力を持ち続けた。著書『善の研究』『自覚に於ける直観と反省』など。

執行猶予付の津田事件第一審判決(五月二十一日)の新聞記事を見て、直ぐに書き送られた手紙。同日付の電報(「ハンミタコレニテケツテイトナランコトヲノゾムニシダ」)もある。西田の期待に反して翌二十三日に検事側が控訴、直ちに被告側も控訴する。この時西田は七十一歳。

今朝新聞の判決を見た
案外寛大であつた
これで検事の控訴なくしてすめばよいが
司法官には尚正心あると見ゆる

五月廿二日　　西田

岩波君

今朝仕開の
刈札と飛んだ
桑の寛大
であつた
よ丈で捨る
の捨扎なく
してすみましたよ
りが

コ宿屋さはあ
正心あると云
やら
すすす云お
苦儘乙

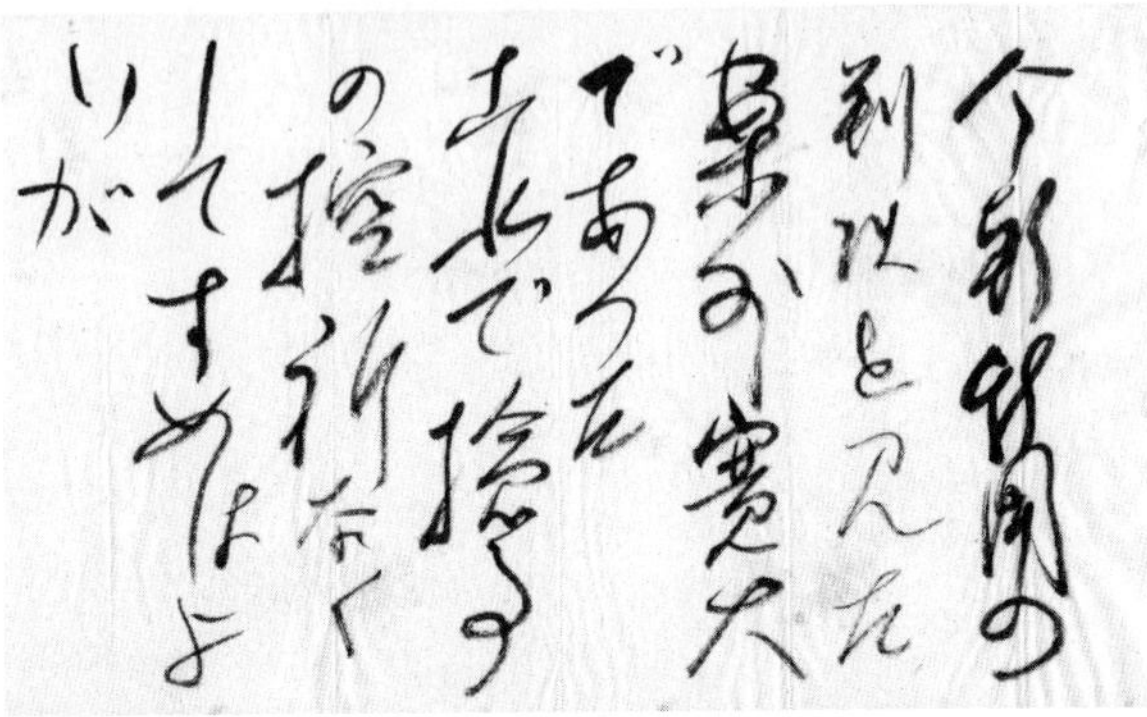

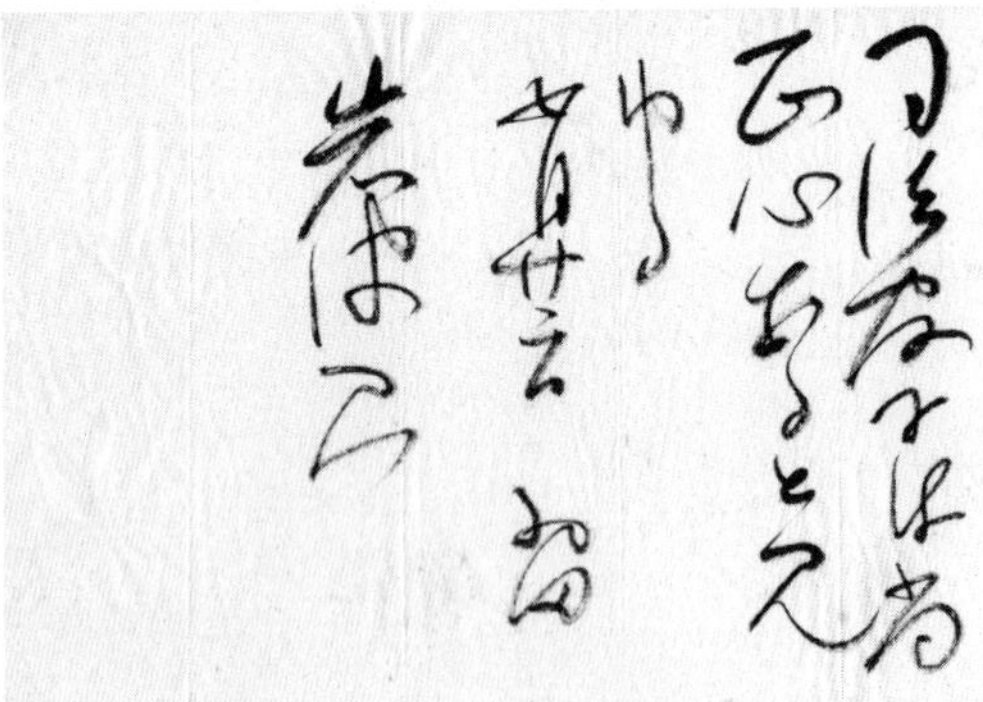

一九四二年十一月三日、創業三十年に当り、各界五百余名を招いて大東亜会館(東京会館)において感謝晩餐会を催した。当日病気のため欠席した西田幾多郎からのメッセージ。

舌代

私ハ昨年以来ノ病未ダ癒エズ今日此ノ盛宴ニ列スル能ハザルハ遺憾ニ堪ヘナイ　思ヘバ三十年前君ガ教職ヲ棄テ、神田ニ小店ヲ開キシ頃人多ク君ノ前途ヲ危ム　誰モ今日ノ岩波書店ヲ予想シタモノハナカツタデアラウ　而モ君ノ誠実ト熱心トハ今日ノ岩波書店ヲ築キ上ゲテ我国ノ文運ニ貢献セシコト私ナドノ言ヲ要セナイデアラウ　私ハ君ニヨツテ事ノ成功ハ術ノ巧ナルニ非ズシテ志ノ正シキニアルコトヲ知ツタ

併シ私ハ今日ノ此ノ盛事ヲ祝スルト共ニ一言ヲ君ニ呈シタイト思フ

スデニ始アリマタ終ナカルベカラズ

昭和十七年十一月三日

西田幾多郎

玉井潤次（たまいじゅんじ）

一九四二(昭和十七)年七月二十三日付の手紙
新潟市学校町通弐番町　玉井法律事務所(封筒印刷)

一八八三―一九五八。弁護士。岩波茂雄の一高以来の友人。新潟で農民運動の法廷闘争に尽力、「農民の父」と呼ばれた。戦後は社会党から衆議院議員となる。
五十八歳の時の手紙。一九三七年人民戦線事件に連座、四〇年保釈されたが再検挙、四二年有罪判決を受ける。岩波茂雄も同年五月津田事件で有罪判決を受け控訴。

岩波学兄

随分と暑くなりましたが御変りもありませんか　僕頗る頑健に居ります。先日僕も判決があつて有罪とされました、其理由は玉井イズムと謂ふ独自の見解に到達して居つたが社会大衆党と対立抗争するために日本無産党の非合法性を知つて加入したから懲役二年で三ヵ年間執行猶予となりました、日本無産党が非合法政党であるや否やは争があるしことに知つて居つたなどはとんだ御考ひだと謂ひたいのだ、処が検事は三分間位の論告で曰く玉井は日本一の北日本農民組合の執行委員長で頭脳明晰で最高学府を出たので日本無産党の非合法性は知らぬと謂ふも常識的に認める事が出来ないと謂ふのです。人を馬鹿にした事です　グにも付かぬオダテを並べて居るのは有罪にする為めの主張さ　いやの事だ、

処で大東亜戦争下で治安維持法違反事件が公廷に繋属して居る事ソレ自体が面白くない事ですし三年位昼寝をする事もよいから服罪しやうと思つて居ります、しかし二男が軍医の志願をして居るが親爺が犯罪者と確定する時は採用が六ケ敷事となるソーダから八月末まで引伸し策で控訴しやうと思つて居ります。

○法服をかなぐり捨てて昼寝哉

です、但し如何にして喰ふかは問題ですが餓死は容易にするものにあらずと楽観して居ります御笑ひ被下度候

時に貴下の問題はどうなりました　御案じ申して居ります。

駅長莫驚事変革

一枯一栄是春秋

です　僕等はかなりあばれた罰と思へば諦めもつきますが貴兄の様に人文〔に〕あれ程尽された事で男爵位やつてもよさそうですがね　御時勢〳〵　御気毒ながら被告人は我慢してください。無罪となるでせう。先日津田先生の古事記と書紀の研究の本を手に入れて読み始めました、面白ソーです

いづれ上京しました時又御邪魔させて戴きます。何とか御指導御願ひします。近頃文庫本も新書もあまり御出版ならぬ様ですね、紙のないのが御困りの事でせう。六法全書は新版はまだ

出来ませんか　出来たらと思つて居ります

先は御報告旁々御機嫌御伺ひまで如此候也　頓首

七月二十三日　玉井潤次

上野直昭

一九四二(昭和十七)年十一月二日付の手紙

大阪市天王寺区大阪市立美術館

一八八二―一九七三。美学者・美術史家。岩波茂雄の一高以来の友人。大阪市立美術館長、東京美術学校長などを歴任。著書『精神科学の基本問題』など。

回顧三十年感謝晩餐会に出席の予定だったが、間際になっての取り消しの手紙。この時上野は五十九歳。

電報まで貰つてすまないが今電報を打つた通り明日の会は許して貰ふことにする　この頃用事がかたまつてゐるし大急ぎで往復するには少々疲れてもゐるから、三十年の回顧談は追つて熱海でゞもきくことにする。明治三十四年一高に入つてからの事をふり返つて見ると僕にも多少の感慨なきを得ない

君も僕もあの頃とは思ひもつかない方向に生きて了つたわけだ　今にして別に悔ゆる処もないがさりとて誇るべき何ものもない　三日の夜君の感慨をきくことのできないのは残念であるがこれは何等かの形に於て書きのこしては如何

例の杉浦〔重剛〕校長にあてた書簡以来君の本質に根本的の変化はないとおもふがそれでも長い間の変遷に深い感慨もあることだらう

まあ其内(そのうち)ゆつくり話をきくことにして今度は失敬するよ

十一月二日

直昭

茂雄兄

佐藤尚武

一九四三(昭和十八)年二月四日付の手紙
麹町区霞ヶ関外務省政務局第三課気付

一八八二―一九七一。外交官。満州事変勃発後の国際連盟総会に日本政府代表の一人として出席。一九三六年林内閣の外相。日米開戦後の四二年、東郷外相に請われて駐ソ大使に就任、日ソ関係の調整、更に日英との和平工作に当たる。敗戦後は参議院議長を務める。

六十歳の時の手紙。任地ソ連クイビシェフから外務省を経て四月初めに届いている。当時ソ連の政府機関や外交機関の多くがモスクワからクイビシェフに疎開していた。この年二月二日、スターリングラード攻防戦はドイツ軍の降伏で終結。その報を聞いての付記がつけ加えられている。前年三月赴任に際し、岩波茂雄から何冊かの岩波新書と文庫を贈られ、前年十二月二十八日付の手紙では赴任の感想に加えて『北越雪譜』の読後感想を書き送っている。

二月四日　　　　クイブイシェフ　佐藤尚武

岩波賢台

拝啓　旧臘廿八日附拙書今頃御接手御披見被下候事と存候　引続き拙筆貴覧に供し貴重なる時間を小生の為めに御費消相願候事恐縮に存候得共一筆を呈せざれば何うしても気が済み不申敢て御批判を願ふ次第に御座候

其後新書中の矢内原忠雄氏著「余の最も尊敬する人々」〔『余の尊敬する人物』〕を読み候　巻末の新渡戸〔稲造〕博士の分より初め感に不堪思はず涙滂沱として下るもの有之　其他エレミヤ、日蓮伝等人をして懺死せしむるに足るとも可申　其筆法の切々として人に迫る処読者をして自らを顧み自らを恥ぢしめざれば措かず　併かも此著の出でたるは昭和十五年にて世情物騒の最中に有之　此時機に敢えて此著を世に出されたる筆者の心情、世を教え世を導き人をして真の正義に立たしめんとする其心血、淡々として平易なる叙述の中にもあり／＼と認められ肺肝を抉ぐる感あり　其高潔なる人格に対し唯々感歎敬服する外なき次第に御座候　小生未だ著者の風格に接するの栄を不得甚だ遺憾と致候得共此著の御蔭にて今更乍ら我の無為を知り我身の決意足らざるを愧ぢ申候　之と同時に敢然此名著を世に紹介されたる大兄の御決意例乍ら感歎に不堪申候

翻て考ふるに小生固より不敏乍ら生え抜きの平和論者たる事丈けは自ら矜りとし又聊か自ら慰むる次第に候得共過去十二年来を顧みるに自ら為さんとしたる事凡べて事志と違ひ国船も小生等の企図せざる方向へのみ走り之を阻止是正するを不得遂ひに今日に到り候事何とも意気地なき極みに御座候　素より小生とて聯盟心酔論者に非らず唯聯盟を利用して国運の伸暢を図らんとしたるものにて又世界五十四ノ国の間に介在し少しは其見込みも立ち確信を得つゝありし次第に有之　其頃満洲事変の突発に会ひ何とか聯盟脱退は阻止し度くと思ひ微力を尽くし

たるも成らず、次で支那「ソ」聯との衝突は極力避くべしと為し支那とは平和裡に国交調整を要すと信じ四方八方よりの反対を押切り実行に着手したるも之亦成らず、北支事件突発後大英断を以て日支の地位を顚倒し対日抵抗を意味なきものと成し了はらんと献策して遂に志を達せず、防共協定に反対したるも其成立を見茲に世界は二分野に分れ遂に今次の大戦まで発展し了はり　何れも凡べて成らずづくめにて考は必ずしも悪しかりしに非らず　唯力足らず努力足らざりし結果に不外　矢内原氏の著書を手にし切々として自己の無力無決断に対し自責の念に不堪もの有之候

遮莫此度の大戦は東亜も欧洲も皆な死闘にて中途半端の妥協は夢み難く宣戦の大詔を拝したる以上は平素の主義主張は最早や問題に無之　有らん限りの努力を尽くして勝ち抜くを要し候事勿論の義に有之　万一途中闘志挫折する如き事あらば世は英米のものとなり我は彼の頤使に従はざるを不得、陸軍も海軍も消滅し譬え様なき圧迫の下に呻吟するに至るべきは自明の次第に有之　是が非でも勝ち了ふせる事を要し敵に致命傷を与ふる事不可能なりとせば何年経ちても敵に屈服する事なき長期戦を戦抜き彼等をして根気負けせしむる事絶対必要にて此期に及び右顧左眄は許されざる義と覚悟罷在　此年に成りても闘志は聊かも人後に落ちぬ積りに御座候

唯何れの日にか平和は齎さゞるを不得、如何にして之を実現すべきや　平和成るの暁国内

新態制を如何に確立すべきや　如何にせば四民枕を高くして大戦の傷手を医し可得哉　国家安泰裡に社会新秩序に移行し可得哉等々　愚考致候得共不敏の頭脳には割切れざる事数知れず夜間悪夢より覚めて冷汗背を湿す事一再ならず候　国家の危急に当り国の内外大建設に際し聊かたりとも志ある輩は所詮畳の上にて往生するが如きは考え得べからず　何れも御国に捧げたる命にて若きも老も異なる筈なければ何れ尊き御国に召さるゝ日来らば老いたりとて若者共に負けを取る事あるべからず等　他人事ならず窃かに考え居候

矢内原先生の名著を読みて感慨措く能はず己を知り呉るゝ友に微衷を告白し度取り止めもなく書綴り候　御愍察被下候へば幸甚　遥かに御健康祈是耳　頓首

二伸　スターリングラド方面偉い事に相成候　何の為め冬迫まりても独軍が市の正面に頑張り居るや不可解に思はれ候処　俄然二月二日を以て「ソ」軍の為めに完全に包囲殲滅せられ今や「ソ」軍は怒濤の如くウクライナに進撃中、独は大なる錯誤を冒したるものと云はざるを不得　此春幾何の力を以て立直ほり得るや大問題に候　我は懸る孤立無援の状態にて米英を一手に引受くる事と相成候、元々日本が立てばそうなるは初めより分り切つた事にて今更ら驚くに当らず、ニューギニヤソロモンの失敗ありたりとて益々志を固うして強敵に当らんのみ、当方のみ志を鈍ぶらしたりとて敵は進攻を思止る事なければ敗戦気分に浸る事は大禁物、独力以て

何年でも敵を喰止むる大決心を要し候　近頃内地より受取る通信中に敗戦気分見え痛心罷在こんな事ではと歯痒く存候　守島〔伍郎〕君に急遽帰朝して貰ひ四月中に当地帰任の事に致居候

（二月十四日附記）

池田成彬（いけだしげあき）　一九四三（昭和十八）年七月二十六日付の手紙

東京都麻布区永坂町一番地

一八六七―一九五〇。銀行家・政治家。三井財閥の改革に挺身、三井の大番頭と言われた。日銀総裁、近衛第一次内閣の蔵相兼商工相、枢密顧問官を歴任。

七十五歳の時の手紙。三十年感謝晩餐会や風樹会創設の記事を掲載した『図書』終刊号の寄贈を受けての礼状。岩波茂雄は、一九四〇年、哲学・物理・数学など基礎科学部門の研究奨励を図る財団法人を作り、風樹会と名づけた。初代理事長は西田幾多郎。なお、この年各出版社の月報類は日本出版文化協会の月報に吸収されることになり、『図書』も廃刊を余儀なくされる。戦後四九年十一月に復刊。

去二十三日附芳墨大磯より転送　拝読仕候　酷暑の候益御清適奉慶賀候　同時に風樹会規定并図書終刊号御送被下難有拝受仕候　御指示の通り財団の組織、運用等に於て普通世

間の其(そ)れと異なつて学ぶべき点不尠(すくなからず)候得ば目的として哲学、数学、物理学等の基礎的方面の研究に重きを置かれたるは一大見識にして敬服の外無之(これなく)候

又晩餐会に関する記事を拝読して乍今更(いまさらながら)「誠実」と事業との関係を明にし貴書店隆盛の今日あるは偶然にあらざることを確認致(いたし)候　右御礼旁々(かたがた)申上候処書外期拝姿候

草々不備

昭和十八年七月念六

池田成彬

岩波茂雄様侍史

林達夫（はやし たつお）

一九四三(昭和十八)年九月九日付の手紙
東京市小石川区金富町四七　東方社(封筒印刷)

一八九六―一九八四。評論家、編集者。一九二九年から四四年まで、和辻哲郎・谷川徹三とともに雑誌『思想』の編集に当たる。四一年、東方社の創立に参加、四三年から四五年四月まで理事長。戦後は平凡社「世界大百科事典」の編集長を務める。著書『思想の運命』『歴史の暮方』など。

四十六歳の時の手紙。東方社の海外向け写真誌『FRONT』は、四二年から九冊刊行された。

拝啓

数日前から至急お目にかゝつて申上げたいと思つてをりましたが連絡がつかず取敢（とりあえ）ず書面を以てこれに代ふる非礼お許し下さい。いづれ近日御面接たまはりたく存じますが、お願ひ致したい事柄の輪廓だけ簡単に述べさせていたゞきたく存じ上げます。

私が、かねて御存じの写真画報「フロント」を刊行する東方社の仕事に関係したのはその草創当初からのことで、それは大東亜戦争の初まつた年の春のことでした。軍に関係ある仕事ゆゑ随分躊躇致しましたが、しかしその仕事が対外的に日本の文化といふより文化能力の顕揚（けんよう）と力試しとの「場」であり得るといふことを考へて敢（あえ）て編輯の最高顧問としての役目を引受けたのでした。従つて私の方針はそれまでの日本の所謂（いわゆる）文化宣伝が示してゐた安易さ、小手先の見

え透いた謀略を一切排して、宣伝対象たる外国人の各層にもまた国内の宣伝主務官庁にも下手に妥協し調子を合はせるやうなことをせず、内容的にも外形的にも日本の文化水準の最高度を堂々と誇示し堅持するといふ点に置かれてゐた次第です。ところがこの仕事が第一歩を踏み出さんとする時恰も戦争が勃発し、こゝで文化宣伝の戦時体制への切換えが不可避になりました。しかしこゝでも私は戦時宣伝なるが故に拙速な調子を落したものであつていゝといふ一般の考へ方には真正面から反対で、たとひ戦時でも又軍事を主題としてもその取扱ひ方は知的にも文化的にも技術的にも可及的に高く品位のあるものでなければならぬといふ主張を貫かうとしたのであります。一体、私は宣伝屋の宣伝ほど宣伝にならぬものはないと考へてをるものであります。一つの主題を一箇の日本の文化人・知識人として第一義的にこれと取組み、その頭脳と技術とを傾け尽してこれを一つの制作品に仕上げるときにのみ、その制作品が全体として相手に物を言ふのだと信じます。日本はえらい、日本は強いといふお題目をザラ紙に書き散らして百万枚撒いたところで、誰も納得するものではありません。ところが日本の対外宣伝の十中九までは、それで、お題目の魔術性といふアテにならぬものに安心し切つて頼つてゐる形です。宣伝屋の宣伝知らずとでも申せませう。つまり平凡な真理ですが、文化人がどんな部署についてゐてもその衿持と品位とを失はず、立派な良心的な制作をする——さういふ仕事の成果のみが　多少とも相手の外国人に呼びかけると思ふもので、宣伝雑誌の大部分がこの事を忘れてゐ

るのは、私に云はせると解（げ）せぬ奇怪事でさへあるのです。

かくて私は「フロント」に於いて謂（い）はゞ二重の闘争をしなければならなくなりました。つまり国外に於いて日本の味方を闘ひ取るといふ雑誌本来の使命に本づく闘争と——そしてもう一つは国内の仕事の関係の世界における右の私の主張を貫くための闘争と。

　この后者の点をもつと詳しく申しますと、これは「文化のための闘争」の性質を持つてゐることは明かです。少くとも戦争による文化低下、文化水準切り下げの大勢に抗して日本文化の最高水準を死守する闘争と云へませう。しかもかゝる闘争を軍に関係ある世界の中で遂行せねばならぬところに言語に絶する困難と障碍とのあることは察していたゞけるだらうと存じます。

　戦争になつてからの日本の文化人・知識人のだらしなさ、卑劣さは何でありませう。軍や官に対するあの奴僕（ぬぼく）にも劣る遜（へりくだ）りぶりは何でありませう。文学報国会、言論報国会——みな時世に阿（おもね）る佞漢（ねいかん）どもの集りではありませんか。軍や官を指導すべき知識階級が逆に針の穴のやうな細いことまで一々彼らから「指導」を受けて怪しまない——こんな本末顛倒がありませうか。世の中がかうなつたからには、こゝまで来たからには、私はこの軍と官との構成する世界の中で、日本文化のための闘争をそれ〴〵の持ち分に於いて遂行すべきこそ我々の任務ではないかと信ずるものであります。言語道断な、あきれはてることだらけな、愉快でない雰囲気ではあるが、数年前威勢のよい声で云はれた「文化のための闘争」は今こそ、そしてこのイヤな雰囲

気の中でこそ実践されなければならぬのではないでせうか。知識階級に対する軍の不信、誤解、警戒といふものは実に根深いものがあります。しかしその一人でもよい、軍のかゝる潮流の中でそれに屈せず妥協せず、「仕事の正しい推進」といふ面において或る意味で軍の考へ方と闘ひながら結局軍に知識階級とその慧智とをわからせ、その真底にある愛国心に触れさせ、かくて軍と知識階級とを相互理解、相互信頼の道へ連れてゆくことは可能なのであります。

私は愛国心など口にするを潔しとしない人間の一人であります。しかし国に対する愛情は、たとへばその人間が日本語をどんなに取扱つてゐるかだけでもわかることであります。日本語を愛護し、文章の一言一句も忽せにしない――たゞそれだけでもその人の愛国心の深浅はわかるのであります。日本の悪口しかいはない日本人が心の底ではどんなにかその国を愛してゐるか。かうした知識階級の複雑さが軍人などには中々わからない。それが知識人の仕事への信念と良心的邁進によつて、一挙に彼らから呑み込んで貰へる場合もあるのです。

「債券をもつと買へ」といふ趣旨の小話を五枚で二日で書け――ハイ　と承知する文学報国会の文士たちは、今必要な軍と知識階級との真の提携の凡そ正反対の行動をやつてゐるのではないでせうか。

私の一つの小さな経験を申しますれば、「フロント」陸軍号は、その構成・本文凡て私の考案・執筆にかゝりますが、この原案を軍各方面で審議されたとき、実に色んな、驚くべき註文、

修正意見が出ました。しかし私は頑として一箇所、一言一句の訂正をさへ受附けなかつたのであります。さて漸くかゝる関所を通過して制作が出来上つて、国の内外へ出してみると絶大の好評で、さうなると、いちばん槍を出した陸軍省報道部などの如きは以前のことはケロリと忘れて、人にどうだ、これは俺の方で作らせてゐるのだと自慢してゐるといふ始末です。世の中はそんなものなのです。

私は知識人はどんな与へられた悪条件、悪環境の中でも、知識人としての正当な発言権を棄ててはならぬと考へ、その正しい発言権を行使することが日本を正しい軌道に戻すいちばんの捷径だと信ずるものであります。

けれども私の苦労は、この四月、四囲の事情上、東方社の理事長として就任するに至つて倍加されたのであります。ここで東方社成立事情について一言申上げねばならなくなりましたが、この社は参謀本部第二部第八課(対外宣伝)の外廓機関(主として写真技術団体)として誕生し、元、三井、岩崎、住友の寄附行為によつてその写真工場を整備し得たものです。従つて仕事から云へば、「フロント」は軍が必要とする写真制作技術の練成面といふ意味があり、実は民間に出せない写真の撮影、現像、制作を裏でやつてゐるのであります。

然るに昨年七月、参謀本部の主務将校が交はり、同時に方針が変更し、「フロント」の仕事

を社の「民営」?でよろしくやってゆけといふことになつたため、社の経営は非常な難関に逢著したのであります。政府の対外宣伝は、情報局(国家宣伝)陸軍省報道部(占領地工作)参謀本部(対敵・中立国・欧州・タイ・仏印)等に分掌することになり、「フロント」のやうに十ケ国前后の語版を出す宣伝物の帰属は非常にやゝこしい管轄争ひの中に捲き込まれざるを得ず、またその「フロント」による社の自己経営は、その利害を超越した国家的仕事といふ性質上採算がとれるやうにするには容易でなく、かくて時の東方社首脳部は色々失策もし、業務縮小もし、その際起りがちな内紛状態も起したのであります。第一、印刷所の凸版株式会社が、「フロント」が参謀本部から離れたと誤認して警戒し出し、仕事に十分協力しないやうになつたりして、仕事は遅れる、居喰ひのやうなことをやるやうにはなる、資材も中々入らぬといふ八方塞りで——つひにこの三月、東方社幹部は総辞職して、事態収拾を私に一任したのであります。

中上げますが、参謀本部から東方社が正式に貰つてゐる補助金は——これは極秘として御諒承願ひたいのですが——月額千円(驚くべき数字! でありませう!)で、あとは「フロント」をその都度多少買上げてくれるだけです。従つて「フロント」の販布、配給のことさへ実は関東軍、北支報道部、中支報道部と東方社の方で苦労に苦労を重ねて出先などと連絡、交渉、折衝してゐたやうな始末で、当時の社幹部が経営の経験がないだけにその労力たるや実に絶大なものがあつたわけです。これが当時四十人近くの従業員を擁しての東方社の状態だつたのであ

ります。

私は投げ出された東方社を引受けるについては、第一、これが国家に有意義な事業たること、第二、親を離れた子供のやうに途方にくれてゐる善良な職場の諸君に何とかしてやらねばならぬ義務(憤!?)を感じたこと、——といふよりは一年有半私が多少とも指導・練成の任に当つて来て諸君に愛著を感じてゐたため、これを一家離散させるに忍びなかつたこと、第三、ひいき目に見て、これだけ優秀、善意なる技術家の貯水池(プール)は他にないこと——それを考へてそれこそ粉骨砕身何とかして盛り返したいと決意したのであります。

かくて幸、岡正雄(民族研究所総務　岡書院の令弟)岩村忍(民族研究所員　新進東洋史家)茂森唯士、中島健蔵(帝大仏文講師)鈴木清(陸軍美術協会主事　元朝日企画部次長)及び経営のエキスパートとして北支・中支陸軍報道部の経営顧問をやつてゐた練達の士で、大阪商人に珍しい士魂商才の人物たる山本房治郎の援助を得て、こゝに東方社改組と再出発とに乗り出すことができました。

四、五、六、七、八月は実に内部は元より報道部、情報局、凸版その他との再調整の努力、しかし何より参謀本部との再調整の努力に精力の大部分を傾けた次第ですが、その努力の甲斐あつて昨今やうやく凡(すべ)てが一応軌道に乗つた形であります。その間、様々のヂグザグはありますが、一々申上げません。

即ち参謀本部では東方社を改めて認識し直し、今後「フロント」もその直接管轄下の宣伝雑誌と認め、その刊行のための資材、紙のアッセンをすると共に、その発行部数三万を買上げてくれることになり、なほその刊行の合間々々に八ツ折版（十六頁）の小フロントとして「戦線（バトル・フロント）」なる小冊子の発行、買上げ、販布をすること、また更生資金として金八万円を今年中に交附すること、凸版板橋工場のグラギア器械も二台殆ど東方社専用のやうに徴用して印刷の迅速化を促進すること等、画期的な好意的転換を示してくれることになりました。

かくてフロントでは、この中旬に「落下傘」号出来、十一月下旬「空軍」号出来予定の外「大東京」号、「日本の生産力シーリーズ第一　鉄」号の撮影完了。目下出張撮影中のもの、ビルマ派遣班、フィリッピン派遣班、北支派遣班あり、小形フロントでは、「空軍の偉力」号、「フィリッピン独立慶祝」号、編輯完了。また企画予定中のものには「自然と闘ふ日本人」（私及び中谷宇吉郎企画構成）「日本医学」「アジアの農事試験場―日本」等があります。

甚だ（はなは）申上げにくいことですが、右に述べました更生資金交附までの運転資金の問題で、経営理事山本氏には既に（すで）絶大の尽力を得てゐるので、その俠気にこの上頼ることが忍び難く、こゝに貴下にお願ひしてみる非礼を敢てする次第であります。具体的に申上げますと、金五万円（出来ることならば十万円）を、今年末返還期限附きで拝借できればと存じ上げる次第です。勿（もち）

論(ろん)正規の手続き及び方法で、担保として十八万円の土地建物を提供するつもりであります(小石川金富町四八、元田尻稲次郎邸、増築のアトリエ附)。目下経営理事下阪中で中旬までには戻りますが、資産状態、経営、運転方針と見込み等御懸念の点は当人から十分説明致すつもりです。万々御迷惑をかけることはございません。

私としては、色々恩顧にあづかつて来た貴下に、かうしたイヤな話を申出ることは実に心苦しい次第でまた申訳けなく思ひますが、この二年に亘る悪戦苦闘の末やうやく曙光が見えて来て、いま一息で凡てが正道に乗るといふ矢先で、仕事の渋滞もこゝで一掃され、順調に事が運ぶ目安がついたところで、参謀本部から交附されるべき筈(はず)の資金が今直ぐと行かぬために、こゝにまた一つの渋滞を来たしたくない苦衷何卒汲んでいたゞきたいと(勝手な云ひ分ですが)存じ上げます。

何はともあれ、御多忙中のところ一度東方社へ御来駕たまはつて、仕事の現場ごらんの上、色々こゝでは申上げられぬ裏面の仕事の数々、参考書類(参謀本部公文書)も見ていたゞき、又仕事の仕ぶりを御視察の上、御判断、御配慮たまはればと念願致してをります。

かへりみれば、今夏は毎週少くとも五日は出社、夜帰つて食事を終えるのはいつも九時近くといふ私の生涯において始めての刻苦精励をやつてのけました。これといふのも私は是が非でも日本は勝ちたいからであり、そのための私の与へられたる任務を何とかして果たしたい一念

に燃えてゐるからであります。この半年、やうやくにしてここまで漕ぎつけ、しかも国家がいちばん近隣諸邦に対する日本への理解・信頼を昂(たか)める文化工作を緊急の必要事としてゐるとき、つまり今こそどし〳〵我々の刊行物を送り込まねばならぬとき、私は徒(いたず)らに金策の狂奔のために仕事の実現が遅滞するのが残念でならないのであります。貴下の理解と俠気とに頼つて、この隘路(あいろ)を突破することができ、多少とも日本文化の顕揚、日本文化の水準堅持(否水準上昇)の仕事に突進することができればどんなにかうれしいことでせう。

無為にして化すやうな生き方を理想としてゐた私が、凡そ私の気質・性格に反したかうした繁雑な業務の世界に朝夕を送るも、この日本文化最大の危機にその護持者の一人として生き且つ死にたいからであります。この己れを捨ててかゝつた心持だけは信じていたゞけると存じます。

九月九日　　林　達夫

岩波茂雄様

中野孝次（なかのこうじ）

一九四三（昭和十八）年十一月二日付の手紙
市川市須和田二五八

一九二五―。小説家・文芸評論家。『実朝考』『麦熟るる日に』など。当時十八歳。五高を目指し、受験勉強をしていた頃の手紙。この頃の心境や生活は、自伝的小説『わが少年期』などに描き出されている。

拝呈
見ず知らずの私如き者が突然お手紙を差上げることをお許し下さい　お忙がしいことと存じますゆゑ急いで申しあげます
この春以来書物の配給制となりましたが私は毎月幾冊かを予約しておきましたのに拘（かかわ）らずいざ配本の時になると一つとして私の許へ参りません　そして少数のある定まれる客の為に全て占められてしまひます　私共は幾度も足を運び今度こそ今度こそと胸を躍らせてゆくのであるのに何時も空しい素気ない返事をとらせられるのです　人格と人類性　日本思想史研究、自然・人間・書物、あるひは朝暮抄などを心から渇望して止まなかつたこれらの書物も又その様にして失はれてしまつたのです　況（ま）して岩波文庫など一つとして姿さへも見ずして終わつてゐるのです

私は期待の裏切られる度(たび)にこれら奸商とかうした制度に対して憤怒と憎悪とに身をやく如き思ひを感ずるのであります

しかし私は尚(なお)それをあきらめることが出来ます　けれども十二月には阿部次郎(あべじろう)先生の三太郎の日記が出るとのことです　私は前の書はまだあきらめ得ますがこの書だけはどうしても手に入れたいのです　先生のこの書も又同じく私の本(もと)に参らぬかと思ふと私は如何(どう)して良いか分らぬ様な感がいたします　この様な時代にあつて先生のゐられることが一つ私の救ひです

私はこゝで止(や)むを得(え)ず厚かましい行を致しました　どうか私に三太郎の日記をゆづつて下さい　伏してお願ひいたします　是非おゆづり下さい

右随分勝手ではありますが何卒一貧書生の願をお聞きいれ下さい　御返事の頂けることをお祈り致します

敬白

岩波茂雄様

御座右

大塚金之助（おおつかきんのすけ）

一九四四（昭和十九）年二月七日付の手紙
都、吉祥寺一九〇〇

一八九二―一九七七。経済学者・歌人。「日本資本主義発達史講座」編集に参加。一九三三年、治安維持法違反で逮捕され、東京商大教授を解職される。敗戦後復職。著書『解放思想史の人々』など。
五十一歳の時の手紙。岩波茂雄は「低処高思」（ワーズワースによる）の四字を焼きこんだ茶碗を富本憲吉に作ってもらい、回顧三十年感謝晩餐会出席者に贈った。

岩波茂雄様
侍史

昭和十九年二月七日　大塚金之助

拝啓。御無沙汰いたしました。御清栄の段およろこび申上げます。

この度は、貴重な記念品をわざわざお届け下さいまして、本当にありがたう存じました。戦時中の消灯のため、お使ひの方は暗くてさぞお困りになつたらうと、すまなく思つてをります。いたゞいた記念品は、身にすぎるやうな結構な工芸品であります。大切に保存して、いつまでも岩波さんのお気持をしのびます。

実を申しますと、わたくしなどは、記念会にお招きをうけたり、記念の品をいたゞいたりで

きる柄ではありません。わたくしにとつては、岩波さんは、わたしの生涯のなかの恩人の一人であります。一体ならば、わたしどもの方から、岩波さんの活動三十年記念のおよろこびのもようしをすべきなのです。それだのに、いつに変らず一々御叮重（ていちょう）なおとりなしを受けますのは、大変に申訳ありません。たゞ御好意を拝受して、自分の将来の勉学のための刺戟といたします。こゝに改めて御芳情に対し厚くお礼を申上げます。

こゝ当分の間出版界はいよいよ多事多難のことゝ存じますが、どうか岩波さんには御健康第一になすつて、いつまでも日本出版界の水準を高めるために御尽力下さい。

なほ余事ながら、わたしもおかげさまにて無事職務（三井物産会社の書物下調べがゝり）に精進し、余暇には明治経済学の文献を蒐集し、東西古人の伝記に親しみ、たゞあけくれ書物だけの生活をいたしてをりますから、どうか御安心ねがひます。

敬具

桜井芳二郎(さくらいよしじろう)

一九四四(昭和十九)年二月二十八日付の葉書
南海派遣猛朝第二〇八六部隊気付　朝第二〇六七部隊

検閲済印を押された軍事郵便葉書。
一九四〇年十月と四二年十一月の二度にわたり、陸軍恤兵部より、岩波文庫計三十点、二十万冊の注文を受けているが、このジェロームの『ボートの三人男』は、そのリストには含まれていない。

拝啓
私は出征前貴店の出版物より相当の恩恵を蒙(こうむ)つてゐたものです、
過日半年振りに恤兵品の岩波文庫「ボートの三人男」を借り受け貪(むさぼ)る様によみました　昔のことが思ひ出されて(現在「芭蕉文集」丈(だけ)持つてゐますが)
懐しき褐色の文庫手にしつゝ暫し撫でんかその感触〈てざはり〉よ
今年はどんなものが出てゐるか書名なりとも聞きたいものです、
カントをば読みて戦死〈し〉にしと異国〈とつ〉の学徒のことも思ひ出されぬ
出征〈いでゆ〉きし友に贈りぬパスカルの瞑想に耽けり慌しさに
万死に一生を得て帰還し得ましたら新らしい気持で学の道に精進する積(つも)りです
帰還りなば数多の書をばくらんとて計画〈もくろみ〉立てり徒然なれば

現在身は……

夢のごと過ぎにし日をば憶ひつゝ我今異境□□〔二字抹消〕に立てり

なつかしさのあまり失礼乍ら一筆記しました、

田中松太郎

一九四四（昭和十九）年六月二十七日付の手紙

群馬県勢多郡新里〈ニイサト〉村大字武井〈タケヰ〉上武井

一八六三―一九四九。半七写真印刷創立者。ヨーロッパで美術印刷の技術を学んで帰り、多くの弟子を育てた。岩波茂雄はその手腕と人柄を愛し、一九三六年「田中松太郎翁を慰める会」を興したり、また貴族院議員当選の挨拶に隠居先の赤城山麓まで訪ねている。

謹啓　梅雨も上るらしく皆々様いよ〳〵御健勝めでたくおよろ〔こ〕び申上ます

さて拙者神保町へ伺つた翌々日十三日に赤城下武井の里に移りました　借家はそれほど狭くもないのですが　いかにさゝやかな住居にせよ一切合さいとりまとめて越したのですから　荷物をかたよせて寝るといふ仕末でまる二ケ月はめちや〳〵でした

そんなこんなで着報もをこたりました　何卒御ゆるしを願上ます

本二十七日半七工場のものまゐり　品川の半七工場は強制疎開といふこととなり　其移転先につき苦心いたし一、二、三、四、五とそれ〴〵交渉談合したるもまとまらず　中にはすぐに第三の疎開せしめらるゝところであつたりなど　ほとんど絶望に近き状態を訴へてをります　時局下として閉鎖するといふことはいろ〳〵の関係もあつてさうたやすくも参らず　又いづれは平和もくるものとして東洋文化の一部の補助を為すものとしてせめては半七工場の一ツ位は存置したき念願なれば　工場移転の事に就き何とも恐縮千万の到りながら御配神を仰ぎたくいづれ米屋〔勇〕が参上詳細申上べく予め御願い申上ます

昭和十九年六月二十七日

田中松太郎

岩波茂雄様

堤〔常〕様はじめ皆様へよろしく申上ます

胡朝生

一九四四(昭和十九)年九月十七日付の手紙
京都市左京区北白川東平井町一〇　戸塚方

＝三谷隆正の紹介で、岩波茂雄が、一高在学中から京都大学卒業まで学資援助した中国人留学生。

岩波先生　　　　京都　四四年九・一七

平生御無沙汰ばかりしてゐまして誠に申訳ありません。益々御清祥にて居られる事と存じます。

昨日学士試験が行はれ、同夕開かれた謝恩会の席上に於て教室幹事から近年来稀に受験者一同皆無事にパスした事を内表されました。来る二十二日に卒業式が挙行され、これを以ていよ〳〵学校生活の終りを告げる事に相成りました。

御参考の為、私が研究題目をお知らせしてをきます。工作機械に付き『旋盤に静的荷重をかけた時の品物及刃物の変位分析』なる項目を只今京大工学部長になられた菊川清作教授の指導の下で研究したのでした。

就職もやつと昨日に至つて確定を見ました。上海の三菱造船を当初希望してをりましたが少々故あつて断念し、河北省唐山にある開灤炭鉱へ行く事に決りました。詳しい事は堤〔常〕様にお訊き下さい。多分月末か遅くとも来月の二、三日頃迄に赴任する事と思ひます。

この大戦争下にも不拘(かかわら)ず、無事に学校を卒へさせて戴けたのは一重に先生の温き御援助に依るもので、これ私一生忘れられない事で筆舌に現し難い有難さを感じて居ります。

温室の如き学園を離れ、すさまじい闘争の実社会へ飛込んで行くに際し青年特有の清純な気持ち失はず飽(あ)く迄(まで)明るく強く正しく生抜いて行き度(た)いと思つてゐます。

私の心を最も暗くする事は今尚(なお)大陸に於て血泥(ちみど)ろの戦ひを続けてゐる実状であります。雖(たと)ひ身は技術屋であらうとも真の日華友好の為なら身心を投出してもやる固い決意を持つて居ります。現地に於て最も私の如き中間的立場にある特殊な者が必要だらうと思ひます。

学校卒業を目前に控へながら三谷隆正先生がお亡くなりになられた事が残念でなりません。三谷先生の御遺志を始め日本の心からなる友人方々の御期待に沿ふ様、国へ帰へつたら必死に頑張ります。

永年に渡つて種々と御心配をかけ、御援助を仰ぎ心から深く御礼申し上げます。誠に有難う御座居ました。終りに先生の御健康を祈つて失礼させて戴きます。

胡朝生　謹上

古島一雄

一九四五(昭和二十)年一月二十四日付の手紙
世田谷経堂

一八六五—一九五二。政治家。新聞「日本」「万朝報」等の記者として活躍した後、犬養毅に従って政界に入る。孫文の革命運動を支援。戦後は保守政党の再建に尽力、吉田茂の指南役といわれた。岩波茂雄の貴族院議員立候補に当たって推薦人の一人となる。

拝啓　次田〔大三郎〕君の来訪により老兄蹶起の快報に接し欣抃不能禁　戦局もヒシ〳〵と迫まり来て此儘グズ〳〵して居れば三千年の歴史も只だジリヒンある耳　議会は固より重臣など何を考へ居るに哉　僕も今年八十又一を加ふ　現状の儘にては死ぬにも死に切れぬ也　病魔一掃すれば急テンポで微力を尽し度と思ひ居也　幸に老兄の健闘を祈る　匆々頓首

二十四日朝　一雄

岩波老兄

去冬二十四日より臥床　モハヤ軽快なるも医戒を守りて今尚静養中也

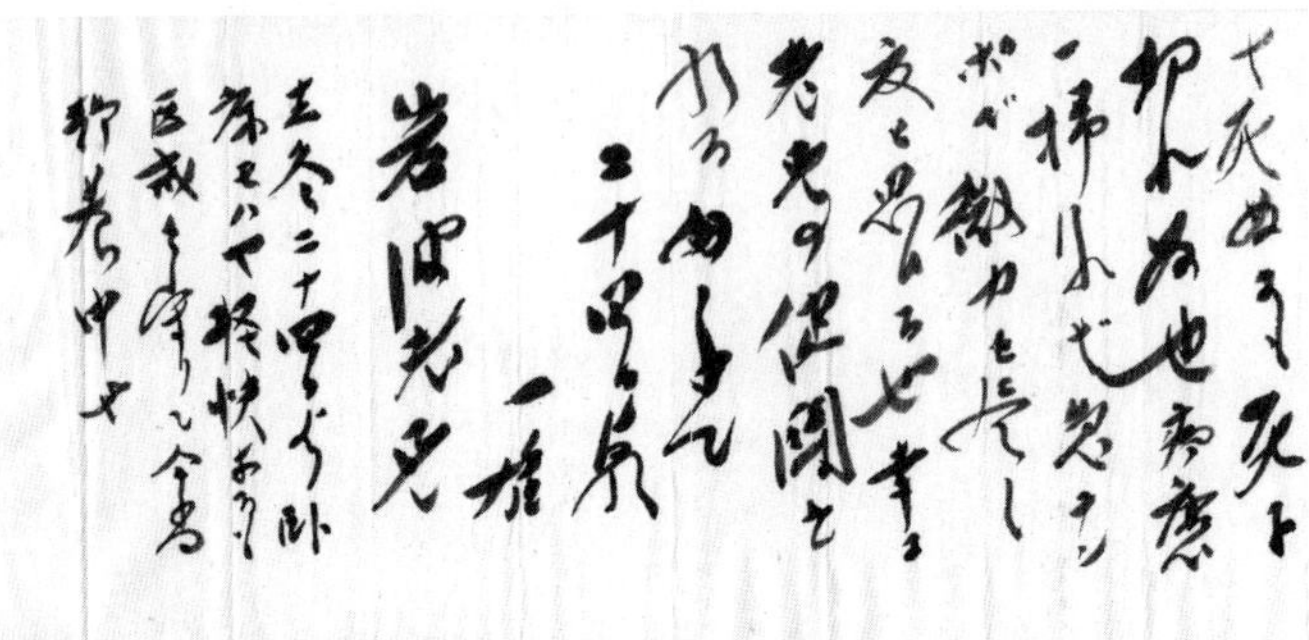

羽仁説子・羽仁 進

一九四五(昭和二十)年二月五日付の手紙
北多摩郡久留米村南沢学園町

羽仁説子　一九〇三―八七。社会運動家。『婦人之友』記者。母である自由学園の創立者羽仁もと子に協力して幼児生活展覧会など実践活動に取り組む。戦後、日本子どもを守る会会長を務める。著書『思春期』『妻のこころ』など。

羽仁進　一九二八―。映画監督。共同通信社を経て、岩波映画製作所で映画制作に取り組む。監督作品「教室の子どもたち」「不良少年」など。

岩波茂雄から貴族院議員立候補の知らせを受けて書き送られた手紙。この時、羽仁説子四十一歳、進十六歳。

御親書ありがたく拝読いたしました　新しき年のよろこびにはじめてあつた気がいたします
私どもで出来ます御用ならなんでもさせていただきたく又加(またくわえて)お役にたちますこと　何よりの仕合せでございます
わざ〳〵お電話をいただきましたのに　先頃来いくじなくはやり風邪にて臥つてしまい失礼いたしました

お目にかゝつてなにかいゝつけていたゞくことの出来ないのを残念に存じます　五郎さんが居りましたらどんなによろこんでとんであがることかと　家中にて噂さをいたしましたところ工場よりかえつて参りました進が父に代つてお手紙をかくと申し走書をしたためて　おいて参りました　少年の志御笑納くださいませ　同封させていたゞきます

御健康をおいといいくださいますよう心よりお祈りいたし居ります

二月五日　　　　説子

岩波茂雄先生

〔同封の羽仁進書簡〕

先生

只今日本各界の諸賢の一書は先生を貴族院議員に推薦すると告げました。

僕が勤労動員学徒として製図工となり発動機軸承を写しだしてから二ケ月、その間に接触してきた今の世の中、このごろ毎日、新聞でよむ議会、それは僕達のなかの最後まで呑気だつたものにすら満腹の憂懼心を抱せてしまうやうなありさまでした。

そこへ、先生の貴族院議員立候補です　家中大によろこび、かつ、あはて、どうして微衷を

表したらいゝかと考へると、はたと貴族院に対する認識不足に行きあたりました。今までの貴族院なるものが特別の例外を除いては、単に燕の行列的にゐならぶか、さもなければ官閥のジイクフリイド線となつて、宋の勇将韓琦でなくても「政事府豈に養老坊ならむや」といひたくなるやうなところだと思つてゐた僕達にとつては貴族院議員の選挙など、時たま伯爵議員などの互選にまつはる妙な話をきくぐらゐのものでしたから。

こんなふうに考へてゐたのは、或は尾崎行雄（おざきゆきお）先生の「咢堂自伝（がくどうじでん）」などを愛読してゐたせいかもしれません。

しかし考へてみれば五十年間憲政のために戦つてきた衆議院が力を失つてしまつた現在、貴族院がその異つた力を利用して僕達と密接に関係して進撃する、そのラッパが今先生によつて吹かれたのだらうと想像してゐます。

古代地中海のある港の入口を扼してゐた巨人の像は東天の白むとき、声をあげたといはれます　石造の像すら世のあけるのを悦ぶ、いはんや血の通ふ僕達が、市民的英雄、上院に歩を進むるをきいて黙し得ましやうか、上海の父にも一信を報ずると共に、先生の御自愛を祈つてこの手紙を書きました。

失礼をお許し下さい。

岩波茂雄先生

二月四日　進

松本重治（まつもと しげはる）

一九四五(昭和二十)年五月二十三日付の手紙
鎌倉市小町三三八

一八九九—一九八九。ジャーナリスト。一九三三年以来、新聞連合通信に身を置き日中和平工作や日米開戦回避運動に尽力。戦後、国際文化会館設立、理事長を務める。
四十五歳の時の手紙。岩波茂雄が発表の是非について意見を求めた文章は不詳。五月九日に小林勇が突然東神奈川署に逮捕拘禁されており、また、この時期、貴族院議員として、「英米に訴ふ」「日本文化の再建」といった文章の発表準備をしていた(未発表)。

岩波老先生　玉案下

松本生

先刻ハ御力作御読ミ聞ケ下サレ感激致(いたし)候　其後多少種々ト思ヒメグラシ申候処アノ儘(まま)の字句にてノ発表ハ如何(いかが)カトノ結論ニ到達致候間其ノ旨(むね)卒直ニ進言仕(つかまつり)候

所詮、現在の状勢ハ岩波式思想ノ端的ナル表現ハ許サレザル実状ナルニアラザルヤ、検閲ノ

目ヲクグルタメ少ナカラザル辞句ノ修正ヲナスニ於イテハ、岩波茂雄ノ名ニ値セザルノ一文ト堕シ終ル惧(おそれ)ナキニアラズ、目下ノ形勢ハ、憂国ノ士トシテハ、然(しか)ルベキ筋ニ意見具申ヲ為スノ一途アルノミニテ、大衆ヘノ呼ビカケノ方法ハ必ズ首尾ヨカラズト確信致(いたし)候　非礼ヲ顧(かえり)ミズ、右卒直ニ所信ヲ披瀝(ひれき)致候　御参考マデニ。

敬具

幸田(こうだ) 文(あや)

一九四五(昭和二十)年七月十七日付の手紙
長野県埴科郡坂城町

一九〇四—九〇。小説家・随筆家。幸田露伴次女。『父—その死—』『みそっかす』『流れる』など多数の作品がある。

一九四五年五月突然逮捕され拘禁中の小林勇(こばやしいさむ)宛に、七月幸田露伴(ろはん)の手紙が送られる。口述筆記した幸田文が、その写しを同封して岩波茂雄に報告した手紙。この時幸田文四十一歳。

先日はおもひがけなくおめにかゝれまして嬉しく存じ上げましたが　なんのお話も出来ませんでしたのは誠に残念で御座いました　原稿類は先頃土橋さんが運んでくれましてたしかにおうけとり致しました　火難を逃れましたのはひとへに御厚意御親切に依りますものにて　深く

御礼申上ます　父はまだ床に居りますので自身に申上げられませんが有り難く感謝申上げ居ることに御座います

　小林さんはまづ御健康御元気のよしを伝へうかゞひ得まして嬉しく存じました　或は父の書きましたものならば直接あちらのおめにふれ得るかも知れぬ？希望が御座いまして十五日附にて手紙一通を口述してもらひました　只今その機会に達しますよう努力致してをります　同封のはその筆記の写しで御座いますから御覧下さいまし　文章は同文言が重なつたりしていつものようでは御座いませんが　自分からも病衰の老身と申してをります通りで却つて真の姿を写し浮かべるものと存じますのであへて注意も致さずにおきました　本来は可然（しかるべく）御相談申上げるが順とはわきまへますが何分にも交通難郵便難にて折がわるければ御返事を頂くに半月を要しますゆえ今日故（ゆえ）チャンスを失ふを惜しみ独断にて致しました僭越は何卒〳〵御心地悪く思召しませんよう御許し願上（ねがいあげ）ます　なほこの事は極く々々地味に眼立たぬよう致し居りますからそちら様のいろ〳〵の御てだてには万々御さまたげにはならぬよう注意致し居りますが　もしいさゝかでも左様な場合は至急御仰せ越し頂き度（た）く存じ上げます

　まことに尽しませんがとりあへず右申上度　あら〳〵　文拝

七月十七日

岩波茂雄様　御許

〔同封の幸田露伴口述書簡控〕

其の後如何　足下の拘禁せられし由をきゝて後　日夕憂慮にたへず　然(しか)れども病衰の老身これを何ともする能(あた)はず　まことに我が無力のこれを助くるなきを愧(は)づるのみ　たゞ今の時にあたつては足下がみづから持して厄に堪へ天を信じて道に拠り自ら屈しみづから傷むことなきをねがふのみ　おもふに我が知る限り足下の為す処(ところ)邦家の忌諱(きき)にふるゝ事なきを信ず　まさに遠からずして疑惑おのづから消え釈放の運(はこび)に至るべきをおもふ

浮雲一旦天半を去れば水色山光旧によつて明らかなる如くなるべし　なまじひに散宜生の援護の手を動かして人を救ふが如きをせず　たゞ孔子が縲絏(るいせつ)の士にその罪にあらざるの信を寄する挙を敢てするの念を抱くのみ　足下またまさに人知らずして慍るの念を抱くことなかるべし人非運に際して発する処は心平らかならずして鬱屈詭誹(きひ)に至るにあり　冀(こいねがわ)くは泰然として君子の平常心を失はざらむことを欲す　即ち遠からずして晴天白日足下の身を包まむ　此の意を書していさゝか足下をなぐさむのみ　草々　露

七月十五日

小林勇様

太田水穂

一九四五(昭和二十)年九月二十二日付の手紙
東筑摩郡広丘村

一八七六―一九五五。歌人・国文学者。『潮音』主宰。芭蕉に傾倒し、幸田露伴、安倍能成、阿部次郎らと『芭蕉俳句研究』刊行。

岩波茂雄は一九四五年九月十日、長野で藤森省吾の葬儀中に倒れ、長野分室となっていた妻科町の元店員の寺島寺治方で一か月余り静養していた。そのことを故郷の信州広丘で知り長野分室宛に送られた見舞状。光子夫人(歌人四賀光子、一八八五―一九七六)の手紙と歌も同封されている。

日本国第二大維新の洪流の青波を伝へ来るとき大兄の病報をきくは何とも痛ましく候　藤森氏の逝去のことも承り或ひは大兄も入信のことゝ存じをり候処広丘の村長その葬儀より帰り来り御病気のことも伝聞いたし驚きと悲しみとに打たれつゝありし処に候　〝千金の子は堂に垂れず〟と古人も申し候　御自愛下されたく邦家刻下の危急に候　何卒至重至緊の場合を御斟酌下され平凡事のために脳漿を瀝尽せしめざるやう切願いたし候　五条の御誓文の奥旨はこの度こそ真開顕さるべきものかと存じ候　すでに支那文化、印度文化を消化したる国民には

新に希臘(ギリシヤ)思想と猶太(ユダヤ)思想とを滲透せしむべき使命を負ふものも日本国民に候　岩波書店の指向すべき前途もこゝにあるものと存じ千金の身の御自愛を切に願ふものに候　時は中秋清気爽(そう)涼(りょう)の節御平癒のうへは是非広丘村に御立ち寄り下されたく、矢島〔音次〕を佐久から呼びて三人あひ携へて桔梗ケ原の広原を跋渉いたしたく、此の高原はゆくゆく軽井沢を次ぐべきものかと信じ候　只今葡萄林檎の真盛りに候　是非御立ち寄りの期日下されたく御こしの節は矢島とあらかじめ御打合せ下さればれば辱(かたじけな)く候

〃銃捨てゝ平和の御代を建てよといふウヰルソンをおもふ咢堂(がくどう)をおもふ

〃ひとときに百万の人を屠殺するこの文明のゆくてを疑ふ

〃戦ひのために科学の微を闡(ひら)く此の文明は何を示唆する

〃八紘をかねて一宇の世を成せと仰せたびにしその大み旨

右御一笑下されたく候　近く御面をうることを信じ御病中御病後の静かなる動きを祈願いたし候　家内よりもくれぐれも御大切を伝言しくれとのことに候「広丘の野に立つらむか」の一首ありがたく拝読いたし候

昭和二十年九月廿二日　水穂老生

岩波茂雄大兄

〔同封の太田光子書簡〕

御病気のよし伺ひ　ひそかにご案じ申してをりましたが御軽症と伺ひ　ほんとにうれしく存じました　何とぞ御加養専一にはやく御全快のほど願ひ上げます　桔梗ヶ原は今秋色たけなはにて一目御目にかけたく存じます　ぜひ御出かけ下され度御まち申上げます

裾花の秋の瀬音に枕して病みていますか国おもひつゝ

九月二十二日　光子

岩波茂雄様

近作　光子

立ちかへるみ国の春を疑はず七夜を泣きて心定まる

昨日一人今日また一人兵帰る村はひそけしあきつも飛ばず

敗残の兵とは云はじ帰り来し子にまづあぐる一つきの酒

坂西志保（さかにししほ）

一九四五(昭和二十)年九月二十九日付の手紙
東京都世田谷区上北沢三ノ一一三〇

一八九六—一九七六。評論家。アメリカ議会図書館に勤務していたが、日米開戦により一九四二年、交換船で帰国。敗戦後、GHQの招請を受けて顧問を務め、その後、アメリカ通の評論家、各種政府委員として活躍。

岩波茂雄は、一九四五年九月三日、長男雄一郎を喪い、その葬儀の翌日長野へ発って友人の葬儀中に倒れている。長野の静養先から代筆で書き送られた手紙に対する返事。この時坂西志保四十八歳。

御手紙只今拝見いたしました。御子息御長逝なんとも御悔（くやみ）の言葉も御座いません。一度も御目にかゝつた事は御ざいませんでしたが、度々（たびたび）岩波さんの御話でうけたまはつておりましたので、どんなに御力を落されました事かと御同情申し上げておりました。円覚寺の告別式には進駐軍入京のため京王電車不通にて失礼いたしました。其後（そのご）小町の御宅に参上いたしましたが御不在、御店にも二回参りましたが何時（いつ）御帰りか不明との事で、御病気とは知らず大そう失礼いたしました。

如何（いかが）でいらつしやいますか。軽いと御仰せられますので胸をなでおろしましたが、まだ不安で御ざいます。近くで御ざいますとすぐにでも御見舞に伺ふので御ざいますが、あまり遠く、

それに今まで遊んでおりましたが、月曜日、来月一日より本式に働く事になりましたので残念で御ざいます。どうぞ御静養専一に、一日も早く御帰りになりまして、色々現在の事情を御らん下さい。御援助を願はなければならぬ事がたくさんあります。若し御出京出来なければ週末にでも参上いたします。

外務省で休戦になる迄日本処罰案を調べておりましたが、今度は実際に処罰されるやうになりましたので、私の用はなくなり、本日まで本を読んだり畑をしたりしておりましたが、今朝早くジープが一台やつて参りまして、司令部につれて行かれ、月曜日から聯合軍司令官本部で、調査、資料方面を担当いたす事になりました。またアメリカの役人に復活いたします。私は今の政府の方針に反対のため全々仕事はしないと頑張つておりましたが、今度は間接に御奉仕出来るかとも思ひます。降伏しても其の態度にかはりなく、色々面白くない事が毎日出て来ておりますが、大体十月十日あたりにあります官吏制度の改革がうまく行けば成功いたしますが、もしこれが駄目な場合にはもつとひどい事になるのではないかと思はれます。戦争を牛じつてゐた人間が平和時代をかきまはしてゐる不思議な世の中です。御詫といふのも敗けた事に対してであつて、戦争を始めた事を悪いと思つてゐる人間は少数でアメリカ側は憤慨してゐます。また戦争をやり出すのではないかといふ疑を先方がもつのも無理ありません。自由・民主々義を理解する人が出現するのを希望しておりますが、今はそれもおぼつかなくなりました。政体

の変改も先方は考へております。現在の日本の憲法はポツダム宣言で足りるといふ論もあります。岩波さんの信奉しておらるゝ五ケ条の御誓文が私等には最高の民主々義的なものでせうか。仮面をかぶつた人が多く、看板の塗りかへもあり、各自が多忙な生活を送つてゐます。

仰る通り私達にも当然責任はあつたでせうが、あの無智な力をどうする事も出来なかつたでせう。やはり犬死でしたでせう。今生きてなんとか再建設のために尽力出来るのは大きな特権であり、責任があります。日本人が自分達で改革出来ないならアメリカにやつてもらひませう。アメリカで実現されなかつた理想を東亜でして貰ふのです。

然しどうぞ一日も早く御快復なされ、御働き下さい。御待ちいたします。

九月二十九日

坂西志保

岩波茂雄様

鈴木大拙

一九四五(昭和二十)年十月二日付の手紙
神奈川県大船円覚寺正伝庵

一八七〇—一九六六。仏教学者・思想家。禅の研究者として知られ、欧米にも大きな影響を与えた。著書『禅と日本文化』『禅思想史研究』など。英文著作も多い。
七十四歳の時の手紙。この年、鎌倉東慶寺山内に蔵書を収める松が岡文庫を設立。

拝啓

承りますれば先月貴地へ赴かれて以来今尚御病床に御とぢ籠りとの事、御心配申上候、御令息御逝去の上に御親友の御遠逝など打重り、心身の御負担、此上もなきことと推上候、此から益々御活動を願ひたき折柄、国家のため、心静かに御養生再起の早からんことのみ念じ上げ申候、

今回は松ヶ岡文庫の義につき御厚情を辱うし奉深謝候、　不宣

十月二日　鈴木大拙拝

岩波茂雄様

侍史

羽仁五郎（はにごろう）

一九四五(昭和二十)年十月三日付の手紙
東京都北多摩郡久留米村　南沢学園

一九〇一—八三。歴史学者。マルクス主義歴史理論に基づく明治維新史研究を開拓。ハイデルベルク留学中に知合い親交を深めた三木清（みききよし）と、一九二八年『新興科学の旗の下に』を創刊。三三年治安維持法違反で逮捕され日大教授辞任。敗戦後は参議院議員として国会図書館建設などに尽力。著書『明治維新』『ミケルアンジェロ』など。

四十四歳の時の手紙。一九四五年三月、北京で逮捕、東京へ護送され、玉川警察署で敗戦を迎える。九月二十三日出所早々三木清獄死の報に接する。三木清葬儀の日、旅先の長野で脳溢血で倒れて療養中の岩波茂雄に書き送られた手紙。

岩波茂雄先生

御病床からの御手紙　感銘をもつて拝読いたしました　昭和八年のときも帰宅した私を第一に見舞つて下すつたのは先生でした　こんども爆風にガラスを破られ家宅捜索に書物をサンザンにされた家に久しぶりに帰つて来た私を第一番になぐさめはげまして下すつたのは先生のお手紙です　すぐにそれにつづいてこの前のときと同じく大内〔兵衛〕先生が来て下さいました　それだけ現在先生が旅先きで病んで居られるのを伺つたときおどろき心ぼそく感じました　一年半前私が中国に向つて出発するときも　先生は御病床から起きて私と私の家族とをもて

なしはげまして下さいました　中国を旅した一年、それから鉄窓下の半年、どこでもいつでも先生のお顔がお声がぼくをはげましました　牧野〔伸顕〕先生のところ幣原〔喜重郎〕先生のところとぼくを導き連れ歩いて下すつたかえりみちに一ツ橋の橋の上で、出処進退を誤るな　骨はおれが拾つてやると哄笑された先生の声が北満でも蒙疆でも北京でも上海でもはたまた雪煙る満洲を押送されて来た車中でも虎ノ門の地下室でも何処でも僕の耳底にありました　ぼくたちにこんなにたえず力をあたえてやまれない先生が現在すこしくたぶれてやすんで居られるのはふしぎではありませぬ　まことに先生の御力によつてぼくたちがいな日本がここまで来たのですそして十数年の悲惨の後に平和が戦いとられたのです　いましばらくの間どうぞ悠然と御静養下さい　雄一郎様に対するお悲しみ言葉もありません　雄一郎様の霊は私たち数千万の若い時代にやどつて先生のあとをつぎます。

三木清の獄死は言論の自由学問研究発表の自由いな真理の自由のための原子爆弾となりつつあります　現にかれは昨日今日毎日の新聞を通じ全日本いな東洋、世界の青年に呼びかけて居ます　新無産政党もそれによつて動かされ(二日、毎日紙)　労働組合再建に及び、昨夜のラヂオはＵＰの記者が府中に徳田球一志賀義雄等を訪ね予防拘禁と称する制度その期間更新による拘束等をも批判して居る事実を報じて居ました　三木は死んだんぢあない　生きて居る感じです

しかし今朝、今日彼の家の葬式(本当の葬式は先生の御帰京を待つて行われるでしよう)なので花を、と金を包んだ紙に字を書いて居ると熱涙がこみあげてきました　そして彼が最も苦しんだ時代いなはじめからおわりまで彼をして学界にはたらくことを得しめた数十年毎月毎日の先生の彼に対する御援助御支持を想い　先生がいまどんな御心中かと思い及び　御病中におさわりするようなことを書くまいと思いながらついにこらえきれず——他に誰に向つて現在の僕等の心中を訴えるか——先生に向つて筆をとりました

秋風秋雨愁殺人！

野呂栄太郎、三木清と人類の敵は先生の周囲に幾多の青年の屍をきづいて来ました　しかし先生は断じて倒れてはいかぬ　脳の充血ぢああありません　戦傷なのです

悠然と静養され悠然と従前以上の御健康を恢復せられねばなりませぬ　その間に歴史の歯車が後にまわるようなことはありませぬ　日本の軍閥はアメリカ兵に降伏し——先日、電車のなかで、オミヤゲ?の毛布や靴をしよつて帰されて来る兵士に押された一人のおかみさんが、兵隊さん、アンタがたはアメリカの兵隊には弱くて、ワタシたちには強いんだね！　とののしつたそうです——日本の官僚はいま毎日新聞の攻撃いな国民の前に醜く逃げかくれつつありますこんな連中はアメリカにまかせておいてもよいでしよう　片々たる官僚軍閥のうしろにアメリカの将軍連の倒し得ないものがあります　それらに対する戦と建設とは先生の健康を要求して

居ます

歴史は悠然とその歩を進めて居ます　くれぐれもゆつくり御静養　また元気の御顔をぼくたちに見せて下さる日を楽しみにいたして居ります

みなさまによろしく

昭和二十年十月三日

羽仁五郎

西尾　実

一九四五(昭和二十)年十月八日付の手紙
東京都杉並区和泉町八一五

一八八九―一九七九。国文学者。郷里信州での実践をもとにして独自の国語教育論を展開。一九三四年に出版した岩波書店版国語教科書の編集に尽力。『岩波国語辞典』の編者。
五十六歳の時の手紙。岩波茂雄は敗戦後、出版が戦争を防ぐ力を持ちえなかったという反省から、総合雑誌の『世界』とは別個に大衆雑誌の発行に意欲をもやし、西尾実など親しい知人に相談していた。

拝復　御手紙ありがたく拝誦仕候　その後御順調に御回復の御趣き何よりと御慶び申上候　経過御良好の由　承り御見舞状も差上げず欠礼致居候段深く御詫び申上候
愈々新生日本建設の為平素御懐抱の信念と蘊蓄を傾け文化事業御企画の御趣き大慶の至に存候　既に御決定の指導雑誌誕生の快速を希ひ候と共に御腹案の大衆雑誌が旧見に囚はれざる大衆性を以て旧套に堕せざる大衆雑誌として刊行なされ候日を待望致居候　未だ編輯適格者御決定なき由これに人を得候ことこそ先決問題と存候　ありふれたる所謂大衆雑誌ならば如何に啓蒙時代来とはいへ岩波書店として手を染むべきに非ずと存候　人をだに得れば指導的綜合雑誌よりも時代の上に果す役割は重大と存ぜられ候　人選厳正希望申上候　御下問により知人彼

是物色を試み居候へ共今以て自信を以て御推薦に達する者無之候
教科書のこと中等学校のは文部省にてはやらぬことに相成候様子に候へ共以前の状態に戻り候か又は地方地方の編纂に委せられ候ことに成り候か不明に候　以前の如く相成候際は恐らく検定制度も廃止せられ候ことと存候まゝ真乎教育的理想的なるもの編纂　新生日本の中堅国民指導国民育成の為微力を致度存念に候　よろしく御高配希上候
尚御来旨羽生三男氏就職の件早速心当りに交渉致すべく候　但現在のところにては夫々の学校にてそこの復員教師受け入れを第一と致居候間新人採用は暫く皆無と存ぜられ候　御含みの上適当に御返事置き願度候　羽生氏よりは直接来書も有之候間その旨取敢へず御返事申上置候
天候不順の折柄御大切になされたく
寺島〔寺治〕氏木俣〔鈴子〕氏へも御序よろしく願上候　敬具

十月八日　西尾　実

岩波茂雄様
侍史

尾崎行雄

一九四五(昭和二十)年十一月九日付の手紙
信越線田口駅池ノ平　楽山荘

一八五八—一九五四。政党政治家。号、咢堂。第一議会以来衆議院に二十五回連続当選。第一次護憲運動で活躍、「憲政の神様」と言われた。

八十六歳の時の手紙。当時、妙高山麓の楽山荘に住み、議会開催の折は上京していた。この頃から翌年にかけて岩波茂雄の勧めに応じ、熱海の岩波別荘によく滞在して人に会ったり通院したりしている。この手紙に記された漢詩と和歌は編集部の注を付して『世界』創刊号に「感遇」と題して掲載された(漢詩の訓読文は当時の『世界』編集部)。

拝啓、本月四日付の貴書に依れば御病気も順当に御快方の由奉賀候。「世界」の創刊号への拙詩歌は別紙の如きものにて宜しく候はゞ御取捨下されたく候
尚ほ漢詩は別記の二種に過ぎざれど和歌の駄作は沢山有之候得ば御入用ならば何時にても御送り可申上候
熱海への御招待ありがたく存候　此冬は御邪魔いたしたく存居候
十一月九日　　行雄

岩波殿

昭和十五年

風雲閣上望風雲　　風雲閣上風雲を望む
渝盟背信何紛々　　渝盟背信何ぞ紛々たる
西欧驕児弄威福　　西欧の驕児威福を弄し
東亜庸人煽妖氛　　東亜の庸人妖氛を煽る
王道委地憲政乱　　王道地に委して憲政乱れ
覇業未就徒辛勤　　覇業未だ就らず徒らに辛勤
擁書万巻夢孤鶴　　書を擁す万巻孤鶴を夢み
歴仕三朝伍鶏群　　三朝に歴仕して鶏群に伍す
喜寿加八聡明減　　喜寿八を加へ聡明減じ
衰残尚想身後勲　　衰残なほ想ふ身後の勲
挙世滔々事誣妄　　挙世滔々誣妄を事とす
直筆欲遺救時文　　直筆遺さんと欲す救時の文

先年御覧に入れた詩(屏風に御調製)を其後コンナに増補訂正しました。

昭和二十年作

五洲形勢如乱麻
兆民塗炭泣煙霞
二驕既斃安西欧
群庸尚存危東亜
文化日進境域減
攻伐具新戦禍加
禽獣不知曲直別
人倫有霊解正邪
正邪曲直付一笑
禽奔獣走磨爪牙
君不見敗者衰亡勝者弊
互衰共弊耐歎嗟

五洲の形勢乱麻の如し
兆民塗炭煙霞に泣く
二驕既に斃れて西欧安んじ
群庸尚存して東亜危し（平仄の関係上〔殴、唖を〕欧、亜に代用）
文化日に進み境域減じ
攻伐具新たに戦禍加はる
禽獣は知らず曲直の別
人倫霊あり正邪を解す
正邪曲直一笑に付し
禽奔獣走爪牙を磨く
君見ずや敗者衰亡し勝者弊るるを
互衰共弊歎嗟に耐へたり

コンナ駄作でヨケレバ沢山あります　雑誌にでも御ノセ下さい

憂へても甲斐なき今日は世を忘れ人を忘れて雲と遊ばん（東亜戦開始の頃）

　真珠湾の勝報に接して

桶狭間の奇勝に傲り本能寺の奇禍を招ける人な忘れそ

ツメ手なき将棊指しつゝ勝ちぬくと叫ぶ世の人めでたからずや（昭和十八年ころ）

此ごろの人の言こそめでたけれ産めよふやせよ飲まず食わずに（昭和十五六年ころ）

三年へて遂にさとりぬ食はずして産み且つふやすことの難きを

伊は降りドイツもやがて敗るべし大和魂ためす日の来ん（伊国降参の時）

大内兵衛（おおうちひょうえ）

一九四五（昭和二十）年十一月二十七日付の手紙
大森区田園調布二丁目七三一

一八八八―一九八〇。財政学者。一九三八年人民戦線事件で検挙される。敗戦後東大に復職。法政大学総長など歴任。著書『財政学大綱』など。
五十七歳の時の手紙。この年十二月の雑誌『世界』創刊にあたっては安倍能成（あべよししげ）とともに編集協力者として尽力。「岩波文庫」創刊時よりの懸案だった『資本論』翻訳は、大内兵衛の口添えで更めて向坂逸郎に依頼され、一九五四年全十一冊が完成する。

拝復　御懇書有がたう御座いました。御病気未だ十分に快復にならぬ御様子さぞお困りでせう　是非徹底的にやつていたゞき度（たく）存じます、貴意の通り日本も少しは明るくなりました、しかし敗残の風物と意気地ない民衆とを見ると、問題はこれからと存じます、世界的文化の日本を作るため、まだ〳〵大に働いていたゞき度（たく）存じます、「世界」は主力をそゝぐつもりです、貴台御奮発の御心境も安倍氏より拝聴感佩（かんぱい）してゐます。
「資本論」一件万々承知致しました、店員の方と相談善処いたしたいと存じます、又小生の書籍出版の件、小生ももとよりその積（つもり）、どうかよろしく御願申上ます。不取敢（とりあえず）御返書のみ
早々

十一月廿七日　　　　　　　　　　　　　　　大内生

岩波老台

　侍曹

外山公行（とやまきみゆき）

一九四五(昭和二十)年十二月三日付の手紙

宮崎県油津町下町

岩波刊行物は、専門書以外入手可能なものは全て購入しているという自称「読書好きの一青年将校」。一九四三年五月、自宅病床からの発信(残っていない)から岩波茂雄と書簡の往復がある。

拝啓　南九州にも冬が訪れ日毎に寒さを加へて居りますが、御地は如何で御座ゐますか、御芳書に依れば御病気の由案じて居ります、医療品、栄養食糧等入手不如意の折柄、余程御困りの事と拝察します、

扨（さ）て小生の其（そ）の後（ご）の消息、御聞取り下さい、

病ひ勝ちの身を上司のはからひにて母校飫肥（オビ）中学校の陸軍々事教官として勤務すること約一ヶ年半、本年四月に至り、本土決戦に方り此所が死に所ぞと与へられました職務は郷土部隊の

聯隊副官でありまして勇躍、都城市に赴任しました。

同地に在ること二ヶ月余にして伝統ある高千穂山麓より部隊挙げて阿蘇山西麓（立野）に移動致しました、無傷の精鋭五千に与へられた任務は

一、阿蘇地区に於ける対落下傘戦闘準備

二、空襲を避けてする第一線への補充業務

三、南九州に於ける方面軍の総予備隊的任務

の三点に要約し得ませう、

本年七月以来斯くして我部隊は鋭意戦闘準備に忙殺せられました　然し彼の八月十五日は来ました。之に関しては今更ら申すこともありませんしまた敢て申すことは惨酷でもあります

私は此の日に先立つ二十日位前より往年の胸部疾患の再発をみまして敗戦と同時に入院の已むなきに至りました

漱石が「二百十日」に書いてゐる戸下温泉、此所は陸軍病院となつて居りましたので私は此所に於て三ヶ月間の絶対安静を強ひられました、病ひ尚安定せざるに矢の如き帰心は遂に彼の交通難の中を故郷へ帰らしめました　そして只今油津に於て臥床中であります、ふるさとの大いなる山河の恵み基よりでありますが、さらに親類、知人、友人等の隔てなき抱擁こそもう一度私の健康をとり戻して呉れるであらうといふ確信が近頃犇々と感じられるのであります

私は二十一才以来今日迄八年間　陸軍々人でありました　軍閥と軍隊を区別しきれない軽薄な世人達は軍の腐敗を攻撃して已みませんが、私は純粋の軍隊より実に多くのものを獲て居ります、私の後天的性格は殆(ほと)んど軍隊より得たものでありそれが私の将来をも規定してゐると思つて居ります、そしてそれを少しも不幸であるとは思つて居りません、君に忠なること、礼節の精神旺盛なること、信と義を重んずること、質素を旨とすること等の軍人の根本観念が之からの日本の民主政治に何の抵触を示すでせうか　其の他規律正しきことや困苦欠乏に耐へ得る精神等私のみならず日本国民の大部分(それ等の人々の何割かは一度は軍人でありました)は軍の創設以来、有形無形の多くのものを軍隊から受けてゐると信じます、

軍を攻撃するに急にして之等のことを忘却し果てた世人に対する私の不満は之のみであります、

一部将校以下の終戦時に冒(おか)した醜状に対しては誠に申訳もない次第ですがそれは軍人の何分の一の者の仕業でしかありません　然(しか)し例外にしては少し多過ぎた感がありますことはかへす〴〵も残念です。

*

阿蘇に移動します際、業務の余暇にでもと思ひ蔵書約二千の中より最も大切な本約五百冊を選び、送りましたが向ふで荷を解いて見てその大部分が岩波のものであつたのは当然なことゝ

言ひながら今更ら貴店の発行図書の優秀性に驚きました、当地に帰りましてから本箱を一覧し、戦前と戦後を通じてその重要性の変らざる本を考へてみますと、依然岩波〔の〕ものはその地位の不動なるにまた頭を下げさせられました「真理は万人によつて云々」の如く真理は永遠に不滅であります、

十月末、岩波書店宛「起て、岩波、速かに！」といふ趣旨の葉書をやりましたところ「御註文の書籍は目下品切れにて云々」の一片の印刷した葉書を貰ひ苦笑して居りますが岩波再建の為、私は如何なる援助も惜しまぬつもりであります　此の九州の果ての一寒村より凡ゆる苦境を乗り切つて再起する貴店の一挙一動を見守つて居ります、そしてそれは私のみでなく日本国民全部又は世界文化界の注視であることを忘れないで下さい、

久し振りで病床にペンをとり疲れました、

貴殿の御病気恢復を神かけて御祈り致します

敬具

昭和二十年十二月三日

宮崎県、外山公行

岩波茂雄様

座右

小林(こばやし)勇(いさむ)

一九四五(昭和二十)年十二月六日付の手紙
長野県上伊那郡赤穂町北下平　北原文陸方

一九〇三―八一。編集者・随筆家・文人画家。雅号、冬青。一九二〇年岩波書店入店。一九四五年五月逮捕拘禁され、敗戦後八月二十九日に釈放される。釈放後、郷里伊那での療養中に岳父岩波茂雄からの諮問に答えた手紙。この時四十二歳。この直後十二月二十八日に職場に復帰する。専務取締役、会長を歴任。傍ら一九五〇年岩波映画製作所の設立・運営に尽力。

大変寒くなりました。御無沙汰をしてゐて申訳ありませぬ。その後御体も順調の御様子何よりと存じます。先日貴族院の開院式の写真(朝日)にお姿を拝見して、議会にもお出かけになつてゐると承知し安心いたしました。私も意外に長びきましたが追々元気になり、体重も十六貫になりました。永い間休みまして恐縮に存じますが御許し下さい。先日小百合〔茂雄次女、勇夫人〕がそちらへ参り、いろ〳〵様子もきくことが出来ました。私の皮膚病も大体恢復したのですがまだ全快とまではゆきません。しかし少しくらゐの重いものを運ぶことも出来、散歩、写生などもしてなるべく戸外にゐることに力(つと)めて居ります。

先日私への課題として大衆雑誌発行の件を考へるやう問題を与へられましたが、そのことについては、あれから毎日考へ且(か)つ研究はして居りますが、なか〳〵むづかしい問題で急速に確

信らしいものを摑むことが困難であります。第一に私がそれに関係するに適した人間であるか否かは非常に問題でありますが、そのことはぬきにして考へることにして見ます。

田舎に二月余も暮して見て、日本の農村の人達が人生の大事なことに関心をもつことの少いのを感じます。日本の現在と将来のことを考へますと私もまた大衆啓蒙といふことが真に必要であることをしみ〴〵と改めて感じます。大衆のレベルが向上しないかぎり、何をしても無駄になると思ひます　そのことは、現在のやうに切迫した時世では大変迂遠のことのやうに見えますが、急がば廻れで、結局一番近路であるだらうと考へます。そこで、それではその大衆に一体何を持ち込むかといふことですが、大衆といふ漠然とした表現では実はつかまへられぬものだと考へます。まづ男と女の違ひと、老若の違ひがあり、知識の違ひを考へぬわけにゆきません。

かうして考へて来ると、いはゆる大衆といふ者の正体は実に複雑であることを考へざるを得ません。この雑多な「大衆」に雑誌を提供するといつても、それは甚だ漠然としてゐ過ぎるやうです。単に雑誌が売れさへすればよいとなればまた考へは別ですが、この苦難に追込まれ、デスペレートした日本人を明るく建設的にするには、どうしたらよいか。そこで私はこの十数日毎日近所の農民に会つたり、青年に会つたり、小学教員に会つたり、指導的な人々に会つたりして研究し考へましたが、大衆啓蒙のためには、

一、雑誌の発行のみでは偉力を発揮しない。
一、働きかける層はその中心を青年にしたらよい。
一、小学校の先生と、村の知識的、進取的な青年とを真に握手させねばならぬ。
一、その人々に与へるべきものは、人間として真に考へるべきことを考へ、なすべきことをなす勇気と方向を与へるやうにしなくてはならぬ。

(現在及び将来日本の政治的、思想的、経済的の動きは混沌としてはかり難いものがあると思ひます。政治的には、そのいづれの党派にも属せず、人間的にあるレベル迄達したら、その上で、これらの人々が、自己の考へによつて自分の進むべき道を選び、闘争してゆくべきであると思ひます。実際には一つの政治的立場主義をとつてやれば一番簡明ですが、それは避けるべきではないかと考へます。)

まだ他にいろ〳〵の問題がありますが、それらを考慮した上でもつと積極的に仕事にとりかゝるとすると、ただ漠然と雑誌を出しても売れゆきが悪いだらうし、従つて此方の目的を達することが出来ぬと思はれます。農民達が雑誌を読むのは、きいて見ると、第一に連載の小説をよみ、次に実際的な記事をよむ。面白くなければとりつかぬ。

この問題で私のかんがへたことは、農村には目下全然娯楽がないといふことです。娯楽にうえてゐることは非常なものです。

娯楽を提供すること、これは目下の農村にとつて急ぐ必要のあることです。

それにもかゝはらず、娯楽といふ意味では、今日の用紙の事情では雑誌によつては到てい不可能だらうと思はれます。

それで大衆啓蒙には雑誌以外に、映画、演劇、その他を動員し、雑誌、書物は、そのスピリットとして働くべきではないかと考へるやうになりました。農村の人々に、真によい娯楽を与へ、その中から今後の日本人の進むべき道を感得させることが一つの手段として選ばれるべきではないでせうか。

私はまたこゝで自然小学教員の生活問題を見聞し、それに対して大きな関心をもつてゐます。教員学生は何といつても地方文化の中心的な存在ですから、この人達の生活問題を解決するために、村の知識層青年と握手させ、それによつて農民達も動かしてゆくといふ方法はないものか。

目下の悪性インフレでは教員達は非常な苦しみをしてゐます。しかし恐らく来年の後半期には、今度はデフレーションで、逆に農民達の羨望の的になるかも知れません。さういふ対立的な関係を今から考へて、それに陥(おちい)らぬやうにするには、文化の問題、将来の人を教へる教員達と、青年層とのことを考へざるを得ません。先日から赤穂校長の仁科氏、辰野の校長をしてゐる私の兄、伊那町の校長などと長い間話して見ました。

大衆啓蒙は単に雑誌だけでなくあらゆる武器を使つてしなくては容易に近づけぬものであると、私は目下考へて居ります。

その他、雑誌経営上経済的のこと、及び、実務にあたる人間の有無、これを考へざるを得ません。

五月以来四ヶ月の囚れの生活はある意味で私をすつかり虚無的にしました。しかし健康の恢復と共に、やはり働かねばならぬ。自分のすべき仕事があるといふ心が次第に情熱的に湧き出して居ります。小百合の帰来、この十五日から二十日迄の間に一家鎌倉へかへることに決定いたしました。荷物の運搬がひどく困難かつ厳しい状態にありますが、幸に有力者の同情でトラックがたのめましたから富士見の荷物も一緒にして運びたいと考へて居ります。あと十日程ですから、私もこの半年の間苦労をした小百合の少しでも労を少くするために、いろ〳〵努力し、一緒にかへりたいと思ひます。与へられました課題についても尚(なお)よく考へ、且(か)つ研究いたします。店の仕事もいよ〳〵重要になると思ひますが、種々の点で改革しなくてはならぬことがあると思ひます。

内部が潑溂としなくては外へ出るものも力がなくなると思ひます。特に大衆的な仕事では、そのことが非常に大切と思はれます。

手紙を書くのが一番の難物のため御無沙汰をしましたが、決して心をそれに向けなかつたわ

けではありません。延引乍（なが）ら、以上雑然と書き並べました。御判読を願ひ上げます。
御健康を祈り上げます。

乙酉十二月六日夜　　小林勇

岩波先生

正木（まさき）昊（ひろし）（ひろし）　一九四五（昭和二十）年十二月三十一日付の葉書

一八九六—一九七五。弁護士。一九三七年より個人雑誌『近きより』主宰、軍国主義・官僚主義批判を展開した。岩波茂雄はそのヒューマニズムの立場に共鳴、雑誌を購読するだけでなく用紙の手配を援けたりしている。
四十八歳の時、寄贈された雑誌『世界』創刊号についての感想を記している。

創刊号拝見、新時代に第一歩を踏み出すにしては何となく全体が平盤、在来の綜合雑誌と異るところ僅少と存じます、執筆者は皆第一流でありますが、新時代の息づまる気分を指導する気魄乏しといつた感じです、せめて活字面でも少し変化を与へてはいかゞ、写真の一つ二つ

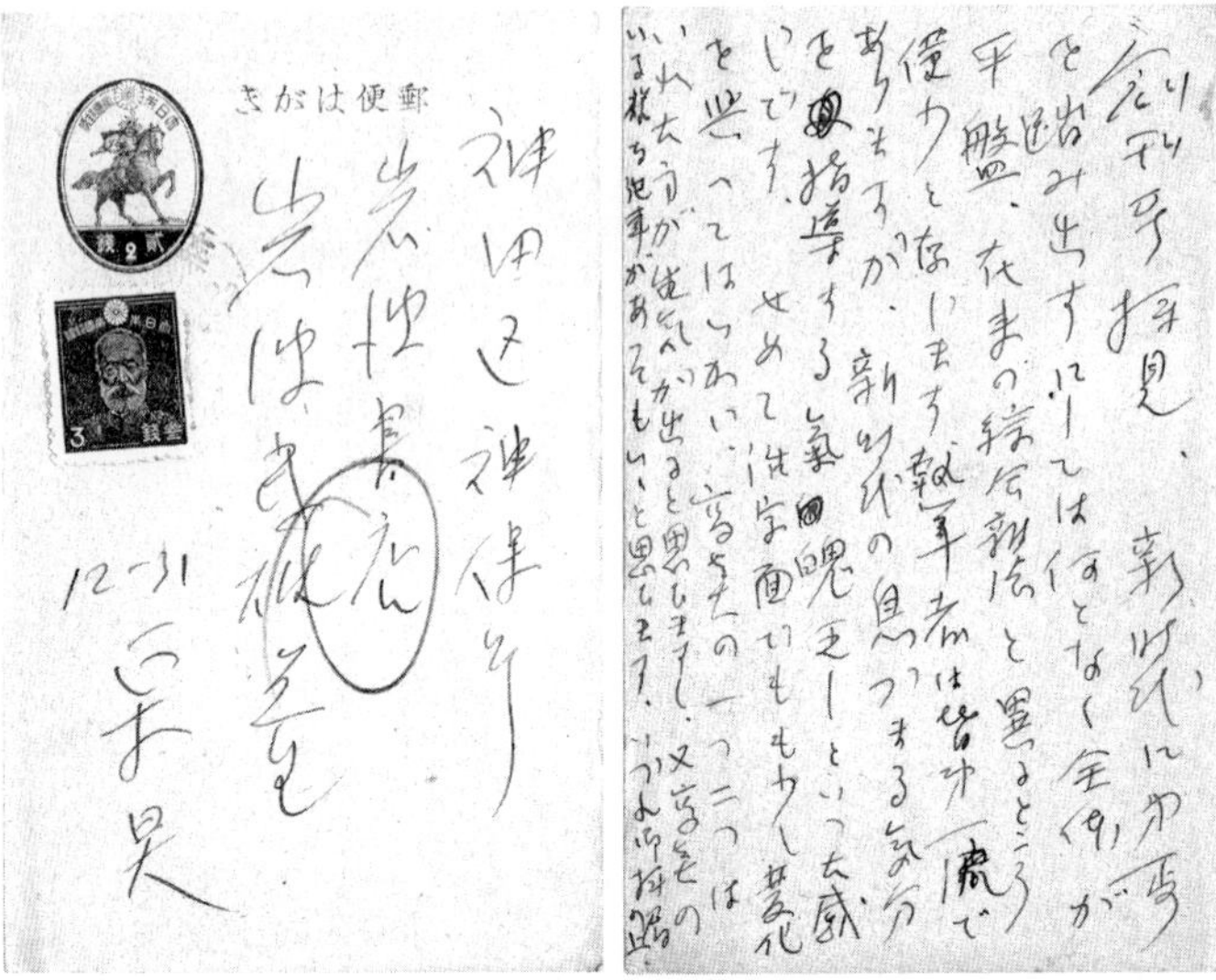

はいれた方が生気が出ると思ひますし、又写真のいる様な記事があつてもいゝと思ひます、いづれ御拝眉の上、

牧野伸顕

一九四六(昭和二十一)年一月九日付の手紙
千葉県東葛飾郡田中村大字十余二庚塚

一八六一―一九四九。政治家。一八七一年実父大久保利通らの遣米使節に随行し留学。外務省から政界に入り、農商相、外相、内大臣等を歴任。二・二六事件で英米派として襲撃され、以後引退。八十四歳の時の手紙。岩波茂雄は、牧野引退後もその政治的信念を尊敬し、創業三十年感謝会にも招待、敗戦後も、病後の身をおして雑誌『世界』創刊号を刊行と同時に直接届けている。

拝啓　偖過日は不快後に拘はらず遠路御光来を辱く致難有存候　此節は汽車も動物の乗りもの化し候折柄御帰途を御案じ申候

小生従来雑誌には余まり親しみ無之候得共世界は刊行のご趣旨もよろしく発端より末尾迄読破致候　何レモ名家打チ揃ひの執筆にて時事に触レ候内容多く御刊行の御趣旨に相応し新日本建設の目的を体したる意義アル雑誌と拝見致候

今後国運挽回ニハ国民ノ健全ナル思想ノ培養最も望ましく存候　世界は其要求ヲ充タスベキ資料機関として貢献する処少からざるべし　亦岩波文庫の伝統的使命達成の施設として此際極

めて適宜の御発足と敬服致候　岩波文庫ナレバコソアレ丈(だ)ケノ粒選りの強豪を急速に網羅被為(なされ)候こと相叶候と存罷在候、匆々敬具

一月九日　　伸顕

岩波兄台

乱筆御推判可被下(くださるべく)候

尚々序(ついで)に御願を申候　小生知人中村嘉寿(かじゅ)と申す人御都合の時御引見御願致度(いたしたく)御紹介致呉レトノコトニ有之同君は山本伯の知遇ヲ受ケ米国ニ長ク滞留致シ目下国際倶楽部を経営し米人百名邦人同数より成立ち候社交団体に有之　此際有益の事業と申て別に急クコトニモ無之　一度御見識(みし)リ置(おき)ヲ御願申迄ノコトト存候

相馬愛蔵（そうまあいぞう）

一九四六（昭和二十一）年二月十一日付の手紙
東京西多摩増戸村　大悲願寺方

一八七〇―一九五四。新宿中村屋創業者。岩波茂雄は古本屋開業に当たって指導を受けた。現金仕入れと正札販売をモットーとしていたことで知られる。亡命してきたインド独立運動の志士ビハリ・ボースを匿い、また黒光（こっこう）夫人とサロンを作り多くの芸術家・文人を支援した。著『一商人として』など。岩波茂雄に文化勲章、の報に接して書き送られた手紙。頭山満は一九四四年十一月に、娘婿のボースはこの年一月に没し、また一月七日には黒光夫人の縁者で親交のあった多田駿（陸軍大将）がA級戦犯容疑者として逮捕されている。

拝啓
今朝のラジオにて国家最高の名誉なる文化賞受領者中に貴殿の尊名あるを聞きて寔（まこと）に愉快に感じました
苟（むし）ろ遅きに失しせし感もありますが在野人にて之の撰に当り〔たる〕事は我々野人の快とする処であります
先頃の貴院に大多数にて御当撰ありしよりも一層御目出度く存じます
先般は御病気御軽快之由を承りましたが尚（なお）御自重御注意を願ひます

老生本年七十七才　無用長成の感ありますが幸ひ頑強であります
老生ボースの関係か何かの為めか書信もマッカーサーに開封致(いた)され居(お)り此頃或は何か起るかも知れぬと思ふて居ります
頭山〔満〕翁とボースは良き時に永眠せししあわせ者と思ひました
多田は引張られる事となりて閉口致し居ります
御友人〔安倍能成〕が文部の長となりて理想を行ひ得る段奉祝候
先(まず)は一寸(ちょっと)御喜び申上度　不一

昭和廿一年二月十一日

相馬愛蔵

岩波茂雄様

長田（おさだ）新（あらた）

一九四六（昭和二十一）年三月二十九日付の手紙
広島文理科大学（封筒印刷）

一八八七—一九六一。教育学者。ペスタロッチの研究で知られる。敗戦後は広島文理科大学学長を務め、一九五一年『原爆の子』を編集刊行。五十九歳の時の手紙。岩波茂雄はこの年文化勲章を授与され、三月三日付で各界知友に挨拶状を送り、その中で、文化の配達夫にすぎぬ一町人が余りにも恐縮と述べている。

御丁寧なる御手紙を拝し感謝いたします　お手紙により愈々（いよいよ）賢兄の生涯の持つ意義判明し定めて多くの知友感激に浸りをることと存じます　あの手紙一通がどれほど世道人心を啓発することでしようか　誠に有意義のお手紙です

私は日頃賢兄の御業績は「町人道の建設」にありと確信してゐます　さういふ意味で「大正昭和の石田梅巌（いしだばいがん）」なるところに賢兄の生涯の意義ありと何時も云つてゐます　何（いず）れの日か「梅巌と茂雄」なる一文を草さうと考へてゐます　何時書くか何に書くかといふ事も種々考へてゐます　梅巌は吾国町人道の建設者として全く日本文化史に万丈の気を吐くもの　而して今や賢兄あり　小生はよき友を持つ喜びに何時も法悦の境に浸つてゐます　今度の一文——お手紙——を拝して「梅巌と茂雄」吾が国町人道の建設者としての岩波茂雄兄といふ小生日頃の見解

が愈々明確になり喜んでゐます
小生学長として着々仕事をしつつも
一、教育立国――文化国家への途――
を纏(まと)めつつあります　会心の作が出来ましたら何卒「岩波新書」にでも出して下さい　お目にかけます
一、ペスタロッチー伝
も着々進めてゐます　大作の前に先(ま)づ手頃のものを書き「岩波新書」に出さうと思つてゐます。

参月廿九日　　新

岩波茂雄賢兄
案下

II

三木清　ヨーロッパからの手紙

――一九二三―二五年

三木清(一八九七—一九四五)。　京都大学哲学科卒業後、一九二二(大正十一)年五月から二五年十月まで、ヨーロッパに留学。岩波茂雄は、波多野精一の推薦を受けて留学中の三木清に対し経済的な援助を行なった。留学先から岩波茂雄宛に送られた手紙は、二年目からの分二十一通が残されている。なお、三木清が留学中に書いた手紙は、「三木清全集」第十九巻の書簡篇に、森(羽仁)五郎宛三十七通、田辺元宛六通、石川謙宛一通、計四十四通だけが収められている。本書簡は未公表。

三木清は帰国後、一九二七年法政大学教授となり、人間学的立場からマルクス主義哲学を研究、後に西田哲学に接近した。敗戦間際に治安維持法違反容疑者を匿まったという容疑で逮捕され、敗戦後四十二日を経た九月二十六日に獄死。生涯を通して、研究・執筆の傍ら岩波書店の編集活動に協力、岩波文庫、岩波新書、岩波講座や叢書等、多くの企画に係わった。

一九二三(大正十二)年五月十六日付　Heidelberg, Bergstr. 29. Germany.

最初の留学地ハイデルベルクには、一九二二年六月から二三年十月まで滞在。リッケルトに師事して歴史哲学を学び、エルンスト・ホフマンにはギリシア哲学を学ぶ。リッケルトを通じマンハイム、ヘリゲル、グロックナーなどと識り合う。リッケルト六十歳の誕生日を記念して、同教授の紹介で、五月二十九日付のフランクフルター・ツァイトゥング紙に「日本の哲学に対するリッカートの意義」を寄稿している。

五月十六日、ハイデルベルヒ。

岩波茂雄様

三月三十一日、四月十二日のお手紙拝見いたしました。ご同封の為替券も受取りました。有難う存じます。金はハンブルクの正金銀行支店へ送りまして信用状に作つて貰ふことにしました。

翻訳権のこと、「思想」の原稿のことなど心得てゐまして　適当なものがございましたら貰

ひ受けることにいたします。

私は元気で勉強してゐます。ギリシア語も始めたものですから　徹底的にやつてみようと思ひまして、この頃は二人のドクトルを頼みまして　一週八時間づゝやつてゐます。こゝのHoffmann教授はPlatonの研究家として独逸第一であらうと云ふ噂がありますが、私はこの人からこの方面に於て色々多くのことを学びました。

この二十五日にはリッケルト教授の六十才の誕生祝があります。ErlangenのPaul Henselがハイデルベルヒへ来まして　祝賀のために、リッケルトの歴史哲学に就て講演します。私はFrankfurter Zeitungから、その日の新聞に載せるために　リッケルト哲学と日本との関係に就ての論文を書くやうに頼まれました。最初躊躇してゐましたが、同新聞は独逸最良の新聞でもあり、日本の学界のことを紹介する機会にもなるのであるからと云つて色々他の人々から勧められましたので　終に原稿を送ることにしました。この新聞にはWindelband, Laskの亡くなつたとき、共にリッケルトが弔文を載せた歴史もあります。

私はこの九月からマールブルヒへ移つて、NatorpとN. Hartmannとに就て勉強することに決心しました。Philos. BibliothekでHegelの“Wissenschaft der Logik”〔論理の学（大論理学）〕が出ましたが、これが最近、哲学の方面での注目すべき出版であらうと思ひます。

清。

一九二三(大正十二)年八月三日付　Heidelberg, Bergstr. 29. Germany.

ハイデルベルクからは、この手紙以前に、ホフマン教授の経済的困窮を助ける意味も含めて『思想』に寄稿を依頼したいという申し出をしているが、その時期の手紙は残されていない。ホフマンの第一回目寄稿の論文は「プラトンの教説に於ける善のはたらき」。三木清訳で『思想』同年十二月号に掲載された。

八月三日、ハイデルベルヒ。

岩波茂雄様

今日ホフマン教授から「思想」のための原稿を貰ひました。いつかの手紙に申上げておきましたやうに、私が訳しまして、来週の中にお送りいたします。そのとき独文の原稿も一緒にお届け申します。原稿は「ロゴス」七頁あります。それでホフマン教授に二十五ドルの原稿料を差上げますやうにお取計ひして戴きたく、今のやうな独逸(ドイツ)の状態でありますから、原稿料はなるべく早く、この手紙を御覧下さいましたらお送りを願ひたいと存じます。独逸の人は外国貨幣を貯金することは、高い税を課せられるために不可能であり、また一度にそれをマルクに換へてしまひますことは　マルクの値の激変する今日では非常に不得策でありますから、なるべ

く現金で、紙幣のまゝで差上げたいと思ひます。それで原稿料を私の名宛でお送り下さいますやうにお取計ひ下さいますれば、私はそれを外国貨の現金にして——このことは唯外国人にのみ可能であります——それをホフマン教授に差上げることにします。このことお含みおき下さい。

原稿を発送しましたらまた改めてお知らせいたします。雑誌が出来ましたら二三部ホフマン教授宛に送つて上げて下さい。宛名は、

Prof. E. Hoffmann,

Heidelberg, Ziegelhäuser Landstr. 43.

昨日石原謙氏夫妻がハイデルベルヒへ来られました。これからウィーンへゆき、再びロンドンへ帰つて、アメリカ経由で十月の中頃帰朝するとのお話でありました。

ご健在を祈ります。

清。

一九二三(大正十二)年八月二十四日付　Heidelberg, Bergstr. 29. Germany.

ドイツ中部、ライン川支流のラーン河畔にある大学都市マールブルクは、新カント学派の隆盛をもたらしたマールブルク学派で知られる。当時、マールブルク大学には、ナトルプやハルトマンなどに加え、この年の冬学期から、ハイデガーが助教授として赴任してくることになっていた。

田辺元は、ハイデルベルクに立ち寄って三木清に会った後、パリに二か月ほど滞在して帰国するが、それまでフライブルクのフッサールのもとで学んでおり、フッサールの助手をしていたハイデガーとも親交があった。

八月二十四日、ハイデルベルヒ。

岩波茂雄様

十日ばかり前に二通の書留封書としてホフマン教授のプラトンの原稿をお送りしましたのは、お受取り下さつたことゝ存じます。あれから私は一週間マールブルヒへ行つて、冬の学期　転学する準備をして来ました。教授達にも逢つてみました。ニコライ・ハルトマンは私が訪問したとき、兵隊さんの洋服を著て出て来ました。親切に色々のことを話してくれます。今マールブルヒで理論哲学をやらうと云ふ学生は殆ど凡てハルトマンの弟子であつて、ナトルプの処へは教育学、倫理学の人がゆくだけださうです。

下宿もどうにか見附かりました。今度の宿は牧師の処で、Heiler, Otto など云ふマールブルヒの有名な神学者と交際のある、相当な家です。宛名は、

bei Pastor Thimme.

Moltkestr. 21. Marburg (Lahn).

マールブルヒがあまりに田舎なので驚きました。聴くもの、観るもの少しもなく、本屋などもまるで本を持つてゐません。土地の人も世間狭いやうです。静かで落附いて勉強の出来さうなのを頼りにして移ることにします。

私は十月の中頃までこゝで勉強して、それから荷物を纏めて引越します。小尾〔範治〕さんも一緒にマールブルヒへ行かれます。ハルトマンの Hegel とハイデッガーの Aristoteles とを期待して、冬は非常に寒さうに思はれる、寂しい田舎町へゆきます。今マールブルヒには哲学関係の人四五人、医学の人三四人、何処にも日本人が沢山ゐると見えます。

こちらはすつかり秋になりました。昨日フライブルヒから田辺〔元〕先生がこゝへ来られまして一緒に "Philosophenweg"〔哲学の小径〕を散歩しました。先生はこの数日の中にパリへ越されるさうです。

御健康を祈つてゐます。

清。

一九二三(大正十二)年九月四日付　Heidelberg, Bergstr. 29. Germany.

マールブルクに移る前に、三木清は関東大地震の報に接する。「あの関東大震災を大きく取扱つた新聞記事に驚かされた時には、私はまだハイデルベルクにゐた。その日阿部次郎氏を訪ねて、そのことについていろいろ話したのを覚えている」(一九四一年「読書遍歴」)。
岩波書店は、南神保町の店舗と事務所、および倉庫や印刷所も焼失したが、被災を免れた岩波茂雄の小石川小日向水道町の自宅の一棟を仮事務所にいち早く業務再開、『思想』も十月号を休刊にしただけで、十月一日には、十一月号を震災特集号として刊行した。

九月四日、ハイデルベルヒ。

岩波茂雄様

新聞紙上で御地の地震のことを知りまして驚愕いたしました。皆さま御無事に御避難なさいましたか。随分心配してをります。またお店の方は如何でございましたか。御損害の少いことを祈つてゐます。

こちらの新聞も毎日御地の地震のことを報じてゐます。それを読む毎に私の不安は増して来

ます。皆さまの御平和と御幸福とを心から祈つてゐます。

清。

一九二三(大正十二)年十一月一日付　Marburg a/L. Moltkestr. 21. Germany.

マールブルクには一九二三年十月から二四年八月まで滞在。ハイデッガーに師事、ハイデッガーの助手をしていたカール・レーヴィットとも識り合い、その指導を受ける。期待していたニコライ・ハルトマンの講義にも出たが失望する。ルドルフ・オットーは当時マーブルク大学の宗教学教授。一九一一年から一二年にかけて、諸宗教の比較研究のため、モロッコ、インド、日本を旅行している。

十一月一日、マールブルヒ。

岩波茂雄様

暫らく御無沙汰いたしましたが　その後如何(いかが)お暮しでございますか。波多野〔精一〕先生からのお手紙に依(よ)れば、お店も倉庫も地震のために焼失したさうでございますが、随分残念に存じます。お仕事の上に定めて色々な障礙の起りましたことでございませう。せめてこの上は印刷

所だけでも助かつてゐてくれゝばと思ひますが、如何でありませう。様々に心配してゐます。

私は十日ばかり以前にマールブルヒへ来ました。小尾さんが急に方針を変えてパリへ行かれましたので、私はひとりこゝへ参りました。今の独逸（ドイツ）でも、こゝは小さい町であるだけに、割合に静かで落附（おちつ）いて勉強が出来ますので喜んでゐます。下宿の人も親切です。大学の入学は簡単に許可になりました。講義は今日から始つてゐます。ハルトマンは非常な人気を集めてゐますが、Natorp や "Grundwissenschaft"〔根本学〕の Rehmke などは教室が寂しくて気の毒なほどです。新しくフライブルヒから来たハイデッカーは、フェノメノロギーの概論の講義と共に、Husserl の "Logische Untersuchungen"〔論理学研究〕の演習と Aristoteles の "Physica" の演習とをやります。いづれも出ることにしてゐます。

独逸の形勢がどう展開してゆくか分りませんが、私は出来るだけこゝに留つて勉強したいと思ひます。そしてこの冬は予定の通り Aristoteles と Hegel とを進めるだけ進んでみるつもりでゐます。若し独逸にゐられなくなれば、私はフランスのリオンかパリへ行きたいと考へてゐます。

私の下宿は町の南の郊外に近く、遠くの山を望むことが出来ます。少し出れば野菜畑があつたり、牧場があつたりするのも嬉しいことです。先日はこゝの宗教哲学の有名な Otto 教授に連れ出されてラーン河の向ふの小高い丘を散歩しました。Otto 教授は仏教のことに非常に興

味を持つてをられ、何かの方法で日本へもう一度渡り、仏教を研究してみたいと云つてをられました。

私はまたその内にこゝのドクトルから"Stunde"〔授業・稽古〕をとるつもりで、ハルトマン教授に世話を頼んでおきました。

御健康を祈ります。御事業の御回復の速かならんことを祈ります。

清。

一九二三(大正十二)年十二月三日付　Marburg a/L. Moltkestr. 21. Germany.

ハルトマンについては、後年(一九四一年)、次のように回想している。

「教授の『認識の形而上学』は、主観主義の哲学から入つて、ラスクの研究によつて次第に客観主義に傾きつつあつた時分の私には、非常に面白く感じられたが、ハイデッゲルの影響を強く受けるやうになつてから、ハルトマン教授の立場にはあまり興味が持てなくなつた。マールブルクでは私は殆ど純粋にハイデッゲル教授の影響を受け容れたといつて宜いであらう。しかしその後ハルトマンの『倫理学』が出た時、私はこれを読んで再び教授の思想に対する興味を取り戻すことができた」(「読書遍歴」)。

十二月三日、マールブルヒ。

岩波茂雄様

その後如何お暮しでございますか。お店の回復事業のお模様は如何でございますか。著々進捗しますやうに祈つてゐます。

マールブルヒはなか〳〵よく冷えます。既に雪も幾度か来ました。私はハルトマン教授にすつかり失望しました。彼は非常にtheatralisch〔芝居がかった〕な態度で講義をします。問題の扱ひ方は如何にも手際がよろしいが、考へ方が非常にbequem〔快適・安易〕で　あまりにbillig〔安っぽい〕です。ヘーゲルのゼミナールなど少し気の毒です。論理学に出て来る色々な概念をあちらへ動かしたり、こちらへ動かしたり、空虚な概念で将棋遊びをしてゐるのに過ぎません。人気もあり、己惚もある人ですが、私はそれほど偉くなる人であるとは信じることが出来ません。日本の雑誌にもこの頃はハルトマンの名が出て来るやうですが、私は騒ぎたてるほどの人だとは思ひません。ハイデッカー教授は年も三十三で非常に元気です。フッサールのフェノメノロギーに残つてゐるNaturalismus〔自然主義〕の傾向を脱して精神生活のフェノメノロギーをたてやうと云ふ氏の努力を私は面白く思ひます。アリストテレスのゼミナールも大変eigenartig〔独特〕でありまして、学ぶところが少くありません。私は主としてハイデッカー教授に就て勉強してゐます。氏の二人の弟子のドクトルからストゥンデをとりまして、その一人とはアリ

ストテレスを、他の一人とはフェノメノロギーを一緒に勉強してゐます。そのほかにラテン語の勉強のために下宿の主人にアウグスチヌスを読んで貰つてゐます。

私にはこの頃自分で独立に自分の仕事を始めてみたいと云ふ要求がかなり強く動いてゐます。私はSprachphilosophie〔言語哲学〕に多くの興味を感じます。Sprache〔言語〕と云ふ具体的な事実の研究から進んで精神科学の範疇の問題を論じてみたいと思つてゐます。

ハイデルベルヒのホフマン教授から「思想」のために書いて貰ひます原稿はどうしたものでありませうか。私は貴方からのお手紙の参りますまで待つて戴くやうに云つておきました。若し原稿を頼むやうでございましたら至急改めて御一報願ひたいと存じます。お待ちしてゐます。

東京も寒いことゝ存じます。皆さま御機嫌よく御越年なさいますやうに祈つてゐます。

清。

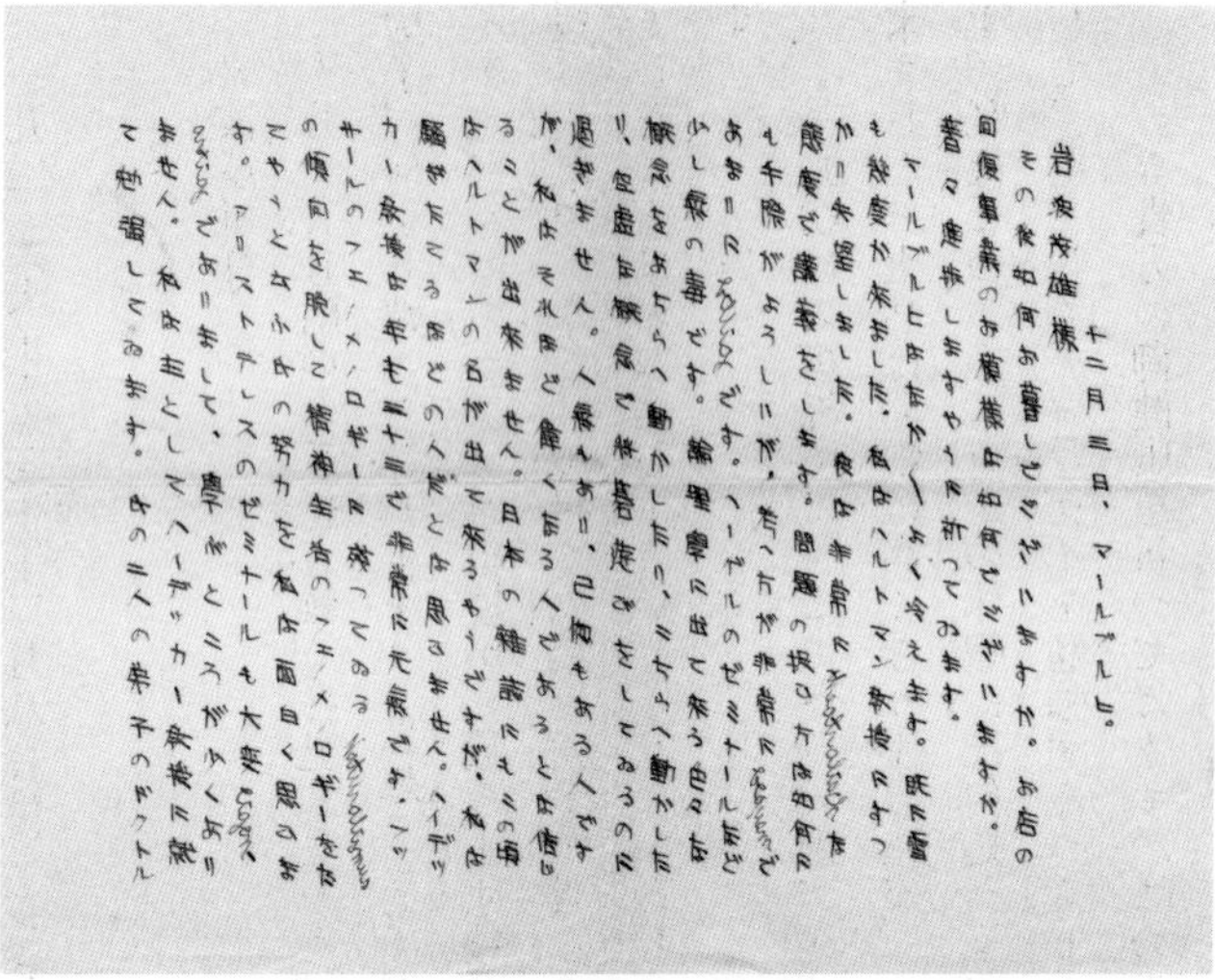

十二月三日、マールブルク。

岩波茂雄様

その後如何お暮しでございますか。お店の回復事業のお模様は如何でございますか。着々進捗しますやうに祈つてをります。

マールブルクはだん／＼よく冷えます。既に雪も幾度か来ました。私はハルトマン教授にすつかり失望しました。彼は非常に[illegible]な態度で講義をします。問題の提出の方は如何にも手際がよろしいが、若い方が非常に[illegible]であまりに[illegible]です。ヘーゲルのゼミナールなど少し気の毒です。論理学に出て来る色々な概念をあちらへ動かしたり、こちらへ動かしたり、空虚な概念で[illegible]をしてゐるのに過ぎません。人気もあり、[illegible]もある人ですが、私はそれほど偉くなる人であるとは信ずることが出来ません。日本の雑誌にもこの頃なハルトマンの名が出て来るやうですが、私は騒ぎたてるほどの人だとは思ひません。ハイデッカー教授は年も三十三で非常に元気です。フッサールのフェノメノロギーが陥つてゐる[illegible]の傾向を脱して精神生活のフェノメノロギーをなさうとなさる努力を私は面白く思ひます。アリストテレスのゼミナールも大変[illegible]、[illegible]であります。学ぶところが少くありません。私は主としてハイデッカー教授に就て勉強してゐます。この二人の弟子のドクトル

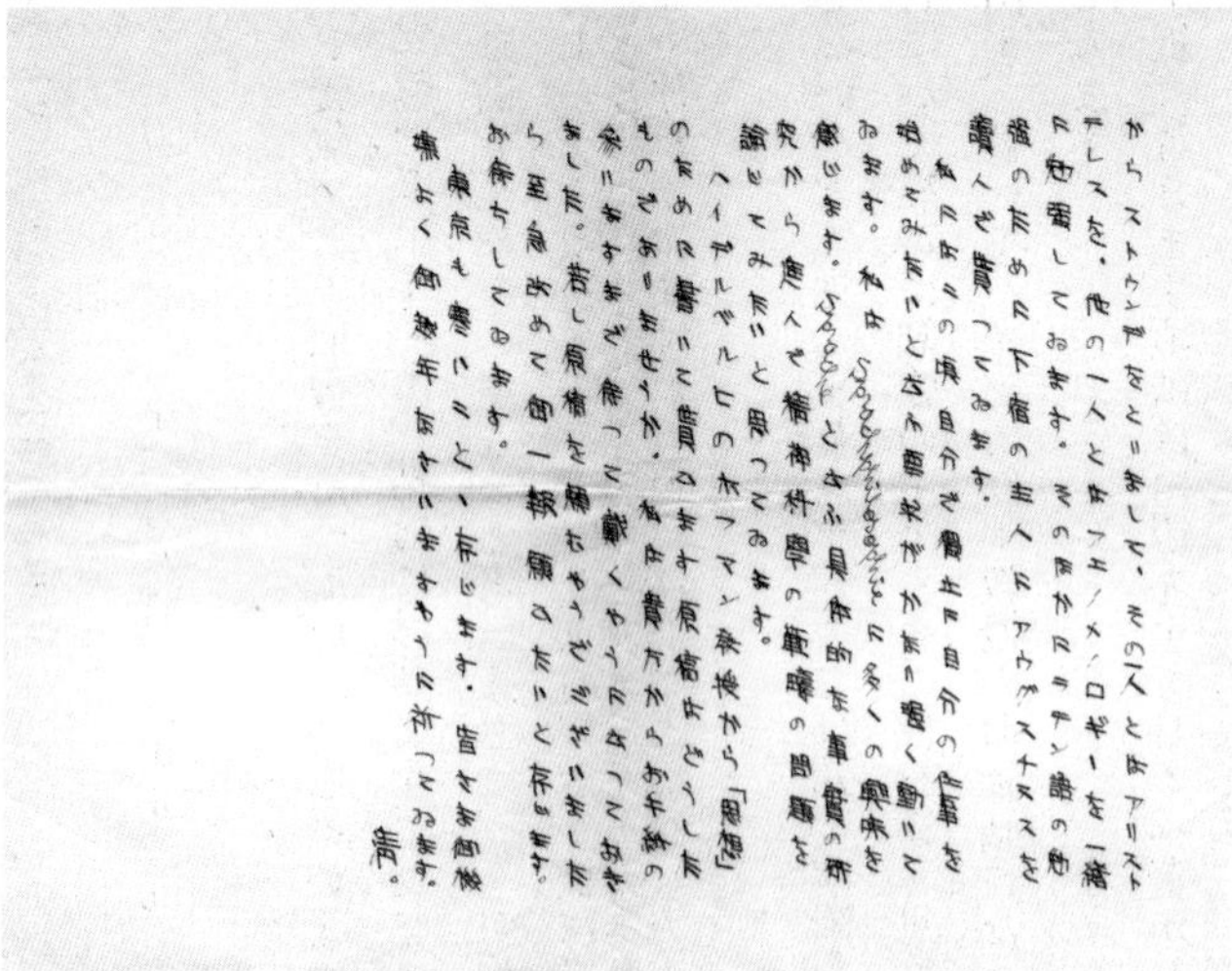

からストゥンデをとりまして、その一人とはアリストテレスを、他の一人とはフェノメノロギーを一緒に勉強してゐます。そのほかにラテン語の勉強のために下宿の主人にアウグスティヌスを読んで貰つてゐます。

私は此の頃自分で自分の仕事を始めてみたいと云ふ要求がかなり強く動いてゐます。私はSprachphilosophieに多くの興味を感じます。Spracheと云ふ具体的な事實の研究から這入つて精神科學の範疇の問題を論じてみたいと思つてゐます。

ハイデルベルヒのホフマン教授から「思想」のために書いて貰ふ原稿はどうしたものでありませうか。私は貴方からお手紙の来るのを待つて、書くやうになつてをりました。若し原稿を頼むやうでございましたら至急改めて御一報願ひたいと存じます。お待ちしてゐます。

東京も寒いことと存じます。皆々様御機嫌よく御越年なさいますやうに祈つてをります。

清。

一九二三(大正十二)年十二月八日付　Marburg a/L. Moltkestr. 21. Germany.

十二月八日、マールブルヒ。

岩波茂雄様

十月十五日附のお手紙有難く拝見しました。お元気で著々回復を計つていらつしやいますお様子、何より嬉しく存じます。「思想」も早速引続いて出ます由、結構に思ひます。就(つい)てはハイデルベルヒのホフマン教授から戴きます後の原稿も遅れないやうにと考へまして、今日同教授へ手紙で　なるべく早く原稿を送つて貰(もら)ひますやうに頼みました。四五日前のお手紙に書きましたことはお取消し下さい。ホフマン教授より原稿が来ますれば直に訳してお届けいたします。

十一月初めの模様では　この冬は独逸(ドイツ)で越せないかとも見えましたが、今では却て落附(おちつ)いて来ました。生活は非常に高くなりましたが、とにかく静かに勉強の出来ますのは有難く思ひます。私はこのクリスマスの休暇には何処へも出ず、続いてハイデッガー教授のお世話になりまして、主としてディルタイを勉強するつもりでゐます。

いつも貴方の御健康を祈つてゐます。この手紙の著きます頃には田辺先生も日本へ著かれ、京都も活気を増すでせう。

清。

一九二三(大正十二)年十二月十八日付　Marburg a/L. Moltkestr. 21. Germany.

十二月十八日、マールブルヒ。

岩波茂雄様

十一月二日附のお手紙有難く拝見いたしました。御同封下さいましたホフマン教授への原稿料は今日早速同教授へお送りいたしましたから御承知下さい。

私の留学費は震災後も引続いてお送り下さいます思召（おぼしめし）、感謝に堪へません。私は自分の感謝の心持をどう申上げていゝのか分りません。唯（ただ）一生懸命に勉強するの〔み〕です。私はこちらへ参りましてから主として基礎的な学問の研究を始めました。決して急がないつもりです。少しづゝでもしつかりした土台を築いてゆきたいと思つて努力してゐます。

大学もやがて休暇になります。この休みにはアリストテレスの翻訳も進めるつもりです。ラテン語も読めるやうになりましたので、暇々にAugustinusを勉強してゐます。中世の哲学の中に新しいものを見出してゆくことは、私には非常に嬉しいことです。

清。

一九二三(大正十二)年十二月二十二日付　Marburg a/L. Moltkestr. 21. Germany.

ハイデルベルクでの留学仲間だった北昤吉は、帰国するや、留学中に培った人脈を生かした活動を展開する。大東文化協会の人事もその一つ。三木清は、この件については断るが、帰国後、一九二七年から二八年にかけて、北の主宰する月刊誌『学苑』に頼まれて、コーヘンの「純粋認識の論理学」の訳を連載している。北昤吉は北一輝の実弟。

十二月二十二日、マールブルヒ。

岩波茂雄様

その後も御健康でお暮しのことゝ存じます。私も元気でゐます。私は来学期もマールブルヒに留つて勉強することに決めました。ハルトマンの Kategorienlehre〔範疇論〕の講義は大して期待も出来ませんが、ハイデッガーの Augustinus の講義、Scholastiker〔スコラ哲学者たち〕のゼミナールには是非出たいと思ひます。夏はナトルプも聴くつもりでゐます。――ナトルプの七十才の祝賀論文集が来年の春には出るやうにきいてゐます。Görland, Hartmann, Hönigswald あたりが書くのですから、大したものも出来さうにはありません。――夏の学期には

Philologie〔文献学・言語学〕の研究を続ける傍ら、私の興味をもつてゐますSprachphilosophieも少しでも勉強したいと思ひます。私はSpracheの研究から精神科学の問題の方へ考を進めてみるつもりでゐます。

今度は少し早くなりますが、この手紙が著きましたらまた学資をお送りして戴きたいと存じます。物価の騰貴、従て個人でとつてゐます教師への謝礼の値上などで、少々予算が違つて来ました。そして大変恐縮いたしますが、今度は半年分として千四百円戴きたいと思ひます。大学の月謝だけでも外国人は一学期に八九十円とられます。非常に厚かましい申出でございますが、お許し下さい。

日本では大東文化協会とか云ふものが組織され、その研究所員に北氏が私を推薦して既に内定したとか、大変迷惑に思つてゐます。この話は北氏から私へ何等直接の交渉もなく、北氏が勝手に決めたことでありますので、私は少しも責任をもつ必要がないと思ひます。私は北氏と一緒に自分が仕事が出来るとは信じません。このことだけでも十分に私の態度を決定させます。口喧(くちやかま)しい世間に噂をされるかと思ふと私は不愉快です。自分のプランに従つて静かに研究を続けてゆくこと、それだけが今の私には楽しみです。私はいつも自分の学問を根本的に始めねばならぬと思つてゐます。

昨夜降り積つた雪の溶けない間にと考へて、今日は午後河向ふの山に登りました。ひとり山

の中をゆくと　なぜか私は少年時代のことを回想します。昨日はこゝのギムナジウムで生徒のやるクリスマス劇を観ました。帰りには淡い雪が惜し気もなく途の上に落ちてゐました。

清。

一九二三(大正十二)年十二月三十一日付　Marburg a/L. Moltkestr. 21. Germany.

ホフマンの講演草稿「アリストテレスの教説に於ける神と存在」は『思想』一九二四年五月号に掲載される。

十二月三十一日、マールブルヒ。

岩波茂雄様

今日この手紙と同時にハイデルベルヒのホフマン教授の“Gott und Sein in der Lehre des Aristoteles”の翻訳二綴を書留でお送りいたしますから、著きましたらお受取り下さい。この論文はホフマン教授がハンブルヒのカッシラー教授から招かれてそこで来年の春講演される、その草稿です。今度「思想」のためにその原稿を貰ひまして、クリスマスの休日に私が訳してみましたから、「思想」に載せて戴きたいと存じます。原稿料は三十二ドル、ホフマン教授へ

差上げたいと思ひます。この原稿をお受取り下さいましたら、大変恐縮いたしますが、早速原稿料をお送りして戴きたいと存じます。

カント紀念号への論文も近日貰(もら)ふ筈になつてゐます。後れないやうにお送り申します。ホフマン教授より貴方へも宜敷(よろし)く伝へてくれとのことでございます。

清。

この論文の載りました「思想」は教授へ差上げますために一二部余分にお送り下さいますれば、幸福に存じます。

一九二四(大正十三)年一月四日付　Marburg a/Lahn. Moltkestr. 21. Germany

ドイツ留学中の見聞や感想を書き送った三木清の「通信」は、「消息一通」と題されて、『思想』同年三月号に掲載。

一月四日、マールブルヒ。

岩波茂雄様

新年お目出度う存じます。

お正月には久振りで少し長い通信を書いてみました。纏らないものでお気の毒でありますが、若しよろしかつたら、「思想」へでも載せてください。原稿は二通の封書としてこの手紙と同時にお送りいたします。

マールブルヒでは非常に寒く、摂氏で零下二十六度と云ふ記録を作りました。近年に珍しい寒さであると云ふことです。

御健康を祈ります。

清。

一月二十四日、マールブルヒ。

岩波茂雄様

一九二四(大正十三)年一月二十四日付　Marburg a/L. Moltkestr. 21. Germany.

ホフマン教授の「プラトンとカント」は『思想』同年四月号カント記念号に掲載。ここで三木清が推薦している森(後に結婚して羽仁となる)五郎訳のクロォチェ『歴史叙述の理論及歴史』は一九二六年十月に刊行。

昨日ホフマン教授の原稿「プラトンとカント」書留の封書でお送り申しましたから、「思想」カント紀念号へ載せて下さい。原稿料は二十五弗ホフマン教授へ差上げて戴きたいと存じます。私の友人で、一高出身で大学を中途にして独逸(ドイツ)へ来ましてハイデルベルヒで二年ほど勉強してゐます「森五郎」と云ふ男がゐます。生れは東京です。この男が　イタリアの学者Croceの歴史哲学の書物を日本語に訳してもつてゐます。独逸語訳を基にして作つたものです。この男は独逸語も出来ますし、一高で文芸部にゐて　筆もかなりたつ方だと思ひます。森は今哲学と歴史とを勉強してゐます。そして若(も)し出来れば、たつてと云ふのでもなく、急ぐのでもありませんが　クローチェの翻訳を出版したいと云つてゐます。私はクローチェの書物の価値を信じ、また森の訳も相当に好いものであると思ひます。それで若し貴方がこの翻訳に興味をおもち下さいますやうならば、一度原稿を調べて下さいました上で、お気に召せば、出版してやつて下さらないでせうか。森は金が欲しいのでもなく、また出版を急いでゐるわけでもありませんが、若し貴方に御興味がおありでしたら、出してやつて戴きたいと存じます。原稿は私までお知らせ下さいますれば、直に森にさう云つて送らせることにいたします。右一応お考へ下さいまして御返事下さいますれば非常に幸福に存じます。

今日はナトルプ教授の七十才の誕生日で学校も賑(にぎわ)ひました。祝賀論文集も近日出る筈(はず)になつてゐます。

御健康をお祈りしてゐます。

清。

一九二四（大正十三）年二月三日付　Marburg a/L. Moltkestr. 21.

大震災後、世界の著名な哲学者の評伝シリーズ「哲人叢書」が企画され、三木清も『アリストテレス』を書き下ろすことになっていたが、同叢書は二五年七月に朝永三十郎『デカート』が一冊出ただけで後が続かなかった。

二月三日、マールブルヒ。

岩波茂雄様

お送り下さいました「思想」の原稿料、有難く頂戴いたしました。私はこの金で私の今興味を感じてゐますSprachphilosophieに関する書物を買ふことにしたいと思つてゐます。ホフマン教授の「アリストテレス」及び「プラトンとカント」の二つの論文はお受取り下さいましたことゝ存じます。同教授の論文は「思想」の読者に多少とも反響があるやうでございませうか。若しさうでありましたら、更に同教授に依頼して新しい論文を書いて貰はうかと思

ひますが、如何（いかが）でありませう。私の翻訳に就きましても御注意下さることがございましたら、遠慮なくお申越し下さい。

「哲人叢書」の中の「アリストテレス」、若し京都の先生方が賛成でありましたら、お引受けしたいと思ひます。アリストテレスに就きましては多少自信をもつて、新しい解釈が出来ると私は信じてゐます。期日に就（つ）きましては御受合することが出来ません。

こゝでは来学期ナトルプがプラトン、フリードレンダーがVorsokratiker〔ソクラテス以前の哲学者たち〕をやりますので私には非常に好都合です。ハイデルベルヒへ再び来るようにとRickert, Hoffmannなどから勧められてゐますが、私は矢張（やはり）こゝにとゞまります。

御健康と御発展を祈ります。

清。

一九二四(大正十三)年二月二十六日付　Marburg a/L. Moltkestr. 21. Germany.

＝　三月末から四月中頃にかけて約二週間、ハイデベルクを経て、ミュンヘンとウィーンへ旅行する。

二月二十六日、マールブルヒ。

岩波茂雄様

その後は如何お暮しでございますか。私はいつも元気でゐます。大学は今日で終りました。ハイデッガーの講義は非常に面白く思ひました。アリストテレスのゼミナールも大変役に立ちました。ハルトマンとはいつも退屈な時間を潰しました。私は少し疲れましたから、今度は暫らく休養したいと思ひます。来月の中葉から私はミュンヘンへ行つて来るつもりでゐます。そこで生れた独逸人の友達から招かれてゐるのです。独逸もこの頃は落附いて来まして住心地がよくなりました。

来学期は私は Aristoteles と Augustinus とを主として勉強する傍ら、Philologie の研究を進めるつもりでゐます。ハイデッガーの世話になつて勉強してゐますとギリシア、ラテンの Text でひどくいぢめられますが、この機会に十分骨を折つて Text を自由に読みこなせる力をつけておきたいと思つてゐます。来学期彼はゼミナールで Thomas をやる筈です。ハイデッガーのやうに急がずに根本的に研究してゐる人も少いと思ひます。

今の下宿の者がフランクフルトへ転任しますので、私もやむを得ず引越することになりました。新しい宿はこゝの人の世話で Schwanallee 41 に決めました。

御健康と御発展とを祈つてゐます。

清。

一九二四(大正十三)年三月二十一日付　Schwanallee 41. Marburg a/Lahn. Germany

マールブルクに移る前、ハイデルベルクでは、三木清はオイゲン・ヘリゲルのゼミナールに出席し、そこでの報告が「ボルツアーノの『命題自体』」と題されて『思想』(一九二三年十二月号)に掲載された。ヘリゲルは北昤吉の斡旋で一九二四年から二九年まで東北大学教授として滞日している。『日本の弓術』の著者。

岩波茂雄様

三月二十一日、マールブルヒ。

暫らく御無沙汰いたしましたが、その後如何(いかが)お暮しでございますか。お送り下さいました二通の小切手は拝受しました。有難う存じます。ホフマン教授へは早速廻送いたしておきました。私は夏もこゝで続けて勉強することに決心しました。今度は鹿子木〔員信〕氏がこゝへ来られるさうです。私は主としてハイデッガー教授に就(つい)てアウグスチヌスを勉強するつもりでゐます。この頃はラテン語も相当に読めるやうになりました。本ばかり読んでゐてもいけないと思ひますから、夏学期の間にデカルトに就て小さい論文を書くつもりでゐます。今度は少しはいゝも

のを書きたいと思つてゐます。出来ましたらお送りいたしますから、「思想」へ載せて下さい。
先日、日本へ向けて出発するヘリゲル氏を見送るため一寸ハイデルベルヒへ行つて来ました。その序でに宮本〔和吉〕さんを訪ねましたが、なか〳〵元気なやうです。日本の新聞では私が大東文化協会の研究所へ這入ることが決つてゐるやうに書いてあります。世間は真実に対する熱情を少しももたないやうに見えます。先達て北氏から交渉があつたとき、私は断つておきました。世間で色々な噂をされてゐるのかと思ふと、多少不愉快です。私は自分の計画に従つて、静かに私の学問を養つてゆきたいと思ひます。
こちらも漸く暖くなりました。御健康を祈つています。

清。

一九二四(大正十三)年七月二十日付　Schwanallee 41, Marburg a/L. Germany

七月二十日、マールブルヒ。

岩波茂雄様

その後は暫らく御無沙汰いたしましたが、お変りもございませんか。東京は随分暑いことであらうと思つてゐます。私はいつもの通りの生活をしてゐます。大学の講義は今月の末に終り

ます。この数日マールブルヒではドイツ全大学のオリムピアが行はれてゐます。最近ドイツの大学では何処でも学生にしきりに運動を奨励してゐるやうに見えます。

私は来月の二十日過ぎにパリへ移ることにしました。こゝの冬学期にはハイデッガーのプラトンの講義など聴いてみたいものもありますが、矢張断念しましてフランスへ行くことにします。然し私のギリシア哲学の研究はこれから後も出来るだけ続けてゆく決心でゐます。アリストテレスの形而上学の訳はこちらにゐます間に本文だけは完成しておくつもりでゐます。

「思想」へのホフマン教授の原稿「プラトンとカント」の謝礼は私の方へはまだ著きませんが、ホフマン教授へ直接にお送り下さいましたのでせうか。一昨日教授へ手紙を差上げました序でに問合せておきましたが、若し御失念のやうでございましたら、至急教授の方へ直接お送り下さいますやうに私からお願ひ申します。

私へ若しお手紙を下さいますやうなことでもございましたら、下宿の決りますまではパリの日本大使館気附にして戴きたいと存じます。

御健康と御発展とを祈つてゐます。

清。

一九二四（大正十三）年八月一日付　Schwanallee 41, Marburg a/Lahn. Germany

八月一日、マールブルヒ。

岩波茂雄様

お送り下さいました二通の小切手は慥（たしか）に受取りました。御厚情のほど感謝に堪へません。ホフマン教授への謝礼は、数日の後にはハイデルベルヒへ参りますから、そのとき直接にお渡ししたいと思つてゐます。同地で色々世話になりました人々にお別れの挨拶に私はもう一度ハイデルベルヒへ出掛けるつもりでゐます。その節は再び宮本氏にも逢へることが出来ると思つてゐます。

私は愈（いよいよ）二十日の後にはこゝを出てパリへ参ります。冬の学期にはハイデッガー教授のプラトンの講義など聴いてみたいものもありますが、それは断念してとにかくフランスへ行くことに決心しました。あの地では主としてベルグソンをみつしり勉強しておきたいと思ひます。

明日、明後日にはマールブルヒでドイツ全国の青年団の人々二万人あまりの会合があります。この国民は実際恐しい潜勢力をもつてゐるやうに感じられます。日本の所謂（いわゆる）ハイカラがりの人間がこの国に少いのは、何と云つても気持のいゝことです。

当地では時々雨が来まして既に秋らしい気分です。何よりも御健康を祈つてゐます。

清。

一九二四(大正十三)年十月二十九日付　26 rue Le Sueur, Paris.

パリには一九二四年八月から二五年十月まで滞在したが、当初は三、四か月のつもりだったらしい。「初めは長く滞在するつもりでなかったので、私は今度は大学に席を置かなかつた。パリ見物の傍ら、私は小学校の女の先生に頼んでフランス語の日用会話の勉強を続けた」(「読書遍歴」)。また「エトワールの近くにあつた私の下宿は、一時、安倍能成氏や速水滉先生の下宿になつたこともある」と回想している。

十月二十九日、パリ。

岩波茂雄様

雑事に紛れて暫らく御無沙汰いたしましたが、御無事でお暮しのことゝ存じます。私も元気でゐます。数日前からこゝでも急に寒くなりました。ストーブを焚くやうになりますと妙に気持が落附いて来ます。これからは少しづゝ纏つた勉強が出来さうに思ひます。これまでは主に語学の力を堅めますために文学物を読み、この頃になつてフランスの歴史を書いたものを好ん

で読んでゐました。フランスのものにもなか〳〵好い処のあるのを感ぜずにはゐられません。例へば私の好きなギリシアのものを理解するためにも、単にドイツを通じて物を見ますことが不十分であつたことをしきりに考へます。私は前からデカルトとベルグソンとは続けて勉強して来ました。最近メーヌ・ド・ビラン〔一七六六—一八二四。フランスの哲学者〕の研究に手を著けてみようと思つてゐます。

安倍能成氏が来られましてから、話相手が出来まして喜んでゐます。時々一緒に芝居へ出掛けることもあります。昨夜もモリエールのものを観にゆきました。十二月の初めには速水〔滉〕先生がパリへ来られますやうに通信がございました。ソルボンヌはまだ始りません。

遥に御健康と御発展とを祈つてゐます。

清。

十一月二十四日、パリ。

一九二四(大正十三)年十一月二十四日付　26 rue Le Sueur, Paris.

＝ホフマン教授の「ロゴスとエポス」は、翌二五年三月号の『思想』に掲載。

岩波茂雄様

お送り下さいました「思想」の訳稿料は慥に落手いたしました。御好意まことに有難く、厚くお礼申し上げます。

最近ホフマン教授より近刊さるべき教授の著書、“Die Sprache und die archaische Logik”〔言葉と古代の論理〕の校正刷を送つて来られました。そしてその第一章、「ロゴスとエポス」を「思想」に訳載して欲しいと云ふことでありました。ヘラクリットとパルメニデスとを取扱つたもので、立派な論文であると思ひます。訳文は二十頁ぐらゐのものであらうと思つてゐます。近日書留郵便でお送り申し上げますから、雑誌に御掲載下さいますれば、非常に幸福に存じます。なほこの論文は特別に書いて貰(もら)つたものではございませんが、教授へは従前の割合で原稿料を差上げて下さいますれば、大変に嬉しく思ひます。

御健康と御発展とを祈つてゐます。

清。

一九二五(大正十四)年五月六日付　26 rue Le Sueur, Paris.

この年の新年早々、田辺元(たなべはじめ)に対して、昨年末にパスカルについての論文を書いてみたので、それをパリ滞在記念に『思想』に載せ、四月にはオクスフォードに移る旨書き送っている。

パリ滞在中に書かれたパスカル論は、順次『思想』に掲載され、帰国してから、二六年単行本『パスカルに於ける人間の研究』にまとめられる。

『思想』掲載論文、一九二五年五月「パスカルと生の存在論的解釈」、八月「愛の情念に関する説――パスカル覚書」、十一月「パスカルの方法」、十二月「パスカルの賭」。

五月六日、パリ。

岩波茂雄様

一昨日二通の書留封書をもつて、私のパスカル研究の第三の論文「愛の情念に関する説」をお送り申し上げました。今度のものは以前のものに比して多少よく纏(まとま)つてゐるかと自分では思ひますが、これとても不完全なものに過ぎません。「思想」の余白に御掲載下さいますれば幸福に存じます。私は今パスカルの第四の論文を書く準備をしてゐます。更に一層努力をしまして、出来るだけ立派なものを書きたいと願つてゐます。

この頃にはオックスフォードにゐる筈（はず）でありましたのを、私はそれをやめてこゝで続けてパスカルを勉強することにしました。折角（せつかく）始めたパスカルを中途で断絶してしまはずに、とにかくこれを一通り纏めてみようと云ふ要求が強くなつて来ましたのがその主なる理由でありました。それに私のこれまでの経験によりますと、言葉の違つた国へ三ケ月位行きましたところで、その期間は言葉を慣らすためにかゝりまして学問上の効果は殆ど得ることが出来ません。それで私はこゝにとゞまつて漸く親しみかけましたフランスの思想を研究することがイギリスへ渡るよりも得策だと考へまして、速水先生などゝ相談しました結果、パリにゐることにしました。今度はこれまで不十分でありましたフランス語も物にしておきたいと思つてゐます。

パスカルだけはどうにかして完成したいと決心してゐます。これまでのものにも手を入れまして訂正増補してゆきます傍ら、新しいものを書いてゆくつもりであります。何事に依りませず御注意、御批評下さいますれば、まことに幸福に存じます。

こゝは天気の悪い日が多く、五月に這入つてからストーブを焚いたこともありました。私は風邪をひいたり、熱を出したり、歯痛をやつたりしまして、不愉快な日も過しました。

御健康と御発展とを切に祈ります。

清。

一九二五（大正十四）年八月十四日付　26 rue Le Sueur, Paris.

八月十四日、パリ。

岩波茂雄様

本日二通の書留封書をもつて、「パスカルの方法」に関する論文をお送り申し上げましたからお受取り下さい。他の論文も大体草稿が出来てゐますから、程なくお送りすることが出来ようと思ひます。

こゝでは暑い日が続きます。私は幸に健康でゐます。宮本和吉氏がパリへ来られまして逢ひました。

三ケ月ほどの後にはお目にかゝれることゝ思つて喜んでゐます。御健康と御発展とをいつも祈つてゐます。

清。

Ⅲ

木山熊次郎からの葉書

――一九〇一―〇五年

木山熊次郎（きやまくまじろう）（一八八〇―一九一一）。岩波茂雄は、諏訪中学在学中、村の伊勢講総代として出掛けた旅行先で、当時一高生だった木山熊次郎に出会い意気投合する。以後、二人の親密な交友は、木山が三十二歳で早世するまで続いた。木山は、先輩友人として、日本中学入学を志しての上京、一高受験、大学選科入学など、岩波の人生の節目に相談相手となって、大きな影響を与えた。また岩波は大学選科在学中から神田女学校に就職するまでの一時期、木山が一九〇七年に創刊し主宰する『内外教育評論』の仕事を手伝っていた。『内外教育評論』は、某文学博士会見記という形で、狩野亨吉に取材し、初めて安藤昌益を世に紹介した雑誌として知られる（第三号、一九〇八年一月）。著書『社会主義運動史』（一九〇八年刊）など。

一九〇一（明治三十四）年七月一日付

東京市本郷区台町卅、北辰館ニテ　岩波茂雄君
備中国倉敷町　木山熊次郎

岩波茂雄は、一九〇〇年、一高受験に失敗、翌年七月に、再度受験を試みる。二度目の受験直前に、倉敷に帰省中の木山から送られた葉書。

途中京都に立ち寄り去ル廿六日無事帰省致し、以来茫々無為の裡（うち）に日を費やし居り申し候　君に於ては定めて一層の御奮励の事と存じ鶴首にして貴兄が御吉報を待ち居り候　沈着と勇気とを以て平然として試験に応ぜられんこと希望致耳（いたすのみ）に御座候　不備

七月一日

一九〇一（明治三十四）年七月十二日消印

東京市本郷区台町二八、北辰館ニテ　岩波茂雄君
備中国倉敷　木山熊次郎

一高再受験後、合否発表前に自信喪失し、不合格確実と思い込んで悲観する岩波茂雄に送られた葉書。この二通の後に合格が決まり、九月に入学。

御端書頂戴致し候　君よ落胆するを止めたまへ、由し落第が真なりとて　君よ落胆失望して何の得がある　希くは自己を信じて此般の事に対する悠々乎たらんことを　況んや未だ及落の事判定せざるに於てをや、余は兄の事成れるを祈りて止まず　感慨あらば乞ふ　もらしたまへ　不備

一九〇一（明治三十四）年七月二十四日消印

信濃国諏訪郡中洲村大字金子　岩波茂雄様
備中くらしき　木山熊生

過日来県下各所を旅行致し居りし事とて　君の手紙は漸く今日之を落手致し次第に御座候　落第＝余は兄の失望と想像致し申し候　然り乍　今更改めて事々敷慰愉の言を呈し間敷存じ候　君が目的を信ずるの厚き　大なる失望落胆など更に明年を期せんと云ふものにて　真に其意気を多と致す次第に御座候　学才何かあらん　人間の尊ぶべき所は其personalityにあり　君が此度の失敗(?)が更に更に君の意気を増さしめ　心志を確くせしむるものありとせば　余は益々君を重んぜざるをえざるなり　君に余は婦女子を学んで愚痴ぽき繰言を君に呈せざるべし　只静に神に祈りて専に身体の健全を致し　更に〳〵精神の健全を計られんことを希望致し候
不尽意不備

一九〇三(明治三十六)年七月二十六日消印

長野県上水内郡信濃尻村野尻尋常小学校内
岩波茂雄様　　東京上野山下　き、く生

岩波茂雄は人生問題に煩悶、七月十三日から約四十日、単身野尻湖の孤島に籠もる。そこから送られた手紙に対する返事。この年の五月、顔馴染みの一高生藤村操が「巌頭之感」を残して華厳の滝に投身自殺。その事件の衝撃もあって学年試験に身が入らず、進級の望みを失っていた。

余今や何も君に語り得るものあらず　却つて君が今日の境遇と感想とを更に精しく聞きたきのみ、妙高山麓の一湖——思ふ丈にて其自然の如何なるかを推り得べし　此れ満腔真に満腔の感慨を有する君が孤独の生活をなしての感想は　いかで我聞くを切に欲せざらんや、——君の述べ来る所に対して余は何等の批評を試みざるべし　斯くの如き崇高熱烈なる感想に対して我等冷酷なる而して愚にも付かぬ道学先生の言を以てするの愚を学び得んや　啻一言云はん　我は切なる同情を足下に呈すと　而して君が健全なる基礎を得たまはんことを祈ると　又君が求むる九月以後如何にせむ云々に対しては余は如何に答るべきかを知らず　恐らく君自から決する程可なるは無からん、僅只我等の事でも経験を述べん乎、我高等学校入学試験の時　失敗せば　余は米に行かんのみと考へき　同卒業の時　失敗せんかとの虞ありし時　余は思へりき今落第せば　余は学校(高等学校)を止めんのみ、而して大学選科に入らんのみ　学士の号何か

あらん　而して更に余は勝手に修めんとする所を撰び得て大に自由なりと、二度目落第せずして済みたれば　若し(も)したりとして　余が如何(いか)なる処置を取りし乎　又其結果が如何なりしかを語る能(あた)はざるを憾(うらみ)とす、余は君が遠大なる希望の上より打算して冷かに考へ給ひ決しなば可ならんと信ず　若し君が決して更に余にもらしたまへば或は妄評を試むるの愚をなさん、明日出立　左の所へ行く　静岡県伊豆国戸田港、大学水泳場

一九〇三(明治三十六)年十月十九日消印

府下北豊多摩郡滝ノ川村田端百四十八、旭館
岩波茂雄君　本郷六、廿一、揚名館　き、く、

東京に戻った岩波茂雄は、九月、神経衰弱を理由に一高の寮を出て田端の旭館に下宿する。当時は全寮制であったが、神経衰弱という診断書がある場合だけ下宿が認められた。

昨日は御訪問被下(くだされ)　留守にて失敬、僕も余りの好天気にさそはれて午後より道灌山より田端の方へ散歩し　二時半頃に君を一寸訪れて留守を喰つた、過日或る人から聞いたら君が大に悲観して居るとの事だ　勿論(もちろん)此前に遇つた時より度を進めた否か　其等に就ては何等計る証拠はないから　果して如何なるかを推し得ざるが　多少懸念の至りだ、暇があつたら遊びに来て呉れたまへ。晩はよく図書館に入つて居るから　若し(も)下宿に居らぬ時などは同所へ来て呉れたま

はゞ大抵居る、但し下宿に居るにしても図書館に入るにしても　五時廿分頃から六時少し過までは常に散歩して居る、僕はよく留守を人に喰はして気の毒の感に堪へぬ、然ればとて常に人をのみ待つてあたらの時間を費す能はず、予め一寸知らして置いて呉れゝば最も幸甚　失敬

一九〇三（明治三十六）年十二月九日消印　府下北豊島郡滝ノ川村元田端一四八、旭館　岩波茂雄君

御依頼の本　兄が余の親類に至りて呉れても宜いが　若し僕の姉の留守などに行つては用が弁じないから　僕が僕の所へ持ち帰るべし　明後日僕は行く積だが何でも受合へぬ　然し日曜までに屹度行くから、来週月曜以後　正午の時間にでも来て呉れたまへ　持ちて帰つて置くから、其内　君が散歩と思ふてゞも寄つて呉れるなら或は金曜でも土曜にでも持ちて帰つて置くかも知れん、月曜以後ならば――僕がつい忘れるなど云ふ事なくば屹度持つて帰つて置く

木山熊次郎

一九〇四(明治三十七)年七月二十六日付

東京府下北豊島郡滝ノ川村上田端清水マチ方
岩波茂雄君　備中倉敷　木山生

岩波茂雄はこの年の六月、学年試験に落第、二年連続なので除名となる。失意の中、南米行を思い立ち、木山熊次郎が大学(東京帝国大学文科大学哲学科)を卒えて一時帰省する前に一緒に別れの写真を撮っている。

何事をも語る資格なき小生は只黙すべし　殊更なる忠告に偽善をてらはんには　我が智到底之を許さず　廿日出発が　家郷よりの電報にて要用出来　廿一日に出発　帰途大坂に三泊して漸く昨晩帰省す　ホームの味又一しほ　何時までもの満足は得可からざらんも　余は一週間や二週間は酔ふが如くにて暮らし侍可し　余は敢て君に君の感想を語れと云はず　又君も語り得ざるべし　然れども愈々出発と決定せんには　其丈を報ぜんこと君の義務たりと信ず、写真出来たらば送りたまへ

七月廿六日

一九〇四(明治三十七)年九月六日消印

府下北豊島郡滝ノ川村上田端五四、清水マチ方
岩波茂雄君

――一高除名後、帰省した岩波茂雄は、母の説得などもあって南米行を断念、東京大学選科への進学を思い立つ。八月中に再度上京、独逸学協会学校と正則英語学校に通いはじめる。

其後一向何等の音信なからずや　君の郷名を忘れたれば書を送らん由もなくて過ぎぬ、二三日再び京地を踏む　今は職なき浮浪人、暇あらんには　気の向かんには　何故に語りには来らざる、然るにても　此書田端に着くも君在らず　又君の許に達せん手段なきか、今は只(ただ)此にあることのみを報じ置きて　他を語らざらん

下谷区清水町一小瀧方　き、く

一九〇四(明治三十七)年十一月一日消印

小石川区小日向水道町二の四五、生西寺　岩波茂雄君
小石川原町百二十、木山熊次郎

転居、九月以来の身体衰弱　まだ全く回復の運びに至らず　無為茫然として六十日を空消しぬ、閑暇の時は遊びに来給へ　左の時間は講義に出て居れど其他は今は用事なき身　予(あらかじ)め報じたまはんには在宅致すべし　月　八時より九時、火　九時より十時、午后一時より三時、水

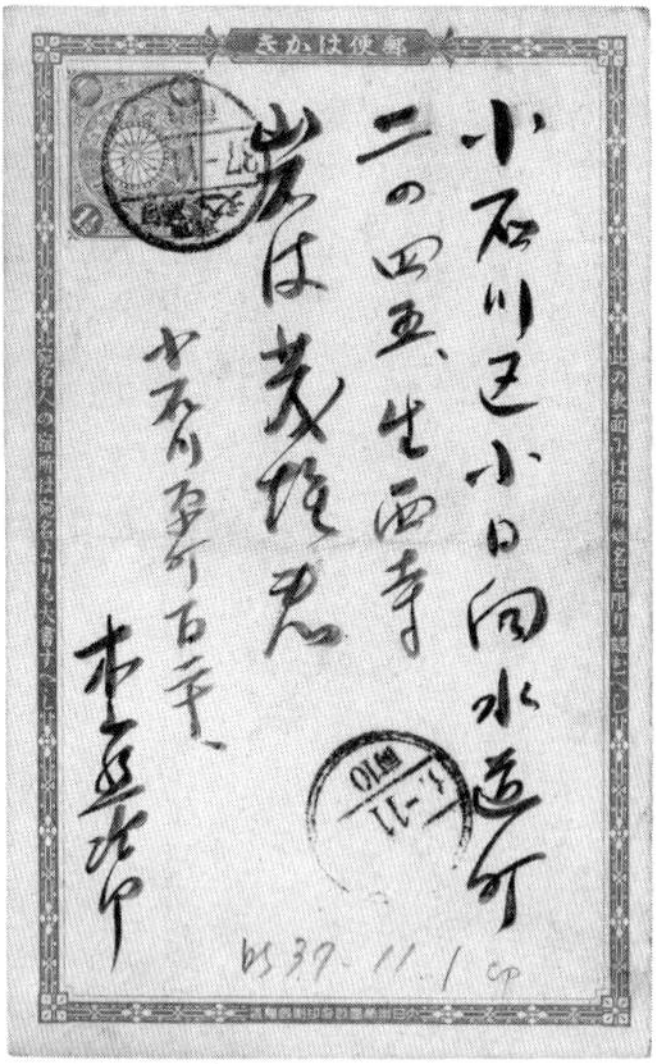

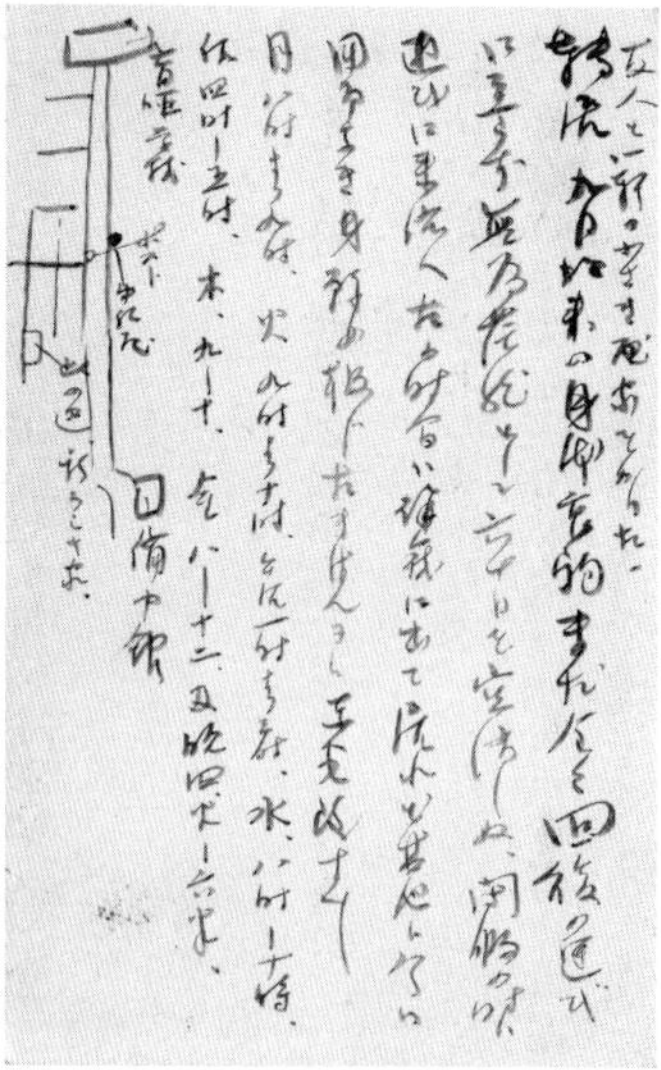

八時―十時、后四時―五時、木　九―十、
金　八―十二、及晩四半―六半、
〔欄外記〕友人と一軒の小さき家を
かりた、〔地図あり〕

一九〇四（明治三十七）年十一月十二日付　市内小石川区水道町二ノ四五、生西寺　岩波茂雄君

明日午前中に遊びに行く、今夜行きたいが　他に要用あり不参、若し午前に急に用でも出来たら午後に屹度

十二日午后七時　木山熊次郎

一九〇四（明治三十七）年十二月二十四日消印　市内小石川第六天町十二、石田幸治方　岩波茂雄君　原町生

其後トント御無沙汰、二度程御来訪被下しも例の不在にて失敬、朝寝はする　其れに午前中は勉強と定めをるので遊びに行くをえず　午后時々君を訪ふかと思つても午後は君が不在ならんと思ひて行けず、晩は又少々勉強　其れに怠儀といふので如何にも君の所に行く暇がない、心には終始かゝるが　健全に確かなる道を歩み居らるゝ事と思ふて安心して居る、一週間程前から暇に乗ぜられて面倒なる事をやつて忙しくて閉口、然し散歩もすれば運動もする暇はあるから遊びに来給へ　困る時だつたら君の事だ　遠慮なしに帰つてもらふ、大概晩、午前中は居る、午后も一時頃までは大概居る、ハガキで先きに知らして置いて呉れれば　今頃は何時でも

居れる、明日は午前に居れぬかも知らん、廿六日は午後からは用事、廿七日は午前中は要用ある筈、余り久しく失敬してるので一寸

一九〇五(明治三十八)年一月七日消印

神田区北神保町十七　赤石方　岩波茂雄君
小石川原町生

君の一日の端書を漸く今日受取つた、過日御出で被下れし日は　少々忙しき事も此れあるに加へて身体も少々衰弱致し居　一向元気なく愛惜もなく君を取遇ひ申し候、其後又も神経衰弱の様にて閉口、新年となりては毎日来客やら種々の人来り　楽みに求めし小説をも読む暇なく毎日世間話、浮世話に疲れ果て申し候、トランプ、カルタに一分の興味なき余等には新年は少しも楽しからで却つて苦しきのみ、明日位より　年末までにと思いし仕事の延びしものへ取かゝり、一週間か十日程働かざる可からず

話したい事があつたら何時でも来給へ　若し別に用が無ければ来るに及ばず　唯専心一意に何事にか常に勉め働き給ふを希望して止まず、余よりも要なき時、話したくなき時は行かず其れまでは矢張憐れなる学士てふ者なることを記憶したまへ

一九〇五(明治三十八)年二月一日消印

神田区北神保町十七、赤石方　岩波茂雄君
小石川原町百二十　木山熊生

其後御無沙汰致し居候、ドーだ　近時は学課に専心従事するを得る様に相成りしか、小生新年に入りて又々神経衰弱を惹起しハルネエーションさへ起す様になつたれば　終に過般十日程旅行した、帰つても又治まらぬ故一旦帰省せんかと思ひしが　其後考を一転したにより漸次よろし　実に思へば去年の九月からは様々の事に煩悶した　自分で殆んど気が狂ひはせぬかと思つた事も何度もあつた――ア、生活難、ア、独立の困難――大学を卒業して尚資を父母に仰がざる可からず、僕に取つて此位不愉快な事は無い、然し致方もなし、之に就ても思ひ出すは実に貧なる人だ、――やがて富める人の責任、義務の問題だ――中学校時代に繰返したと同様の事を煩悶した結果が脳を痛めて　兼ねての著述は此当分断念せざる可からざる事だ、――然し此五六ヶ月の苦闘は又何れの日何か役に立つと思ふて自から慰めて居る、

大西〔祝〕さんの論文か歌集　拝借したいが　大抵午前は君は内に居るのだらうナー

一九〇五(明治三十八)年三月五日消印

神田区北神保町十七　赤石方　岩波茂雄様
小石川生

過日来少々忙しき事有たりし為め失敬して居つた、先日御訪問した時　頭が弱つたとの事だ

つたが　其後如何(いかが)、旅行にでも出掛けたまひしや　さるにても今旅行中なるや、頭の悪い事は随分に懲(こ)りた、出来る事か出来ぬ事か知らんが　須(すべか)らく一切の問題を放擲して盛に一週間か二週間旅行したまへ、僕は自身に切に昨年十月にでも十一月にでも断然と一切の問題をすてゝ旅行せざりしを悔いるもの　再び君をして僕と同じ悔をなさゞらしめんが為め切に勧む、

之(こ)れよりは少し口探りにかけづる積(つもり)、然(しか)し大抵人を訪問するは夜なれば、午前　午后の三時頃までは差支なし　御暇の節御来遊あれ　月8―9、火后一―三、木四―五、金8―9、后4・5―6・5の外は目下差支なし　予(あらかじ)め御一報あらば　何時にても多分在宅し得ん

一九〇五(明治三十八)年四月十二日付

市内神田区北神保町十七、赤石方　岩波茂雄様

十二日午后九時半　木山生

二月の中頃から先月末へかけての仕事口探し運動は徒労、何もうる能(あた)はずして終りぬ、其(その)結末は海外行を企てゝ終(つい)に成らず、成らずと云ふよりは今少し後にせざる可(べ)からざるに至りぬ、目下純然たる風来者、読書を十分にする能はず、書くこと今更にかなはず、徒(いたず)らに資を長々父兄より仰ぎて而して何事の為(な)すなくして日を消せざる可からざる　真に人生の大なる苦痛なり、此苦痛に堪へずして如何にもして仕事を探さんと或る事を企てつゝあるも　今暫(しばら)く黙するが花なるべし　過日は御訪問被下(くだされ)、例にての不在、今日も御出被下(くだされ)候ひし由なるも　朝来の好晴に

市川辺へ散歩に出掛けたる為め留守をくはせ申し候、午前中と夜には大抵居る積なるも要事都合にて何とも申し難し、留守を喰せても不悪御了承を乞ふ、其内気が向きたらば深き直き喜が湧き出づる状態を承つて生も歓喜を覚ゆる様に相成るを努めん、僕の近時は全く君の反対なり

一九〇五（明治三十八）年五月二十六日消印

神田区北神保町十七　赤石方　岩波茂雄様
小石川原町120　きやま

一昨日は久々にて御来訪被下候ひしに不在にて失敬仕り候　其後　内的生命は如何に御座候哉、下谷の姉の家族　今月末名古屋へ転居、其れに過日来　国より家の者来り居り　大抵終日留守勝ちに御座候　来月に入れば大方暇となるべく候　然し時々図書館に通ふかも知れざれば　予め御報なき限り例の如く留守を喰はすも御免を蒙りたく存じ申し候、渡世の口は無し而して何れも本気に世話し呉るゝ人あるなし　何れの日か果して其口あるべしや　小生は昨今は例の独立主義を全く味ふべく　又東都にて喰はん為めに奔走せざる可からざるの煩と愚とを避け　地方に行きて規則正しき職業をなし日に二時間程の静かなる読書を貪るの途を取らんかと存じ居り候、何れ又後便に、

〔欄外記〕従来通り可成午前を望む、午后は同居の人試験準備の為め忙しき様に御座候

へば自然邪魔となるべければ

一九〇五(明治三十八)年十月七日消印

下谷区桜木町十六　東漸院　岩波茂雄様
台町生

＝　岩波茂雄は、一九〇五年九月、東京帝国大学文科大学哲学科選科に入学する。

祝、喜ぶもの君の母君と君と僕のみならんや、祝　大に祝す　文大〔文科大学〕に入り　須らく我儘なる生活を捨て　学生生活に秩序とは何ぞやを解したまへ、君に取りては　博士学士の講義よりは　此の事益すること大ならん

解説　岩波茂雄と「岩波文化」の時代

飯田泰三

一

岩波茂雄が岩波書店を創業したのは一九一三(大正二)年八月、茂雄三十二歳のときであった。ただし当初は古本屋として開業したものであって、出版事業に乗り出したのは翌年からであり、処女出版物は夏目漱石の『こゝろ』(一九一四年九月)であった。漱石に対しては、岩波は開店当時、岩波書店という看板の字を書いてもらいたいと、一高時代以来の親友の安倍能成に同行してもらって訪問したのが最初で、漱石はそれを快諾したという(安倍能成『岩波茂雄伝』。以下では『茂雄伝』として引く)。つづいて古本屋から出版業への進出にあたって、漱石のものをぜひ出したいと岩波が懇願したところ、これにも漱石は応じたのであった。

その後、漱石の『道草』『硝子戸の中』、さらには絶筆『明暗』の出版元に岩波書店がなり、そして没後に『漱石全集』の刊行元になった――漱石の本を多く出してきた春陽堂等を排して、弟子たちの意向でそれはなされた――ことによって、出版社としての岩波書店は確立を見たといっていい。

『漱石全集』の編者には、寺田寅彦・松根東洋城・森田草平・鈴木三重吉・小宮豊隆・野上豊一郎・阿部次郎・安倍能成といった「漱石山房」の面々が名を連ねたが、実際の編集は小宮豊隆が主として担い、校正は森田草平を内田栄造(百閒)が手伝い、安倍能成が調整役という布陣で、他はあまり働かなかったという。ともあれ、これらの漱石人脈が、その後の「岩波文化」形成に多大の役割を果たしたのである。

久野収は「漱石からの出発——一つの回想　岩波茂雄と岩波書店(一)」(『図書』一九九三年七月)において、漱石の講演「現代日本の開化」(一九一一年)を引きながら、「外発的ヒューマニズムをどのように内在化し内発性に転じるか」が、漱石に共鳴した岩波の基本的課題意識であり、それによって「日本の市民文化を生み出す企て」こそが、岩波の初志だったのではなかったかと言っている。ここで久野が「市民文化」という言葉を使ったのは、岩波茂雄が岩波書店の「開店案内」(一九一三年九月)の中で、「兼てより希ひし独立自営の境涯を、一市民たる生活に求めて……書店開業仕り」とか、「独立市民として、偽少なき生活をいたしたき」と書いていたのを意識したものであろう。その上で、「誰でも読める市民的な文体」によって「国民的作家」となった漱石との、岩波の結びつきの意義を久野は強調したのである。

二

もうひとつの岩波書店の出発点は、「哲学叢書」の刊行である。一九一五(大正四)年十月の紀平

正美の『認識論』を皮切りに、田辺元『最近の自然科学』、宮本和吉『哲学概論』、速水滉『論理学』、安倍能成『西洋古代中世哲学史』、阿部次郎『倫理学の根本問題』、石原謙『宗教哲学』、上野直昭『精神科学の基本問題』、阿部次郎『美学』、安倍能成『西洋近世哲学史』、高橋穣『心理学』、高橋里美『現代の哲学』の全十二冊が、一九一七年八月までに満二年間で刊行を終えた。その大半が長期にわたって版を重ね、速水滉の『論理学』などは、大正末年までに七万五千冊、さらに一九四一(昭和十六)年までで数えれば九万冊、結局岩波茂雄の生存中に十八万冊が出たという(『茂雄伝』)。岩波書店をして哲学書肆としての名を縦にさせたのも、元はといえばこの叢書であり、また、関東大震災被災後の苦境や、昭和恐慌時の出版不況に堪えることができたのも、この叢書の存在が大きかった。

この叢書には阿部次郎・上野直昭・安倍能成という、茂雄の一高以来の親友たちが編集者として名を連ね、また、各巻の執筆メンバーは、いずれも明治末年に東京帝国大学文学部哲学科を卒業した新進学徒たちであった。じつは岩波茂雄自身も東京帝大哲学科の卒業生であった。ただし岩波は選科の卒業であった。つまり、一九〇四(明治三十七)年、一高を二年続けて落第したため除籍となり、翌年、あらためて東京帝国大学文学部哲学科選科に入学し、一九〇八年、二十七歳で卒業したのであった。その後、神田高等女学校で三年余りの教師生活をしたのち、古本屋開業にいたるのである。

岩波が哲学科選科に進む転機となった一高落第→除籍は、茂雄が一九〇二年九月に第一高等学校

二年に進学したころから、彼が当時のいわゆる「煩悶青年」の典型ともいうべき精神状態に陥ったことによる。そのころの岩波の「悶々たる」雰囲気は、本書第Ⅲ章の「木山熊次郎からの葉書 一九〇一―〇五年」によって、よく窺い知ることができよう。そして彼の「煩悶」は、一九〇三年五月、同学(一年下)の藤村操の華厳滝投身から受けた衝撃によって決定的なものになる(『茂雄遺文抄』所収「思ひ出の野尻湖」参照)。

岩波より五歳年長である長谷川如是閑の『ある心の自叙伝』(一九五〇年)によれば、明治三十年代半ばの知識青年には「三つの典型」が見られたという。

① 日本の時代の歴史に生きようとする――あるいは、封建制を清算した近代国家の歴史に生きようとする――近代的の民主的国家主義の典型に属する一群

② すでに世界的に進行していた資本主義の末期の歴史に順応する、「政治的解放」につぐ「社会的解放」の要求に燃えている、前者〔①〕の「国家的」なのに対して「国際的」の典型に属するそれ

③「国家的」にも「社会的」にも何らの積極性も行動性も示さず、ただ個性の無力な叛逆を煽りつつ、茫漠たる懐疑性に包まれて低迷する一群

このうち「第三のカテゴリー」の「憂鬱なグループ」は、「明治の歴史が真昼の太陽のように輝

いていた日露戦争前後が、量的にも質的にも絶頂だつたが、そこに深い意味のあることなどは、第一のカテゴリーに属していた私には見てとれなかつたのだつた」と如是閑は言う。しかし、この「漠然たる憂鬱症状のインテリゲンチヤ」の一群こそ、その後の「日本人の知性と感性の歴史に決定力をもつほどの、優性分子を含んでいた」のであり、「明治末から大正末にわたる日本のインテリ層の近代的性格の、長所も短所も、強みも弱みも、この「煩悶期」を潜つてきた若い世代の人たちの責任だつた」というのである。

岩波茂雄はその「第三のカテゴリー」の登場場面を代表したとも言える存在だった。岩波は、一八九八(明治三十一)年、諏訪実科中学校四年のときに日本中学校長杉浦重剛に入学と学僕を志望して送った「請願書」の中で、「至誠一貫、以て現今腐敗せる社会を改革し国家の為に身骨を捧げ、大事業をなし、一は皇恩に答へ、一は亡父の霊魂を慰め、聊か孝道の終りを為さん」とか、「坐右常に西郷南洲、吉田松陰、両大先生の伝、及西国立志編、及陽明学等あり」と書いているように(原片仮名、句読点なし)、また、終生「五箇条の御誓文」を讃えてやまなかったように、右の①のタイプから出発した少年だった。それが一九〇二―三年の頃、劇的とも言える形で③のタイプに飛躍したのであった。

当時の岩波について、安倍能成は『茂雄伝』のなかで、「小学の終に東方策を読んで、英人の横暴な進出を憤慨し、南洲、松陰を崇拝して明治日本の国是なる富国強兵を理想化して、立身出世に生きようとした彼は、日露戦役の時は、私なども同じく戦争などは顧みず、自分の煩悶に没頭し、

トルストイに感激し、聖書に救を求めて得ず……」という精神的状況にあったと描いている。

三

この「煩悶期を潜った」世代が作り上げたのが、いわゆる「大正教養主義」の時代であった。本書に収めた倉田百三からの手紙は、その大正教養主義の雰囲気を阿部次郎の『合本三太郎の日記』(一九一八年)と並んで最もよく示すといわれる『愛と認識との出発』(一九二一年)の著者が、そのデヴュー作となる『出家とその弟子』(一九一七年)の刊行を岩波に依頼したものである。『出家とその弟子』は親鸞の「歎異抄」の世界をドラマ化したものだったが、後に岩波文庫に入るまでに十五万部近く売れたという。他方、『愛と認識との出発』は、西田幾多郎の『善の研究』(一九一一年)の哲学によって「独我論」の煉獄から救われるというストーリーを中心にしていた。

その西田幾多郎の『自覚に於ける直観と反省』もまた、一九一七年に岩波書店から刊行された。西田のそれまでの著作、『善の研究』『思索と体験』(一九一五年)などは、練りつめられたエッセイ風の小品というべき性格の強い作品であったが、それに対してこれは、後に「西田哲学」と言われるようになる西田の体系的著述群の出発点となる大著であった。このころから西田を中心にして、一九一七年に京大に赴任した波多野精一や、一九一九年赴任の田辺元らを指導者とする「京都学派」と呼ばれる哲学者グループが形成されてゆく。その後の西田の著作も、ほとんどすべてが岩波書店から刊行されることになる。

西田の新著の題名にある「直観」は、ベルグソン的立場を指し、他方の「反省」は、新カント派的立場を指した。すでに『善の研究』においても、ベルグソンやウィリアム・ジェームスの行為的直観といえる立場と、カント的認識悟性の立場とを、「主客未分」の禅的実践で綜合しようとする指向を示していたが、今度はより体系的に、ベルグソン的「生の哲学」と新カント派的方法論とを「自覚」という立場から綜合しようと試みたのである。当時の一九〇〇年代初めから続いている「哲学」ブームにおいては、ベルグソンは、ニーチェ、タゴール、オイケンなどと並んで、大正初年から流行していた(たとえば中沢臨川『ベルグソン』、野村隈畔『ベルグソンの哲学』の刊行がいずれも大正二年)。他方、西南ドイツ学派のヴィンデルバント、リッケルトなど、およびマールブルク学派のコーエン、ナトルプなどの新カント派の批判主義的認識論や文化哲学が、岩波の「哲学叢書」以後、盛んに紹介されるという状況にあった(たとえばリッケルトの『認識の対象』の中川得立による翻訳が一九一六年に岩波から出ている)。

いわゆる「西田哲学」の成立は、『働くものから見るものへ』(一九二七年)あたりからだと言われる。一九二六年に左右田喜一郎が書いた「西田哲学の方法に就いて」(『哲学研究』)がその命名者であり、最初の本格的な学問的批判であった。左右田は銀行頭取の家に生まれたが、東京高等商業(一橋)において福田徳三のもとで学んだのち、ドイツに私費留学し、リッケルトに師事しながら、新カント派の文化科学方法論によって経済哲学の再構築を試み、『貨幣と価値(Geld und Wert)』その他の業績によって博士号を得て帰国した人物である。

以後、左右田は一九一八年末に結成された知識人の文化運動団体「黎明会」で「文化主義の論理」について講演したり、岩波書店から『経済哲学の諸問題』(一九二二年)、『文化価値と極限概念』(同)、さらに自ら主宰する横浜社会問題研究所編として『新カント派の社会主義観』(一九二五年)を刊行し、自身も「文化哲学より観たる社会主義の協同体倫理」を寄稿したりするなど、独自の新カント派の立場(新カント派的「文化価値」に「創造者価値」の世界を対置する、一種の認識論的・方法論的個人主義)に拠りつつ、社会科学方法論や社会主義倫理について問題提起をし続けた。左右田は一九二七年、金融恐慌で左右田銀行が休業となる渦中での心労により急死するが、岩波書店は一九三〇年、『左右田喜一郎全集』(全五巻)を予約刊行した。これは戦前の造本技術がピークだった時期を象徴するような、重厚な造りの全集であった。

四

第一次世界大戦が終わった翌年である一九一九(大正八)年は、「デモクラシー」が「世界の大勢」として一気に市民権を得ると同時に、すぐさま、もはやそれは古いとして、「社会主義」に取って代わられようとした年だった。吉野作造を担いだ滝田樗蔭の『中央公論』に対抗して登場した山本実彦の『改造』や、福田徳三ついで堺利彦がバックアップしていた『解放』などが、その急激な動きを代表していた。

そうした総合雑誌を中心とした出版社のジャーナリスティックな動きとは距離を置いて、単行本

と思想専門雑誌（『思潮』〔阿部次郎主幹、一九一七年五月―一九一九年一月〕、『思想』〔和辻哲郎主幹、のち高橋穣・伊藤吉之助・茅野蕭々ら編集、一九二一年十月―一九二八年八月休刊〕）を中心とした岩波書店は、引き続き従来の姿勢を改めることなく、桑木厳翼『カントと現代の哲学』（一九一七年）、田辺元『科学概論』（一九一八年）、波多野精一・宮本和吉訳『カント実践理性批判』（一九一八年）、藤原正・安倍能成訳『カント道徳哲学原論』（一九一九年）、西田幾多郎『意識の問題』（一九二〇年）、波多野精一『宗教哲学の本質及其根本問題』（一九二〇年）、同『西洋宗教思想史』（一九二一年）、天野貞祐訳『カント純粋理性批判上巻』（一九二一年）、久保勉・阿部次郎訳・プラトン『ソクラテスの弁明・クリトン』（一九二一年）、宮本和吉・高橋穣・上野直昭・小熊虎之助編『岩波哲学辞典』（一九二二年）、等の哲学書を中心に（『ケーベル博士小品集』も一九一九年に出、ケーベルが歿した一九二三年には『思想』八月号で「ケーベル博士追悼特集」がなされた）、併せて自然科学、文学および法律学関係のアカデミックな著作が刊行された。

他方、社会科学、社会問題、社会思想関係では、高田保馬の大著『社会学原理』（一九一九年）および『現代社会の諸研究』（一九二〇年）、『社会と国家』（一九二二年）、『社会学概論』（同）のほか、森戸辰男訳・ブレンターノ『労働者問題』（一九一九年）、小泉信三『社会問題研究』（一九二〇年）、同『近世社会思想史大要』（一九二六年）、河上肇『近世経済思想史論』（一九二〇年）、恒藤恭訳・プレハーノフ『マルクス主義の根本問題』（一九二一年）、河合栄治郎『社会思想史研究第一巻』（一九二三年）、土方成美『財政学の基礎概念』（一九二三年）などが刊行された。これらは当時問題化していたマルクス主

義・社会民主主義・ボルシェヴィズム・レヴィジオニズム(修正主義)・フェビアニズム・アナーキズム・サンディカリズム・ソリダリズム(社会連帯主義)・ギルド社会主義、等々のイデオロギー的党派性の対立・抗争をあえて捨象し、あくまでアカデミックな原理的レベルで論じたものが選ばれたという観を呈している。

五

岩波書店の出版活動において次のエポックを形作ったのは、一九二七(昭和二)年七月の「岩波文庫」の発刊であった。一九二六年十二月、改造社が『現代日本文学全集』(全六十三巻)を、大量予約出版のいわゆる「円本」形式(各巻一円で全巻予約、毎月配本)で刊行を開始し、その後を追って、一九二七年一月には春秋社の『世界大思想全集』、同三月には新潮社の『世界文学全集』、五月には平凡社の『現代大衆文学全集』、六月には春陽堂の『明治大正文学全集』が発足した。その動きに出遅れた岩波は、それに対抗して、「円本」形式とは異なる大量生産方式による出版を目論み、学生時代から親しんでいたドイツのレクラム文庫にヒントを得て、読者の自由選択によって購読できる廉価版・小型の古典全集として「岩波文庫」を企画したのである。★一つ(百頁)あたり二十銭で売り、一万冊売れて二百円の利益が得られるという計算であった。

これは大好評を博し、何百通という激励文が未知の読者から寄せられ、その一人からは「私の教養の一切を岩波文庫に託する」とまで言われ、岩波は後年「本屋になつてよかつた」と告白したほ

ど感激したという(『茂雄伝』)。

ところで、現在も岩波文庫各巻の巻末に掲げられている「真理は万人によって求められることを自ら欲し、芸術は万人によって愛されることを自ら望む」で始まる「読書子に寄す――岩波文庫発刊に際して――」は、岩波茂雄の名前で出されているが、じつは三木清が下書きを書き、岩波が手を入れたものである。

三木清はこのとき三十歳、一九二六年暮に法政大学教授に就任して京都から上京し、一週間に一度ずつ岩波書店にやってきて、種々の出版計画の相談相手になっていた(小林勇『惜櫟荘主人――一つの岩波茂雄伝――』。以下『惜櫟荘』として引く)。本書第Ⅱ章に収めた「三木清　ヨーロッパからの手紙」は、一九二三―二五年に岩波茂雄に出されたものであるが、これは三木が一九二〇年に京都帝大文学部哲学科を卒業後、しばらく大学院に籍を置いたのち、一九二二年から波多野精一の斡旋で岩波の財政的援助によりドイツに留学することができたので、その援助に対する成果報告の意味で書き送られたものである。岩波書店に残されていたのは、二年目からの分、二十一通で、『三木清全集』には未収録である。

三木清も大正教養主義の世界から出発した一人であって、その様相は「読書遍歴」(『文芸』一九四一年六―十二月)に詳しい。その一高時代の教養目録を見ると、たとえば「哲学叢書」や雑誌『思潮』をはじめとした岩波刊行物が網羅されており、三木はほとんど「岩波文化」の申し子といった観さえあった。そして愛読した『善の研究』の著者である西田幾多郎に師事すべく、京都帝大哲学

科に進むのである。

大学時代は、二年生のときのレポートにライプニッツについて書き、卒業論文は「批判哲学と歴史哲学」と題してカントについて書いたが、最も影響を受けたのはヴィンデルバント以下の新カント派の哲学で、朝永三十郎の『近世における我の自覚史』や左右田喜一郎の『経済哲学の諸問題』にも感銘を受けたと言い、その他、波多野精一、田辺元、深田康算の京大諸教授からの影響や、有島武郎らの白樺派的なヒューマニズム、また、ベルグソン、ジンメルらの「生の哲学」系統からの影響をも語っている。

ハイデルベルク、次いでマールブルク、さらにパリにおける留学中の三木の勉強振りは、本書所収書簡に見られるとおりだが、ほかに前掲「読書遍歴」や「消息一通　一九二四年一月一日　マールブルク」(『思想』一九二四年三月)においても、その知的遍歴過程がまとまった形で語られている。

最初の滞在先ハイデルベルクではリッケルトに師事し、その自宅での演習でマリアンネ・ウェーバー、カール・マンハイム、オイゲン・ヘリゲル、ヘルマン・グロックナーらと相識り、また、同地で一緒になった羽仁五郎、大内兵衛、久留間鮫造、阿部次郎、天野貞祐、九鬼周造らと親密な交流を持った。次いでマールブルクに移ってからはハイデッガーに師事し、その講義に出席するとともに、ハイデッガーの助手を務めていたカール・レーヴィットの指導で、ニーチェやドストエフスキーなど実存哲学的思想や、ディルタイ、フンボルト、ブルクハルトなど、広くヨーロッパ精神史の世界に引き入れられる。そして最後に過ごしたパリでは大学へは出ず、もっぱらフランスの哲学

や文芸を下宿で読みふけっていたが、たまたま手にしたパスカルの著作に魅せられ、それをハイデッガーの『存在と時間』(当時未刊)の手法で分析することを思い立って、のちに『パスカルに於ける人間の研究』(一九二六年)にまとめられることになる諸論稿を、雑誌『思想』に書き送った。

三木清は一九二五年十月に帰国したのち、三高で哲学を講じるかたわら、河上肇や恒藤恭を中心とする「経済学批判会」のチューター役を務めるなどしつつ、フォイエルバッハを読み、唯物史観を中心としたマルクス主義の哲学研究にとりかかった。これは当時彗星のごとく現れた「福本イズム」に対する三木の対抗意識から発したとも言われる(戸坂潤「三木清氏と三木哲学」一九三六年)。しかし、三木が東京へ移住後に矢つぎ早に発表した「人間学のマルクス的形態」(『思想』一九二七年六月)以下の唯物史観の新しい哲学的基礎づけのための諸論文(『唯物史観と現代の意識』一九二八年に収録)は、三木のこのときのマルクス主義への傾斜が、むしろ彼のそれまでの思想的模索からの内発的発展だったことを示していると思われる。それは〈世界観としてのマルクス主義〉と〈社会科学としてのマルクス主義〉とを綜合しようとする試みであった。

こうした段階にあった三木清が岩波書店に編集顧問格で出入りし始め、「岩波文庫」発足の推進役になったのである。三木の『唯物史観と現代の意識』が岩波から刊行されたのは「文庫」発足の翌年、一九二八年五月のことであったが、その年十月、三木はハイデルベルク時代の盟友、羽仁五郎と共同編集で月刊理論雑誌『新興科学の旗のもとに』(ドイツ版『マルクス主義の旗のもとに』とそっくりの表紙で作られた)を鉄塔書院から出し始める。久野収によると、「この雑誌は、日本における反

ファシズム民主戦線的理論雑誌のおそらく草分けであろう。この雑誌を通じて、日本のマルクス主義は、はじめて、アカデミーの中に浸透し、それまでの経済学一辺倒から、哲学、歴史学、法律学、社会学の諸領域に視野と方法を拡大したのであった」ということになる(久野収「三木清——その生涯と遺産」『現代日本思想大系33 三木清』解説、一九六六年)。

『新興科学の旗のもとに』の発行元となった鉄塔書院は、同年八月に岩波書店を退店した小林勇が起した出版社である。『惜櫟荘主人』に生き生きと回顧されているように、小林は一九二〇年、十七歳で丁稚として岩波書店に入った。彼は「岩波文庫」発刊に際しては、三木と相談しながら編集主任として、同じく丁稚上がりの製作主任、長田幹雄とともに、中心となって働いた。ところが一九二八年三月に起った岩波書店従業員労働争議において、争議団が提示した十ヶ条の要求の中に、給料増額、時間外手当支給、最低給料制定、賞与規定制定、幹部公選などと並んで、「長田幹雄、小林勇の即時解職」とあったことから、それに責任をとる形で退職したものである。なお、鉄塔書院の処女出版は、寺田寅彦『万華鏡』と三木清『社会科学の予備概念』の二冊であった。

一九二八年二月から、三木清の発案になる『岩波講座 世界思潮』全十二巻が予約刊行を開始した。編集は三木清、林達夫、羽仁五郎の三人で、執筆は当時一流の学者と目された約百人に依頼した。その後現在まで続く「岩波講座」の最初のものである。「円本」と同じように全巻予約購読という形でテーマごとの、あるいはジャンルごとの「講座」を作るという企画は、一九二六年に大宅壮一編集で新潮社から出た『社会問題講座』が最初であったと思われる。ただし、大宅の企画が、

当時の無産政党乱立発足の状況——労働農民党・社会民衆党・日本労農党などの結成が相次ぎ、無産政党陣営内の「左翼」「右翼」という言い方が登場した——に対する理論的応答を意図して、ジャーナリスティックな性格を色濃く持っていたのに対し、三木のこの企画は、岩波の伝統を踏んで、アカデミックな大学公開講座的な性格を強く出したものだった。これは一万近い読者を獲得したが、一枚五円という当時としては高い原稿料を出し、そのうえ一巻の頁数が多かったので、計算上は赤字になったという。

「岩波講座」は、以後の十年間で、『物理学及び化学』二十四巻、『生物学』十八巻、『地質学及び古生物学、礦物学及び岩石学、地理学』三十三巻、『日本文学』二十巻、『教育科学』二十巻、『哲学』十八巻、『数学』三十巻、『世界文学』十五巻、『日本歴史』十八巻、『東洋思潮』十八巻、『国語教育』十二巻が刊行された。

六

一九二八(昭和三)年は、岩波書店にとってのみならず、日本の左翼運動にとっても多事多難な年であった。この年二月、日本共産党の中央機関紙『赤旗』が創刊され、前年のコミンテルン二七年テーゼを受けて、党の大衆的基盤の確立が目指された。二月二十日に普選第一回総選挙が行われ、無産政党から五名の当選者を出したが、三月十五日には、いわゆる三・一五事件の共産党関係者全国一斉検挙があった。四月には、東大新人会と京大社会科学研究会に解散命令が出され、河上肇が

京大教授を辞職している。

一九二七年秋に「岩波文庫」の第二回発売(三十点)があったが、その中に河上肇・宮川実訳のマルクス『資本論』第一分冊が入れられた。文庫に『資本論』を入れるという話は文庫計画の初めからあり、殊に三木清がそれを主張したが、当時は高畠素之が新潮社から出していたものが唯一の完訳書であったので、小林勇が高畠を訪問して依頼したところ、すでに高畠は改造社から普及版を出す約束をしていることがわかったので、三木が京都まで出向いて河上肇から承諾を取り付けてきたのである。

岩波茂雄名で「マルクスの名は全世界に横行する怪物の名である」で始まる「岩波文庫マルクス資本論刊行の辞」という広告文が出されたが、これも三木清が文案を作ったものであった。本書所収一九二七年十二月十七日付河上肇の手紙は、この『資本論』第一分冊刊行ののちに、岩波茂雄がさらにマルクスの他の著作も翻訳して文庫に入れてほしいと頼んだのに対し、答えたものである(『賃労働と資本』および『労賃・価格及び利潤』が河上訳で岩波文庫に入った)。

一九二八年春、聯盟版「マルクス・エンゲルス全集」なるものの刊行が公表された。「聯盟」とは、希望閣、同人社、弘文堂、叢文閣、岩波書店の「五社聯盟」である。同人社は大原社会問題研究所関係者や雑誌『我等』関係者の本を中心に出していた出版社で、弘文堂は河上肇ら京大関係者の本を中心に出していた出版社である。全二十巻で、一冊一円、五月から予約募集を開始し、六月から毎月一冊ずつ刊行という計画であった。編集主任は河上肇、櫛田民蔵、大山郁夫、森戸辰男、

高野岩三郎の五人。翻訳担当者として予定されたのは、この五人のほかに、大内兵衛、細川嘉六、権田保之助、宇野弘蔵、山之内一郎、三木清、矢崎美盛、浅野晃、大林宗次、田辺忠男、久留間鮫造、大塚金之助、宮川実、長谷部文雄らの翻訳委員をはじめとする総勢約七十人であった。

じつはこの企画は、改造社が「マルクス・エンゲルス全集」刊行を企て、その中に、独自の国家社会主義を標榜している高畠素之が訳した『資本論』が入っているのを知って、河上肇や大原社会問題研究所周辺のマルクス学者たちが反発し、対抗的に全集を出そうとしたものである。ところが、従来マルクスものの出版を手がけていた希望閣や同人社には資力がないため、河上肇と関係の深かった弘文堂を加え、さらに信用と資力のある岩波に加わるよう要請してきたのである。岩波茂雄はそれを承知し、友人の叢文閣足助素一をも引き込んで「五社聯盟」としたのであった。

しかしながら、この聯盟版「マルクス・エンゲルス全集」は、多数の予約購読申し込みがあったにかかわらず、第一回配本予定の六月になっても翻訳原稿が入らず、そこに、企画の中心人物であった河上肇が改造社版全集に協力することに方向転換するという事態が起り、岩波は七月三十一日、聯盟脱退を声明し、十一月には予約者と書店に事態を説明して陳謝する手紙を送り、預かった予約金は郵便振替で返金することとした。

この全集刊行の挫折によって生じた五社聯盟の負債は二万五千余円であったが、希望閣の主人市川義雄（彼はこの事件の最中に検挙されて獄中にあった）と同人社の主人大島秀雄に応分の負担を担う資力はなく、叢文閣の足助素一は早く聯盟を脱退して一切の責任を回避し、資力のある弘文堂の八坂

浅太郎は応分の五千円を支払ったのみであったので、結局岩波が大部分を負担することになった。一九三八年八月二十三日付の八坂から岩波宛に出された手紙は、ちょうど事件から十年後に、八坂が負担すべきであった分の残額七千五百円を送金した旨を伝えたものである。岩波茂雄は、お金が戻ったことよりも、この手紙に示された八坂の心情を喜んだという。

この事件との関連で、河上肇は岩波文庫の『資本論』翻訳(全三十四分冊予定)を一九二八年六月の第五分冊刊行以後ストップし、岩波の繰り返しの催促にもかかわらず進めようとしなかった。そして一九三一年、河上が改造社から『改訳決定版 資本論』なるものを刊行し始めるに至り、岩波は七月二十七日付で河上に絶縁状を送るとともに、同日付で「岩波文庫『資本論』の読者に告ぐ」を公表して、岩波文庫に入れられていた『資本論』第一―第五分冊、および『賃労働と資本』『労賃・価格及び利潤』など河上訳のものすべてを廃版にすることにした。しかし、そうしたことがあったにもかかわらず、一九四六年一月、河上の訃報に接したときには、岩波は厚く弔意を表したのであった。

一九二八年八月、雑誌『思想』が九月号で休刊した。『思潮』の時代は阿部次郎が編集主幹で、『思想』になってからは和辻哲郎が代ったが、和辻が法政大学から京都大学に移ってからは、高橋穣、伊藤吉之助の両名を三木清が時おり手伝うという体制で編集されていた。その『思想』が七十号を越えるころから新鮮さを失って読者が減り、返品が多くなったので、岩波茂雄が返品を嫌い予約制にしたところ、三千部しか予約がなかったのである。そこで一九二九年四月、和辻哲郎、谷川

徹三、林達夫の共同編集体制に建て直して『思想』は再刊された。

七

満州事変の起った一九三一(昭和六)年、『日本資本主義発達史講座』の計画がスタートした。これはかねてより「日本資本主義発達史」を研究していた野呂栄太郎(慶応大学の卒業論文が同題目であり、また一九三〇年に同題書を鉄塔書院から出し、三一年当時はその立場から猪俣津南雄につづいて櫛田民蔵に論争を挑んでいた)が小林勇に講座の計画を持ち込み、小林は自分の鉄塔書院から出す自信がなく、岩波に相談するよう勧めたところ、岩波は野呂と何度か会ってその重厚な人柄に敬服し、刊行に同意したものである。編者は野呂のほかに、山田盛太郎、大塚金之助、平野義太郎で、執筆者たちは約半年にわたって討議を重ねたのち執筆にかかり、翌一九三二年五月から全七巻の講座が刊行開始した。

この講座で打ち出された見解が、おりから公表された「三二年テーゼ」(コミンテルン「日本の情勢と日本共産党の任務に関するテーゼ」。日本の支配体制が、天皇制・地主的土地所有・独占資本の三構造要因からなるとし、日本革命の性質を、天皇制を打倒し地主を収奪するブルジョア民主主義革命を遂行し、ひきつづき社会主義革命に強行的に転化する、いわゆる「二段階革命」と規定した)と合致したことから、いわゆる「講座派」の理論が日本マルクス主義の「正統派教条」とされるにいたった(それに対する山川均・荒畑寒村・猪俣津南雄・黒田寿男・鈴木茂三郎・大森義太郎らの「労農派」は、当面する革命の性質を「ブルジ

ョア民主主義革命の任務を含むところの社会主義革命」(一段階革命)と規定し、日本共産党から「左翼社会民主主義」であるとして除名された)。両派の対立は、要するに、明治維新による日本の近代国家の成立をブルジョア革命と見るか、封建制最後の段階としての絶対主義の確立と見るかにあった。

講座刊行に先だって、岩波茂雄は一高時代の同窓であった内務大臣河原田稼吉を訪ねて好意的反応を得ていた。そのためか第三巻目までは順調に発行されたが、第四巻目からは内務省首脳に方針転換があり、すべて発売禁止となった。ただし紙型を没収されるということはなかったので、検閲官から指摘を受けた箇所を訂正のうえ改訂版として発売し、翌一九三三年八月、完成を見た。

八

一九三三(昭和八)年は岩波書店創業二十周年にあたった。この年の『思想』十二月号に、岩波茂雄は「岩波全書発刊に際して」という文章を掲載した。「創業二十年、出版に対する私の素志は些少だも渝ることなく、あらゆる困難を排して益々その理想を高めて行かうとしてゐる。この二十年の記念に際して、何等かの有意義な形式に於て之を具体的に示したいものと既に久しく考慮し且つ計画した」という書き出しである。そして十二月十日に「岩波全書」八冊が同時発売された。

一九三三年一月五日付の手紙で、和辻哲郎が「ゲッシェン風の叢書」を記念出版の一つとして出したらどうかと提案しているが、おそらく岩波はそれに従う形で、文化、社会、自然の全科部門にわたって、内容の精確な、信頼すべき、簡明にして廉価な叢書を出版することを企てたのである。

そして「岩波文庫」が「東西古典の普及」を主眼としたのに対して、「岩波全書」は「現代学術の普及」を目的として各分野一流の学者に書き下ろしを依頼したのであった。実質的にはそれは、当時の帝国大学の講義を公開したものという観を呈している。

なお、この「全書」創刊の機会に、岩波書店のマークを従来の橋口五葉の図案になる「甕」から、ミレーの「種蒔く人」に改めた。のちに岩波茂雄自身がその変更の理由を述べて、「私が元来百姓であつて、労働は神聖なりといふ感じを特に豊富に持つて居り、従つて晴耕雨読の田園生活がすきであるといふ関係もあり、詩聖ウォーズウォースの「低く暮らし、高く思ふ」を店の精神としたいためです。なほ文化の種を蒔くといふやうなことに思い及んでくれる人があれば、一層ありがたい」と言っている(雑誌『書窓』一九三五年三月創刊号)。

十月二十日から三週間、創業満二十年記念一般特売というものも行われた。解説付目録三万部を配ったり、各新聞に全頁広告を出したりして、大いに宣伝に努め、在庫数、需要度を考慮して最大四割五分引き、最小一割七分引きの割引をした結果、発売書目七五二点が十一万八百部売れ、売り上げ十八万二千円に及んだ。最も多く売れたのは鳩山秀夫の『日本債権法総論』および『日本債権法各論上下』であった。また、藤岡作太郎『国文学史』、九鬼周造『「いき」の構造』、夏目鏡子『漱石の思ひ出』、和辻哲郎『古寺巡礼』などもよく売れた。

なおまた、岩波茂雄は創業二十周年記念に、独りひそかに「岩波賞」を設け、自分の尊敬する学芸・文化・社会に尽くした人ないし団体に、一件一千円の「感謝金」を贈ることにした。第一回は

一九三四(昭和九)年五月で、農村青年の育成に情熱を傾けた日本国民高等学校の加藤完治、日本ローマ字社(田丸卓郎等)、『日本資本主義分析』(一九三四年)の著者山田盛太郎、岩下壮一(一九三一年十二月二十六日付書簡参照)の神山復生病院、哲学者田辺元、の五者であった。のち、これがさらに発展して、一九四〇年十一月の「風樹会」(百万円を投じた基礎科学奨励のための基金)設立となる。

九

岩波書店の歴史において次のエポックを形作るのは、一九三八(昭和十三)年の「岩波新書」の創刊であろう。

前年の日中戦争開始の頃から、吉野源三郎(一九三七年入店)、粟田賢三(一九三六年入店)、小林勇(一九三四年復帰)、三木清(この頃も毎週一回、編集顧問格で岩波に顔を出していた)らの間で、この時勢に出さねばならぬ新しい叢書を考えようではないか、当時イギリスで急速に普及を見ていたペンギン・ブックスやペリカン・ブックス、ことに現代の問題を多く扱っている後者がモデルにできないか、ということが論じられ、企画として熟していった。

岩波茂雄はそのころ日中関係を最も憂慮・焦燥して、とりわけ盧溝橋事件以後は、会う人ごとに日本のやり方、政治家、軍部、資本家の中国いじめに憤慨を漏らしていたから、この叢書計画に大賛成で、ことに中国に関するものを多く入れようという趣旨を喜んだ。そして、「文庫は古典だ、今度のやつは今の問題を今の人に書いてもらうのだ、大体寿命はあまり長くなくてよい、生き生き

した問題を摑まえるのだ」と、繰り返し自分を納得させるためのように言った(『惜櫟荘』)。

叢書の名前は、長田幹雄の提案で「岩波新書」と決定した。版型もペリカン・ブックスに倣った縦長のポケットサイズとし、これが以後「新書版」と呼ばれるようになった。定価は一律五十銭とした。編集は吉野源三郎が中心となり、小林勇が手助けする形で行うことになった。

一九三二年十一月に『日本資本主義発達史講座』第四回配本が発禁になった頃から、出版受難の波が岩波書店にも及んできていた。たとえば一九三三年一月、岩波講座『日本文学』第十九回の三木清「現代階級闘争の文学」が削除処分を受けた。また、一九三四年十二月には、トルストイ(原久一郎訳)『一日一善』が「兵役呪詛」の部分があるとの理由で削除処分を受けた。

一九三五年四月には、美濃部達吉『現代憲政評論』(一九三〇年)が、この年二月二十八日から始まった「天皇機関説」攻撃、国体明徴運動の余波で、改版処分となった(岩波茂雄は事件に憤激して、「偏狭なる忠義観、固陋なる国体観を以て他を非国民扱ひにするが如きは最も恐るべき危険思想である」という投書を朝日新聞の「鉄箒」欄に送ったが、没になった。同年三月二十三日付の美濃部から岩波への書簡はその件に関するものである)。さらに、この年十二月には、徳冨健次郎『書翰十年』が、「大逆事件に言及するに当つて不敬、賞恤にわたる嫌あり」との理由で、削除処分にあっている。

一九三六年七月には、岩波文庫の福沢諭吉『文明論之概略』(一九三一年)が、皇室に関する不敬な記述があるとして、次版改訂処分を受けた。この年七月、平野義太郎、山田盛太郎ら講座派学者が一斉検挙されるコム・アカデミー事件が起きたが、その余波で一九三七年七月、岩波書店は山田盛

太郎『日本資本主義分析』の自発的絶版を余儀なくされた。

そして一九三八年に入ると、二月一日、いわゆる人民戦線第二次検挙で大内兵衛ら労農派教授グループ三十二名が検挙され、それにともなって二月五日、大内の『財政学大綱』(一九三〇年)が休版命令を受ける。

また二月七日には、岩波文庫のマルクス、エンゲルス、レーニン、プレハーノフらの著作二十七点と、単行本の美濃部達吉『現代憲政評論』、矢内原忠雄『帝国主義下の台湾』『満洲問題』、野呂栄太郎『日本資本主義発達史』、平野義太郎『日本資本主義社会の機構』などが、自発的に増刷を中止せよとの指示を受けた。

さらに二月二十三日には、矢内原忠雄(前年十二月、論文「国家の理想」ほかの反軍・反戦思想が問題にされ、東大経済学部教授を辞職)の『民族と平和』(一九三六年)が発禁となり、この件で岩波茂雄は警視庁に呼び出された(同年七月二十二日付の矢内原の手紙も、この件に関連したもの)。また、この年三月には、二月二十八日付天野貞祐の手紙にあるような事情で、天野の『道理の感覚』(一九三七年)を絶版にした。

岩波茂雄が一九三八年十一月号の雑誌『思想』に発表した「岩波新書」発刊の辞には、この頃の岩波茂雄の考えと、岩波書店の基本戦略といえるものがよく現れているが、かなり長文にわたるので、現在の岩波新書(新赤版)巻末にある「岩波新書創刊五十年、新版の発足に際して」(一九八八年一月)の冒頭部分を代わりに引いておく。

岩波新書は、一九三八年一一月に創刊された。その前年、日本軍部は日中戦争の全面化を強行し、国際社会の指弾を招いた。しかし、アジアに覇を求めた日本は、言論思想の統制をきびしくし、世界大戦への道を歩み始めていた。出版を通して学術と社会に貢献・尽力することを終始希いつづけた岩波書店創業者は、この時流に抗して、岩波新書を創刊した。

創刊の辞は、道義の精神に則らない日本の行動を深憂し、権勢に媚び偏狭に傾く風潮と他を排撃する驕慢な思想を戒め、批判的精神と良心的行動に拠る文化日本の躍進を求めての出発であると謳っている。

「岩波新書」第一回発売は、クリスティー、矢内原忠雄訳『奉天三十年上下』、津田左右吉『支那思想と日本』、寺田寅彦『天災と国防』、斎藤茂吉『万葉秀歌上下』以下の二十三冊であった。「奉天の聖者」と呼ばれたクリスティーの著作を(しかも矢内原忠雄の訳で)第一篇に置いたのは、岩波茂雄の決断による(一九三九年二月二十七日付石原莞爾の手紙に見られるように、当時日中戦争不拡大を主張し、東条英機と対立して関東軍参謀部を辞職して東亜連盟協会結成に奔走していた石原に、岩波がこの書を寄贈し、石原がそれに共鳴しているのは興味深い)。しかし、新書に出来るだけ中国のものを入れたいという当初の岩波の意図は、軍部の力だけが独走していく時局の中で、結局ほとんど果たされなかった。

ともあれ、この新書は価格の低廉もあって、大いに世に迎えられ、たとえば三木清の『哲学入門』など、発刊早々で十万も出たという。一九四四年までに九十八冊が刊行された(いわゆる赤版。

「岩波新書」は戦後、一九四九年四月から青版として再出発する)。

と同時に他方で、岩波の書いた発刊の辞に対して、右翼や軍部から非難の声が上がり、脅迫状も舞い込んだ。文中の「御誓文の遺訓を体して、島国的根性より我が同胞を解放し」の一句が蓑田胸喜らの『原理日本』によって問題にされ、また、「頼みとなる武人に高邁なる卓見と一糸乱れざる統制ありや」等の文言に対して、某憲兵から咎めの手紙が来たという(『茂雄伝』)。さらに、『帝国新報』という原理日本社の機関紙は、「鉄面皮のマルクス出版屋 鉄槌下れ」「岩波新書の図々しい広告文に憂国陣営一斉憤怒」などの大見出しがついた記事を掲載した(『惜櫟荘』)。

十

一九四〇(昭和十五)年、津田左右吉の筆禍事件が起き、岩波茂雄も津田の著作の発行者として連座し、起訴されるという事件が起こった。これはその前年、一九三九年十二月の『原理日本』に、蓑田胸喜「津田左右吉氏の神代史上代史抹殺論批判」が載ったことに端を発したものである。『岩波書店八十年』(以下『八十年』として引く)では、一九三九年十二月二十六日の項に次のようにある。

津田左右吉著《神代史の研究》《古事記及日本書紀の研究》しばらく出品を中止――津田氏が招かれて東大で講義するに及んで、右翼はしきりに氏の歴史研究を非国民的として攻撃、その圧迫が次第に強まってきて津田氏の身辺も気づかわれるに至ったので、一時その出品を見合わせ

ることにしたのである。

すなわち、かねてより東大法学部を「自由主義者の巣窟」として攻撃してきた原理日本社の蓑田胸喜、三井甲之ら(ちなみに三井は、岩波茂雄と一高時代の同窓)は、南原繁が東大法学部に「東洋政治思想史」講座を開設し、その本来「国体講座」であるべき講座の第一年目の講師に、津田左右吉を招聘したことに目をつけ、津田の記紀批判は万世一系の皇室の尊厳への冒瀆であり、「大逆思想」「学界空前の不祥事」であるとして、「紀元二千六百年」を期に、かねて企図していた東大攻撃と「学術維新」の口火にしようとしたのである。

しかし津田の東洋政治思想史の講義は「先秦時代の政治思想」をもっぱら論じて日本の神代・古代に及ばなかったので、講義の最終日であった一九三九年十二月四日の講義終了後に、弾劾的「質問」を連発し、さらに講師控室に押しかけて追究行動するという小事件を起こすとともに、『原理日本』の蓑田論文となったのであった(丸山眞男「ある日の津田博士と私」参照)。津田はその攻撃の高まりの中で、一九四〇年一月十一日、早大教授辞任を余儀なくされた。

この津田事件は、京大事件から天皇機関説問題を経て、矢内原事件、教授グループ事件、河合事件と続いてきた学問の自由圧殺の一連の動向の、いわば最終ステージともいえるものであった。しかし、小林勇が記しているように、「世間はこの事件にほとんど無関心のようであった。関心をもった人も、それを批判することは出来なかった。すべての人がこの事件に冷淡に見えた。(中略)

岩波は犠牲者として孤独な感じをもった」のであった。また、「戦争が終われば、津田博士はぼくが正面から対決すべき相手になる」と予想しながらも、岩波の依頼で津田に、裁判法廷での応答の仕方についてアドヴァイスした羽仁五郎（久野収「津田博士の受難——一つの回想　岩波茂雄と岩波書店（四）」『図書』一九九三年十一月）も、津田の死に接したとき、「当時ほとんど孤立して苦闘していた津田左右吉のすがたが、いまもぼくの眼底に生きていて」と書いている（「つださうきちの学問」『図書』一九六二年一月）。

岩波茂雄は当初、二年間くらいの刑に服することは覚悟せねばならぬと考え、そのための静養の場所として熱海の惜櫟荘を建てたという。しかし、津田左右吉に対する岩波の奉仕は至れり尽くせりであり、その様子は本書所収の津田の手紙からもうかがえよう。

裁判は予審が一九四〇年十月に開始して四一年三月に終結し、公判は四一年十一月に開始して四二年五月二十一日に第一審の判決があった。二十一回の公判のうちの第十九回公判では、かつて学問的には津田の論敵であった和辻哲郎が、岩波の依頼を受け入れて弁護側の証人に立った。結審に際しては、南原繁ら八十九名の学者の署名を連ねた無罪嘆願の「上申書」が提出された。

第一審判決は津田が禁固三ヶ月、岩波は二ヶ月、両名とも執行猶予二年の有罪判決であったが、四著作のうち『古事記及日本書紀の研究』の中の四ヶ所の記述のみが有罪で、他の三著作は無罪とされた。有罪とされた個所は、「畏くも　神武天皇より仲哀天皇に至る御歴代天皇の御存在に付疑惑を抱かしむるの虞ある講説を敢てし奉」る記述だからというのであった。

検事側は二十三日控訴し、被告側もただちに控訴した。ところが控訴審はなかなか開かれず、一九四四年十一月四日に開かれた控訴審公判で、事件は時効により免訴が言い渡された。要するに裁判所が公判を開く時機を失したのであるが、これは戦争による事務の混乱によるとも、誰か事件に同情する人物が故意に仕組んだとも推測されたが、いずれにしても意外な結果に終わった。

十一

一九四一(昭和十六)年に入るころには印刷用紙の欠乏ますます激しく、使用制限がますます強化され、製本資材、労働力の不足とあいまって、全出版物の量はいちじるしく減少した。しかし読者の要求は、物資の不足に逆比例して強まっていったので、在庫品も極度に減少し、一九四二年一月末現在で、在庫数は単行本一二〇〇点のうち約二百点、文庫は一二〇〇点のうちわずかに五十点、新書は八十点のうち三十点で、全書は一五〇点の全部が品切れであった。

しかし、時局便乗の出版物にあきたらない読者が岩波出版物に集まったため、在庫品が急速に捌かれるとともに、岩波書店は、創業以来空前ともいえる一種の好景気を呈した。新刊書も、たとえば一九四一年に刊行された二六六点のうち、天野貞祐『私の人生観』が一万五千を超え、山本有三『路傍の石』が三万を出し、ほかに、ヘリゲル・柴田治三郎訳『日本の弓術』が一万以上、桑原武夫訳『アラン芸術論集』が一万八千を出している。

一九四一年六月、「日本武学大系」の出版を情報局から強要される(しかも用紙の割当なし)という

状況のなかで、一九四一年十二月、岩波は「少国民のために」というシリーズを刊行開始した。これは、「このときの状勢では、社会科学の分野で偽りのない書物の出版は不可能であると見通されたので、自然科学を通じてせめて科学的な考え方だけでも伝えたいと念願し、自然科学関係の少年向き出版を計画した」ものであった(『八十年』)。これも大いに世に迎えられ、最初の五冊(有馬宏『トンネルを掘る話』、宇田道隆『海と魚』、内田清之助『渡り鳥』、中谷宇吉郎『雷の話』、日高孝次『海流の話』)は異常ともいえる反響を呼び、それぞれが二万ないし三万の部数を出した。

一九四二(昭和十七)年二月、太平洋戦争開始後の出版統制強化の一環として、翻訳ものを不急不要とし用紙を割り当てないとする当局の方針に従い、第三期(一―三月)の出版企画のうち翻訳文学いっさいを中止することに決定した。しかし、この年も特異な出版景気はつづき、この年の売り上げは創業以来の最高となった。玖村敏雄の『吉田松陰の思想と教育』が二万、高山岩男の『世界史の哲学』が一万五千と、時局柄とも見られるものも多く出たが、幸田成友『日欧通交史』が一万近く出たり、小宮豊隆『漱石の芸術』が二万を超え、〈少国民のために〉の『地図の話』『魚の生活』が三万以上、『音とは何か』『山はどうして出来たか』が二万以上出るという現象も、他方でつづいた。

岩波茂雄は、この年が創業三十年にあたるのを記念して、「回顧三十年感謝晩餐会」を開催した。時局がますます悪化の一途をたどる中で、岩波は、もしこの機会を逸すれば、自分をして今日あらしめてくれた恩人たち――生涯を回顧してその深い恩誼を想わずにはいられない人々――に対し、

ついに感謝の意を表することなくして終わるだろうと考えたのである(『八十年』)。十一月三日、大東亜会館(戦後、東京会館と改称)を会場に、約五百人を招待して開かれた晩餐会の記録は、同年十二月号の『図書』(各出版社の月報類は日本出版文化協会の月報に吸収されることになったため、同号は終刊号となった)にある。

それによれば、安倍能成の司会により、まず、岩波茂雄による自分の半生を語る四十分におよぶ挨拶(『茂雄伝』にも全文収録)があったのち、来賓挨拶を三宅雪嶺、牧野伸顕、小泉信三、幸田露伴、明石照男、高村光太郎(詩朗読)、天野貞祐、安井てつ、西田幾多郎(鎌倉からのメッセージを司会者が代読)、藤原咲平が行い、ついで岩波書店の歌「われら文化を」(高村光太郎作詞、信時潔作曲)の合唱があり、最後に安倍能成が友人としての挨拶を述べて、四時間あまりで閉会となった。時流にそった評論家たちなどは、この会を評して「自由主義者最後の晩餐会」と言ったという。

十二

一九四三(昭和十八)年以後、戦況の悪化にともない、物資不足、人員不足はますます深刻化し、出版統制も極限まで強化されるなかで、出版点数は激減していった。雑誌も四四年末までにすべて廃刊となった。そして四五年六月二十一日には、出版活動がほとんど休止状態になり、また疎開希望者が多数に上ったので、解散に近い人員整理を行い、幹部級のもの十三人だけが残った。

一九四五年二月、岩波茂雄が貴族院多額納税議員東京都の欠員補充選挙に立候補した。同郷の先

輩である伊沢多喜男らに奨められてのことであったらしい。

三月二十七日の選挙の結果は、有権者一五〇名弱のうちの一二〇余票を得て、圧勝であった。翌二十八日の午前十時ごろ、選挙期間中一日おきに来て応援活動をしていた三木清と、選挙事務長をしていた小林勇が事務所で話しているところへ、警視庁の特高刑事が二人来て、三木を逮捕した。警視庁を脱走して逃亡中の高倉テルが三木の埼玉鷲宮の疎開先を訪ね、三木は一晩泊めた上で、靴や外套を与え、青森までの切符を買って逃したことによるものであった。三木は小林に「子ども(洋子)のことを頼む」とだけ言って引かれていった。

その小林勇も、五月九日朝、鎌倉の自宅に中谷宇吉郎といるところを、特高六人に踏み込まれて治安維持法違反の嫌疑で検挙され、横浜の東神奈川署に留置された。前年一月に『中央公論』『改造』の編集者が逮捕され、続いて十一月に日本評論社の関係者が逮捕された、いわゆる「横浜事件」(細川嘉六が郷里の富山県泊温泉に中公、改造の編集者を招いて団欒したのを、共産党再建謀議と仕立てた泊事件が発端。拷問で三人の獄死者を出した)関連という名目だったが、要するに、前年解散させられた中央公論社、改造社に続いて、岩波書店をつぶそうというのである。

小林は毎日竹刀でなぐられながら、まず、「岩波新書」が反戦的であり、共産主義思想によって編集されているのではないかとして追及された。岩波が書いた「発刊の辞」も問題にされた。そして、「貴様のおやじは(小林は一九三二年、岩波の次女小百合と結婚した)貴族院議員などになりやがってごまかしているが、最も悪いやつだ、などとどなりたてた」(『惜櫟荘』)。同じ頃、岩波茂雄の秘書役

などをしていた藤川覚も検挙され、『日本資本主義発達史講座』につき同様の追及を受けた。小林が釈放されたのは、敗戦後二週間経った八月二十九日午後だった。

十三

敗戦の日を岩波茂雄がどのように迎えたかは記録されていないが、書店の歴史である『八十年』は、八月十五日については、ただ一行、「寂寞として終戦を迎えた」と記している。すこしのちの岩波の「敗戦」観については、岩波没後に緒方竹虎が安部能成に寄せた書簡に次のようなエピソードが伝えられている。一九四五年十一月二十九日の三宅雪嶺の告別式の席上、岩波は緒方と古島一雄にむかって、繰り返し「敗戦は神風だよ」と語り、「日本は到底自力では軍部の跳梁を抑へることができないのだ」「若し逆に日本が勝つてゐたら、それこそ日本は真の滅亡であつたであらう」「この敗戦によつて日本は始めて良くなる」と、あたり構わず大声で語っていたという(『茂雄伝』)。

岩波茂雄は九月十日、最初の脳溢血の発作で倒れた。その一週間前の九月三日、重度の肺結核で臥床中だった長男の雄一郎が死去し(享年三十)、翌四日、貴族院に初登院、七日に貴族院閉院式に参列し、八日に雄一郎の葬儀を行い、十日に長野市で開かれた藤森省吾(この年四月岩波が強く薦めて大日本帝国教育会長野県支部事務局長に就任せしめた人物)の葬儀に出席し、弔詞を呼んでいる最中に具合が悪くなったのである。

茂雄はそのまま、長野市妻科町の、後に岩波書店長野分室となる寺島氏宅で、十月十七日まで静

養していたが、その間の九月二十六日、三木清が豊多摩拘置所で獄死した。敗戦後四十日あまりも放置されたあげく、疥癬が全身に広がり、ベッドから転がり落ちてショック死しているのが発見されたのである。信州伊那谷で静養中の小林勇のところに電報が来たが、小林はまだ体力が回復せず帰京できなかった。法政大学で三木の教え子だった布川角左衛門(一九二八年入店)が、三木の遺骸を近所の八百屋で借りた荷車で引いて、高円寺の三木の家まで運んだ。

六月七日に西田幾多郎が死に、九月になって長男雄一郎と三木清が相次いで亡くなり、自らも倒れて、気落ちする状態を振り絞るようにして、岩波茂雄は「敗戦という神風」を生かして「新生日本の建設」に邁進すべく、活動を再開した。その核として構想されたのが、新しいタイプの大衆的な総合雑誌だった。本書所収の西尾実や小林勇の手紙から窺い知ることができるように、それは要するに、旧来の岩波のアカデミックな文化性と、講談社の『キング』が持っていたような大衆性を接木できないかという構想だった。しかし小林勇などは、この手紙で見るかぎり、かなり慎重な姿勢を見せていたようである。

そこに舞い込んできたのが「同心会」からの話である。そのグループが新しい総合雑誌の発刊を求め、メンバーの一人である安倍能成を通じて岩波に申し入れてきたのであった。「同心会」の母体となったのは、太平洋戦争末期に終戦工作に動いた文化人グループであった。元はといえば、当時の外相重光葵とその側近加瀬俊一が山本有三を語らい、志賀直哉、和辻哲郎、田中耕太郎、谷川徹三、安倍能成などの学者・芸術家たちと、ひそかに会合を持っていたのである。その後重光や加

瀬が抜け、長与善郎、柳宗悦などが加わって、柳の命名で「同心会」ができた。彼らの中から新しい総合雑誌を作ろうという動きが出て、安倍を通じて岩波に発行を申し入れてきたのであった。

その結果、一九四五年九月末、両者協力の形で雑誌『世界』が創刊されることが決まった。『世界』という命名は谷川徹三により、監修が安倍能成、編集主任が吉野源三郎、それに編集員として志賀、山本、田中、谷川、和辻、仁科芳雄、大内兵衛という陣容だった。

安倍から小林勇に宛てた十月十九日付の手紙では、「同心会」が「中心とはなるが、機関誌というわけでなく出来るだけ若い連中を引出してかいてもらふつもりです」とあるが（『惜櫟荘』）、当初から、「岩波は、自己の創刊した雑誌の編集を同心会の代表たる親友の安倍氏に委託したものと諒解し、同心会の方々は、同人雑誌の発行を岩波が引き受けたものと諒解し、多少の喰い違いがあった」らしい（『八十年』）。

ともあれ、一九四六年一月号を創刊号として四五年十二月中旬に『世界』は発売された。部数は八万部であった。田中耕太郎が発刊の辞を草し、安倍能成が巻頭論文を書いたが、岩波茂雄も次のような文章を寄せた。

「世界」の創刊に際して

岩波茂雄

無条件降伏は開闢以来最大の国辱である。しかもこの屈辱は自ら招けるものでもある。空襲の惨禍を免がれた僻陬の地にある人々や、必勝の信念のみを吹き込まれてゐた人々には、今日

の此の結果は全く意想外であつたかも知れない。然し乍ら我が国を戦争に引きずり込んだ所謂「指導者」達にとつてこの結果は果して予想しなかつたところであつたらうか。（中略）

年来日華親善を志してゐた私は、大義名分なき満州事変にも支那事変にも、もとより絶対反対であつた。また三国同盟の締結に際しても、太平洋戦争の勃発に際しても、心中憂憤を禁じ得なかつた。その為めに自由主義者と呼ばれ、否戦論者とされ、時には国賊とまで誹謗され、自己の職域をも奪はれんとした。それにも拘らず大勢に抗し得ざりしは、結局私に勇気がなかつたためである。（中略）

「道義なければ勝利なし」無条件降伏は之を天譴と考へこの苦難を健気に克服すべきである。これによつて新日本が甦生せば、如何なる賠償も高価なる束修に非ずと私は考へる。浦賀一発の砲声によつて偸安三百年の夢より醒され、封建の旧制を一擲して開国進取の方向に歩み出したことに対して、ペルリ提督が今なほ感謝される如く、軍閥の横暴と官僚の独善より解放されて理想的国家建設に成功せば、マッカーサー元帥も亦永久に我が国民から感謝されるであらう。

（中略）

私は明治維新の真剣味を追想し、御誓文の精神に生きることが、新日本建設の根本原理であると考へる。御誓文は明治維新の指針たるに止まらず、天地の公道に基づくこの大精神は永久に我が国民の示標たるべき理念であると信ずる。

日本の開戦も敗戦も我国道義と文化の社会的水準の低かつたことに基因する。今この国難に

際会して、新日本の文化建設のために私も亦寸尺の微力を捧げたいと思ふ。茲に「世界」を創刊するも此の念願の一端に外ならない。幸ひにして同志安倍能成氏あり。万幅の信頼を以て「世界」の編輯を一任する。尊敬する同心会員諸氏の協力を感謝し、広く天下同憂の士の支持を仰ぐ。

しかし、一九四六年一月、安倍能成が幣原内閣の文部大臣に就任したため、大内兵衛が編集指導を代行することになり、雑誌『世界』と同心会の結合は次第に弱まっていくことになる。そして、吉野―大内ラインに飽き足らなくなった同心会グループは、やがて自ら雑誌『心』を発刊するにいたって、『世界』との関係は自然に消滅するのである。

一九四六年二月十一日の紀元節の日、岩波茂雄は戦後復活した文化勲章第一回目を受章した。岩波は辞退したいと申し出たが、もう決まったことだからと受け入れてくれなかった。岩波は三月三日付で出した受章の挨拶状の中で、「市民勲章」をもらうのなら、うれしいのだが、などと言った。他の受章者は、法学博士中田薫、理学博士宮部金吾、同仁科芳雄、工学博士俵国一、能楽師梅若万三郎であった。世人は安倍能成が文部大臣になったから岩波がもらったのだろうと噂したが、受章は前任の前田多門のときにすでに決まっており、推薦者は伊沢多喜男だったという。なお、当日の「朝日新聞」には「文化の配達夫」という見出しで、「良書は作家、校訂者、印刷者などの総力によつて世に出るもので、思想家、芸術家の余光で、私はその時々に応じて忠実に伝達した一配達夫に

過ぎません」という岩波茂雄の談話が掲載された。

一九四六年四月二十日、岩波茂雄は惜櫟荘で再度の脳溢血の発作を起こして倒れ、五日後の二十五日、六十四年と八ヶ月の生涯を閉じた。四月三十日の築地西本願寺における葬儀には、約千人が会葬した。葬儀委員長は安倍能成、北鎌倉東慶寺の西田幾多郎の墓の隣に埋葬された。

ちょうどこの岩波が斃れた四月号の『世界』には、津田左右吉の論文「建国の事情と万世一系の思想」が掲載されていた。折から明治憲法改正と天皇制の存続が議論されていたときだったので、この論文は賛否両論、激しい反響を呼び起こした。そして、それに入れ替わるように、次の五月号に掲載されてセンセーショナルともいえる形で論壇に登場したのが、丸山眞男の「超国家主義の論理と心理」であった。大正教養主義から出発したオールド・リベラリスト世代に代わる、戦争体験から出発した戦後デモクラット世代の登場ともいえようか。

吉野源三郎—大内兵衛ラインがリードする『世界』の執筆陣の中で、丸山眞男や久野収、清水幾太郎などが次第に重きを占めてくる。しかし、戦後の「岩波文化」の新展開については別に論じるしかない。

岩波茂雄宛書簡差出人一覧(団体・企業)

信州学生協会　1930-43
信州人会　1935
信州文壇同人社　1934-40
信州民報社　1946
信武会　1933
諏訪開発懇談会　1935
諏訪郡中部青年団　1932
諏訪郡中洲村中金子区長　1932, 40, 42
諏訪郡中洲村中金子建築委員
諏訪郡中洲村中金子念仏講中　1933
諏訪郡聯合青年団
諏訪高等女学校　1934
諏訪郷友会　1930-41, 1923
諏訪神宮大鳥居奉献　1936
諏訪神社社務所　1934
諏訪中学科学会　1940
諏訪中学校(同窓会，報国団)　1936, 43
諏訪中学校長　吉沢俊一　1941
諏訪図書館　1928
諏訪町昭和会　1940
諏訪三村文庫設立発起人同　1933
千龍会(信州出身警視庁在職者)　1931-36
高島尋常高等小学校　1934
高遠尋常高等小学校　1931
筑摩国民学校(松本)(仁科園生名)　1945
帝国軍人後援会長野支会
帝国在郷軍人会長野県下各分会
濤聲余韻編纂会　1943
中洲信販利組合
中洲青年会・婦人会　1925
長野浦里図書館　1928
長野県学務部　1935
長野県経済部　1935
長野県工芸美術協会　1943
長野県国旗掲揚会本部　1940
長野県小諸商業学校　1924
長野県支那事変銃後後援会　1937
長野県誌編纂所　1938
長野県商工連合会　1931
長野県女子専門学校　1932
長野県人東京聯合会　1930-40
長野県諏訪警察署　1944
長野県知事　1935, 45
長野県中野高等女学校　1946
長野県立図書館長　1928
長野県聯合青年団準備会　1946
長野県聯合保護会　1940
長野高等女学校　1925
長野市長(高等工専誘致)　1939
中箕輪小学校同窓会　1924
南信消防署　1938
日本基督教徒興国信濃連盟　1945
松本市長百瀬渡　1942, 43
美篶会(在フィリピン飯山出身教師の顕彰)　1942

日本実業協会　1936
日本製紙株式会社　1933
日本フォード自動車　1934-37
日本料理展覧会　1936
柏水堂(神吉妙子)　1940, 43
長谷川直一(仕立)　1936-38
浜作(銀座)　1937
針久(仙台)　1928
柊屋(京都)　1934-37
風月堂　1936, 37
フォン・クノール事務所　1924
富士製紙　1929
北京毛毯廠　1928
法政大学村事務所・大学村事務所
1932-44
星岡茶寮　1934-39
北海道倶楽部(伊藤生)　1930
松坂屋
松屋
三越
三菱鉱業　1941
三菱鋼材　1941
ミヤコホテル　1934-38
宮脇開益堂　1938
明治大正会　1935
目黒茶寮麗山荘　1940, 42, 43
木曜倶楽部　1940
八州茶寮大橋　1939
靖国丸五月会(土屋繁夫)　1941
梁瀬自動車　1933, 36, 38
山一證券　1938
山岸利久堂(堀切菖蒲園)　1930, 34
ヤマトホテル　1932
レインボーグリル　1930-37

長野県関係

浅井先生歌碑建設会　1934
飯島国民学校沿革史刊行会　1942
飯田商業学校　1933
飯山国民学校　修養会　1944
飯山町正受庵保存会
一茶百年祭紀念会　1926
小県郡和小学校(大塚巌)　1940
岡谷保育園　1933
上伊那教育会　1930
上伊那郡第六部教員会　1930
上諏訪町政記者団　1935, 36
上諏訪町旧御射山講
上諏訪町役場　1941
上水内郡教育会　1933
神田長野県人会　1934, 42
郷友会
信濃育英協会　1937
信濃木崎夏期大学　1940
信濃教育会(含 諏訪分会 安曇野分会)
1931-45
信濃宮景仰会　1942
信濃経済雑誌社　1930
信濃工芸研究所 (山崎斌)　1931
信濃尻村聯合青年団　1946
信濃新聞社　1930
信濃水曜会　1938-42
信濃民友新聞　1930
下伊那教育会　1940
下諏訪青年会図書館　1928
下水内郡豊井小学校　丸山寛治　1930
小泉寺(藤井克修)　1926, 36, 40
湘南長野県人会　1938, 41
信交倶楽部　1934
信州及信州人社　1938-46

岩波茂雄宛書簡差出人一覧(団体・企業)

天野屋(湯河原)　1935-42
荒木百貨店(荒木一作)　1934
伊勢丹　1933
一神会　1933-36
雨月荘(支那茶寮)　1934, 35
牛込商業青年会　1938
内田商店　1942
永泰公司(上海)　1941
英独製造工場代表ルード・ラーティエン　1931
大阪参文社共栄会　1939
奥利根温泉ホテル　1938
音喜久(日本ばし)　1933-37
小野ピアノ　1928, 31
春日(日本ばし)　1932-37
カナダーサン保険　1940
華北交通　1942
軽井沢森林組合長　1942, 43
菊寿司(京橋)　1939
共栄堂ベーカリー　1935
京都ホテル　1937
鵠沼ホテル　1934-37
草津電気鉄道　1931
黒田狭範製作所　1934-46
啓徳社　1940
幸楽(山王下)　1938
強羅ホテル　1939
小杉金属工業　1934
犀北館(長野)　1934-40
佐々木(京都)　1934
座談倶楽部創立世話人　1936
三三会(塚本不二雄)
自笑軒　1938
清水銀次郎事務所　1934
清水組(清水釘吉)　1937-39
ジャパンツーリストビューロー　1934
十三日会
十二日会幹事　1928-33
春秋倶楽部　1945, 46
新興土地株式会社　1930
新駒・箕田孝(京都)　1931-33
翠松園(上野)　1934, 35
末はつ　1928, 35
須賀製作所　1925
鈴木日月山(山形有耶無耶山荘)　1940
青年同志会(古書店)　1940
全日本真理運動本部　1939
木曜会／臣道会／吸泉社(橋田邦彦「碧潭集」の会)　1933
第一銀行　1934, 38
太正洋行　1936
大連ヤマトホテル(金井渚)　1937
台湾同郷会(台湾地震義捐音楽会)　1935
高島屋(築地小劇場緞帳)　1940
竹葉本店　1932, 33
一日会　1936, 39
司倶楽部　1938, 39
帝国生命保険　1939
帝国ホテル　1935-38
天人会(近藤次繁)　1935, 36
東京貯蓄銀行(渋沢敬三)　1942
桃中軒(沼津駅売元締店)　1925
東府屋旅館(伊豆)　1926
戸本甚吉(熱海不動産)　1940
中村屋(株主総会，青年学校創設)　1940-42
新潟県貸本業組合聯合準備会　1940
新潟県貸本向上研究会　1941
西島屋商店(古雑誌，残本処理)　1932
日本医療電気株式会社　1936
日本倶楽部　1940, 42

その他団体・企業

山人，伊藤小城，東風会，分離派建築会 '40，青木繁遺作展 '42)
新構造社　1936, 38
新興美術院　1938
新制作派協会　1935, 36
新造形美術協会(青樹社ギャラリー)　1935
新村堂(武者小路実篤個展)　1942
清光会　1938
西山画塾青甲会(増産激励日本画展)　1944
青樹社(大石俊彦展 '42，伊谷賢茂展 '42，岡田行一人物画展 '42，庫田叕展 '36，林鶴雄・貞子洋画展 '36，H 氏蒐集洋画入札会)
静動社事務所　1933
青龍社　1934-45
世界美術社(某大家蔵品売立会)　1936
一九四〇協会　1934
全美術家報国運動本部(国防献金洋画展)　1937
草月流瓶花展(田中好子私信)　1941
大日美術院　1938
泰文社美術館(日本橋，小早川・鶴見両家所蔵書画売立会)　1935
大輪画院　1944
高島屋美術部(鍋井克之展 '36，青楓線描花莽展 '34)
たくみ工芸店(時代裂 1937，染色展 1937，朝鮮民芸品展 1938)
たくみの里
中央画廊(諸先生遺作展)　1940
中央美術協会　1940
津田青楓個展後援会　1934
土田麦僊遺作展　1938
椿貞雄個展　1933, 36
帝国工芸会　1933
帝国美術学校校友会(北昤吉)　1933
帝国美術協会(三瓶呉雲・野村清風頒布会 '35)
帝室博物館　1940
デッサン社　1942
電話発明 60 年記念展　1936
東京倶楽部(横井仲次郎)　1937
東京図書倶楽部(井上喜多郎)　1935, 36, 41
東都古典聯盟　1938
東都美術倶楽部　1943
東都美術社　1943
東洋名画複製会　1943
東横古書即売会　1942
内閣情報部(「思想戦」展覧会)　1938
中沢弘光画集刊行会(日動画廊)　1943
名取秀男(経師屋)　1944, 45
南陽堂　1936
二科会　1930, 36-38
西川高次(商業デザイン図案社)　1937
日動画廊(岸田蓁子・麗子展(蓁子書簡) '31，染木煦南 '34，松田康一滞仏作品展，長谷川春子 '33，大森啓助 '35，左屋浩蔵滞仏作品展，高間惣七 '36，橋本互八 '36，藤田嗣治 '36，児島善三郎 '36，岡田穀滞仏，猪熊弦一郎 '36，ケラード・アドルフス '36，アーネスト・カカム '36，洋風版画展 '36，早川国彦 '36，七人展 '36，小城基 '36，原田和周遺作 '36，新制作派協会旗上展 '36，服部亮英 '36，橋田康一 '36，鬼頭福三郎 '34，海老原喜之助 '36，上杜会小品展 '36，奥瀬英三 '37，藤田嗣治 '37，海老原喜之助 '38，高畠達四郎 '38，藤田・熊谷・野間 '38，高間・小

錦交会　古典売立会　　1931
銀座一画廊(石井柏亭渡支記念展)
1938
銀座ギャラリー(銀鵬社水彩画展，磯野霊山茶掛展)
銀座ブリュッケ画廊(現代諸家版画展)
1937
草木屋(月明織，月明紙)　　1933
九谷金曜堂　　1933
グランド美術館売立会　　1938
経緯工芸　　1938
月光荘画廊(石河光哉写生油絵展)
1938
月明会　　1938,42-43
源泉社(大阪)　　1939
現代名士書画展事務所(生方敏郎)
1940
香樹会(盆栽展)　　1942
交詢社日本画会(大河内正敏)　　1937
構造社　　1931-38
孔坦石書道四君子会　　1941
国画会　　1935-38,46
国際報道写真協会(上海・南京報道写真展)　1937-38
故佐分真遺作展　　1936
古書愛好会　　1934-36
国光美術社古書画売立　　1935,36
近藤悠三陶芸展(津田青楓推薦)　　1927
さくら会(青龍社々人)　　1945
佐藤梅軒(京都画商)　　1937
茶道文化研究会　　1945
沢田宗山作陶展　　1942
沢田竹次郎(独山小品展)　　1930
三条会展覧会(津田，岸田，九鬼，近藤)
1926
三通画廊(北四川路文路・石河光哉展)
1940
三昧堂(独立美術'36，倉田白羊'36，洋画十月展'34，野島康三写真展'35，洋画二月展'35，夏期洋画特別展'36，下落合町会洋画展'36，ぴゆるて同人会'36，中元洋画即売会'36，第三回洋画展，洋画三月展'35，劉啓祥作品展'37，旺玄社，佐々木永方'35，第2回佐々木永秀'36，能勢亀太郎'36，榊原始更'40，東京毎日新聞社主催東西諸大家展，小柴錦侍'38，伊藤廉'36，牧野虎洋'38，夏期即売会'37，歳末即売会'36)
慈恵医大絵画部(ゴッホ展)　　1943
資生堂ギャラリー(室内社画堂主催・岸田劉生回顧展'38，小島一谿展，夾々会'42，小絲源太郎'42，牧野虎洋'36，清光会'42，児島善三郎'38，草木染月明展'33，金重陶陽？，里見勝三'37，赤城恭舒'44，求龍堂・兜屋主催青山義雄'37，野口弥太郎上海風物展'42)
島崎鶏二画会・同後援会　　1936,38
渋谷愛書会　　1936
主線美術協会(藤沢古実)　　1936
聚楽社　黄公望乾院御物展　　1943
春陽会　　1933
尚古会　　1934
小国民文化協会(演劇教室発表会)
1943
書道博物館(創設挨拶　中村不折)
1936
白木屋美術部(安藤耕斎南学画展'33，東西大家展'34，大亦観風'34，小川芋銭'34，加藤麦袋'34，東洋書画展'34，真道秋晧'34，上木足斎，清水六兵衛'32，高橋亮，彩光会'35，白潮会，魯

岩波茂雄宛書簡差出人一覧(団体・企業)

文化映画協会　1939
法政大学劇研究会　1934
牧野周一(まきしう漫談)　1935, 36
瑞穂劇団(農山漁村文化協会)　1942
民族芸術の会　1930
明治座　1933, 36
柳家余興部　1935, 36
有楽座　1936-39
有隣園(名画鑑賞会)　1933
ユナイテッド・アーチスツ　1936, 44
連合映画社　1938
蠟人形社プレイアッド編集部　1934

展覧会

アニマ　1935, 40
天城画廊(岸田劉生遺作回顧展 '36, 外国工芸展 '36, 物故十二画家遺作展 '37, 現代一流諸家展 '37, 物故天才画家回顧展 '38)
荒木柳城・相原大樹展覧会(川瀬條吉)　1935
板倉鼎滞欧遺作展覧会発起人一同(石原純他)　1930
一水会(石井柏亭)　1938
伊東屋　明治錦絵展覧即売会　1933
岩城硝子製造所　1936
浮世絵鑑賞会　1937
浮世絵研究会
浮世絵同好会　1935-42
烏合会　1942, 43
歌川春光展観画会　1936
江木写真館　1938, 43
エコール・ド・東京　1936
絵を愛する会　1938
大阪朝日新聞社(明治大正昭和三現代名作美術展)　1937
大潮会絵画展　1944
大森寛太・商二　1936
丘田昌士(造園)　1938
尾上柴舟・荻生天泉讃画の会　1934
ガートルード菅野(藤田嗣治, ヨネ・ノグチ挨拶文)　1936
蓋天蓋地社(雲道人全鼎小品展)(海禅寺)　1933-36
海林・呉基陽書道展　1935
加藤青山　1936
兜屋(西川武郎)　1936-38
河発行所　宮崎丈二墨彩画の会(高村光太郎, 倉田百三, 武者小路, 千家元麿推薦文)　1941
寒竹会　1929
観山遺作展(東京美術学校)　1936
勘兵衛酒屋　1940
菊屋画廊(島田忠夫茶掛展)　1942
菊山当年男(伊賀焼)　1942-43
紀伊国屋(新時代洋画展 '34, 黒色洋画展 '36, 梅原龍三郎 '32, 椿貞雄 '33, 土屋幸夫 '36, 第2回白蠻展 '36, 表現三回展 '36, 近代漫画展(近代漫画社主催)'36, 杉山・須山二人展 '37, 虹人2回展 '38)
黄八丈振興会(驪山荘, 星岡茶寮)　1937
鳩居堂画廊(武者小路実篤個展 '44, 島田忠夫展 '40, 支那古法帖陳列会 '34)
汲古会　1935
求龍堂(第3回現代十大家洋画展(資生堂)'36, 藤島・梅原・安井洋画展(資生堂)'35, S氏蒐集洋画入札展(紀伊国屋)'34, 4回洋画鬻売会(資生堂), 小山敬三熱河及北支作品展 '35, 林重義展 '38)